Power Sharing in Malaysia

パワーシェアリング
多民族国家マレーシアの経験

中村正志 ── [著]
Masashi Nakamura

東京大学出版会

Power Sharing in Malaysia
Masashi NAKAMURA
University of Tokyo Press, 2015
ISBN978-4-13-036256-6

目　次

略語一覧　v

マレーシア地図　vii

序　章　マレーシアはエスニック紛争管理のモデルになりうるか？……1

第1章　パワーシェアリングをめぐる議論………………………………15
　　　──問題の所在──

　はじめに　15

　第1節　どうすれば多数派民族の専制を回避できるか　16

　　1．「多数者の専制」の脅威とコミットメント問題　16

　　2．どうすればコミットメント問題を解決できるか　17

　　3．どうすればアウトビッディングを抑止できるか　22

　　4．本書が取り組む二つの課題　26

　第2節　多数派民族の専制が生じやすい社会的条件　30

　　1．エスニック集団は利益を共有する集団か？　30

　　2．変化するエスニシティの政治的顕出性　36

　　3．アウトビッディングが生じやすい条件　39

　小　括　41

第2章　多数派民族政党が穏健政策を選択する条件………………………43
　　　──モデルと仮説──

　はじめに　43

　第1節　「票の共有」再考　44

　　1．モデルの目的と前提　44

　　2．AVの仕組みと効果　47

　　3．FPTPのもとでの票の共有　57

4．票の共有に関する仮説　59
　第2節　多数派民族政党内の政策選択　60
　　1．プレーヤーとルール，帰結，利得　61
　　2．各プレーヤーの利得順序とゲームの帰結　64
　　3．多数派民族政党の政策決定に関する仮説　67
　第3節　仮説検証の手順　68

第3章　パワーシェアリングの起源 ……………………73
　　　　──マラヤにおける連立政権形成史──

　はじめに　73
　第1節　民族政党の形成　73
　　1．第2次大戦までの政治組織　74
　　2．マラヤ連合反対闘争と統一マレー人国民組織の結成　78
　　3．共産党蜂起とマレーシア華人協会の結成　83
　第2節　多民族連立政権の誕生　85
　　1．民族連絡委員会とマラヤ独立党の結成　85
　　2．クアラルンプール市評議会選挙とUMNO-MCA連盟の誕生　88
　　3．連邦立法評議会選挙とパワーシェアリング政権の形成　92
　　4．「独立協約」と急進政党の登場　96
　小　括　99

第4章　マレーシアにおける票の共有 ……………………101
　　　　──効果の検証──

　はじめに　101
　第1節　票の共有の前提条件は揃っているか　102
　第2節　民族混合区における与党の構造的優位　109
　第3節　票の共有効果の推定　116
　第4節　与党指導者の認識　121
　小　括　127

目　次　iii

第 5 章　パワーシェアリングの制度 …………………………………129
　　　　　——構造要因の効果——

　はじめに　129
　第 1 節　UMNO 幹部にとっての選挙協力のメリットとデメリット　130
　第 2 節　票の共有なき選挙の不在　137
　第 3 節　UMNO 幹部ポストの価値　146
　小　括　157

第 6 章　パワーシェアリング下の暴動 …………………………………161
　　　　　——制度の限界——

　はじめに　161
　第 1 節　1969 年選挙：民族問題の争点化とその帰結　164
　第 2 節　5.13 事件とラーマンの退任　171
　第 3 節　独立協約の凍結と新経済政策の導入　176
　小　括　182

第 7 章　パワーシェアリング下の党内抗争……………………………185
　　　　　——変動要因の効果——

　はじめに　185
　第 1 節　1980 年代半ばの不況と UMNO の分裂　185
　　1．重工業化政策のツケ　185
　　2．1987 年の役員選挙と UMNO の分裂　190
　　3．UMNO 役員選挙とポスト 1990 年問題　195
　　4．1990 年の総選挙と UMNO 役員選挙　198
　第 2 節　1990 年代後半の不況とアンワル副首相解任　201
　　1．アジア通貨危機　201
　　2．アンワル副首相の解任・逮捕　203
　　3．1999 年総選挙と 2000 年の UMNO 役員選挙　207
　第 3 節　2008 年総選挙での歴史的「敗北」とアブドラの退任　210
　　1．「開かれた政治」と 2008 年選挙　210
　　2．アブドラからナジブへの継承と 2009 年の不況　213

小　括　216

第 8 章　パワーシェアリングの終焉？ ……………………………221
　　　　――メディア統制の緩和による票の共有の消失――

　はじめに　221
　第 1 節　票の共有が消失するメカニズム　222
　　　1．2 次元空間における政党間競合　223
　　　2．ヘレステティックの道具としてのメディア統制　226
　第 2 節　インターネットが促したイデオロギー空間の多次元化　228
　　　1．争点顕出性に対するインターネットの影響　228
　　　2．投票行動に対するインターネットの影響　232
　第 3 節　パワーシェアリングを支えた仕組みの崩壊　238
　　小　括　242
　　［図 8-1B に関する補足］　243

終　章　マレーシアの教訓 ………………………………………………245
　第 1 節　要約と結論　245
　第 2 節　マレーシアの教訓　255

付録　データの詳細と出典　261
参照資料・文献一覧　264
あとがき　284
索　引　288

略語一覧

ABIM	Angkatan Belia Islam Malaysia	マレーシア・イスラム青年団
ADIL	Pergerakan Keadilan Sosial	社会正義運動
AMCJA	All-Malayan Council of Joint Action	全マラヤ共同行動評議会
APU	Angkatan Perpaduan Ummah	ムスリム共同体統一戦線
AV	Alternative Vote	選択投票制
Bersih	Coalition for Clean and Fair Elections	公正な選挙を求める連帯
BN	Barisan Nasional	国民戦線
BNBBC	Barisan Nasional Back Benchers' Club	国民戦線バックベンチャーズ・クラブ
CLC	Communities Liaison Committee	民族連絡委員会
DAP	Democratic Action Party	民主行動党
DNU	Department of National Unity	国民統合局
EPU	Economic Planning Unit	経済計画局
FLP	Fiji Labour Party	フィジー労働党
FP	Federal Party	連邦党
FPTP	First-Past-The-Post	1人区相対多数制
HICOM	Heavy Industries Corporation of Malaysia Berhad	マレーシア重工業公社
Hindraf	Hindu Rights Action Force	ヒンドゥー人権行動隊
IMP	Independence of Malaya Party	マラヤ独立党
KMM	Kesatuan Melayu Muda	青年マレー人連盟
KPB	Konsortium Perkapalan Berhad	コンソーティアム・プルカパラン社
MCA	Malaysian (Malayan) Chinese Association	マレーシア（マラヤ）華人協会
MDU	Malayan Democratic Union	マラヤ民主同盟
MIC	Malaysian (Malayan) Indian Congress	マレーシア（マラヤ）インド人会議
MNP	Malay Nationalist Party	マレー国民党
NCC	National Consultative Council	国家諮問評議会
NEAC	National Economic Action Council	国家経済行動評議会
NEAC	National Economic Advisory Council	国家経済諮問評議会
NECC	National Economic Consultative Council	国家経済諮問評議会
NOC	National Operations Council	国家作戦評議会
OPP	Outline Perspective Plan	総合展望計画
PAP	People's Action Party	人民行動党
PAS	Parti Islam Se-Malaysia	汎マレーシア（マラヤ）・イスラム党
PBS	Parti Bersatu Sabah	サバ統一党

PKR	Parti Keadilan Rakyat	人民公正党
PMCJA	Pan-Malayan Council of Joint Action	汎マラヤ共同行動評議会
PMFTU	Pan-Malayan Federation of Trade Unions	汎マラヤ労働組合連合
PPP	People's Progressive Party	人民進歩党
PR	Proportional Representation	比例代表制
PRM	Parti Rakyat Malaysia	マレーシア人民党
PUTERA	Pusat Tenaga Rakyat	民衆力センター
RIDA	Rural Industrial Development Authority	農村産業開発庁
S46	Semangat '46	46年精神党
SAPP	Sabah Progressive Party	サバ進歩党
SF	Socialist Front	社会主義者戦線
SLFP	Sri Lanka Freedom Party	スリランカ自由党
STV	Single Transferable Vote	単記移譲式
SUPP	Sarawak United People's Party	サラワク統一人民党
SV	Supplementary Vote	補足投票制
TC	Tamil Congress	タミル会議派
UDP	United Democratic Party	統一民主党
UEM	United Engineers (Malaysia) Berhad	ユナイテッド・エンジニアズ社
UMNO	United Malays National Organisation	統一マレー人国民組織
UNP	United National Party	統一国民党
USNO	United Sabah National Organisation	統一サバ国民組織
グラカン	Gerakan Rakyat Malaysia	マレーシア人民運動党

カタカナ表記について

人名のカタカナ表記は，日本の新聞等で広く使用されているものを本書でも用いた（例：アンワル元副首相，アブドラ元首相）。地名などについても，定着した用例があるものについてはそれに従った（例：クアラルンプール，ブルンジ，イスラム）。

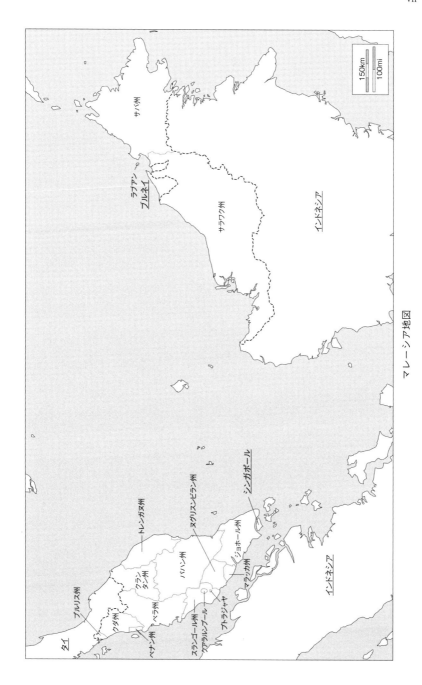

マレーシア地図

序　章

マレーシアはエスニック紛争管理のモデルになりうるか？

　2005年10月24日，アメリカのカレン・ヒューズ国務次官（公共外交・広報担当）は，マレーシアのナジブ・ラザク副首相との会談後，次のように述べた。

　「マレーシアはパワーシェアリングの素晴らしいお手本です。歴史を通じて，多数派が他者と権力を分かち合ってきました。いまのイラクのような国にとって，とりわけ重要な例だとわれわれは考えています。イラクは，自身の政府を立ち上げ，国内の諸勢力を一致団結させようと努めているところですから」。

　この発言に，ナジブも同調して述べた。「かれらはわれわれの経験から学べるはずです。きっとマレーシアは，イラクの新憲法を起草するうえでの拠り所になるでしょう」("Malaysia coalition can be model for Iraq – US envoy," *Reuters News*, October 24, 2005)。

　約3000万人の人口を抱えるマレーシアは，マレー人（55％）とその他の先住民族（13％），華人（25％），インド人（7％）らが居住する多民族国家である（DOS 2011: 15）。エスニック集団の間には，言語や宗教，生活習慣など，さまざまな点で違いがある。そのため人びとは，同じ民族の仲間どうしで組織をつくる傾向にある。権力をめぐって競争する政党も例外ではない。ゆえに，エスニック集団間の利害対立が頻繁に政治の場に持ち込まれることになる。マレーシアは，エスニックな亀裂によって「深刻に分断された社会 (severely divided societies)」（Horowitz 1985: 572）の典型例といえる。

　独立以来，この国ではパワーシェアリングが続いてきた。分断社会の研究においてパワーシェアリングとは，多くの場合，ある国のおもなエスニック集団が揃って政府に代表を送り政策決定に携わること（包括的参加による意思

決定）を指す[1]。パワーシェアリングがあれば，多数決原理のもとでは無視されかねない少数派の意見が政策に反映される見込みが高まる。

　新興国では，独立前後にパワーシェアリング政権が誕生した例が少なくない。だがそのほとんどは分裂するか，あるいは機能不全に陥ってクーデターを誘発した結果，数年のうちに姿を消している。半世紀以上つづいたマレーシアのパワーシェアリングは例外的なケースである。マレーシアでは，独立当初はマレー人，華人，インド人を代表する3党からなる連盟党が政権を担い，1973年以降は連盟党にボルネオの地方政党などを加えた国民戦線による統治が続いている。1969年に200人ほどの犠牲者を出す暴動がおきたことを除けば，この国では総じて法と秩序が保たれてきた。政治的安定を礎として経済開発が進み，2012年には1人あたりの国内総生産（GDP）が1万ドルに達した。このような「成功」が，先のヒューズ発言の背景にある。

　はたして，ヒューズのいう「イラクのような国」にとって，マレーシアは本当にモデルになりうるのだろうか。宗教や言語，人種にもとづく対立を抱える社会は，マレーシアの経験から何を学べるのだろう。マレーシアのどの制度を移植すればパワーシェアリングを実現できるのか。それは何か特別な条件を必要としないのだろうか。

　また，そもそもマレーシアのパワーシェアリングは見習うべきものなのだろうか。1969年の暴動の後，マレーシアでは言論の自由や結社の自由に対する制限が強化された。そのため，この国の政治体制は民主主義と権威主義の中間的な存在と見なされることが多い（Case 1996; Crouch 1996; Levitsky & Way 2010; Means 1996; Zakaria 1989）。選挙の投開票に関してあからさまな不正はないから，現役閣僚が落選するのは珍しくなく，州政府では政権交代もある。選挙の不振のために首相が退任に追い込まれたこともある。それでも，マレーシアでは政府の圧政によってエスニック集団間の対立が抑え込まれてきたとみる向きもある（Snyder 2000）。

　加えて，マレーシアの多民族連立政権は，いま歴史的な転換期を迎えてい

---

1) 包括的参加による意思決定だけでなく，それぞれの集団が高度の自治権をもつ地方政府を担うことや，教育など特定の政策領域に関して集団に自治権を与えること（区切られた意思決定）も，パワーシェアリングと呼ばれることがある（月村2013; Rothchild & Roeder 2005）。本書では，特筆しない限り，包括的参加による意思決定の意味に限定してパワーシェアリングという語を用いる。

る。2008年の下院選挙で初めて与党連合の議席占有率が3分の2を割り込み，2013年の選挙では与党の凋落がさらに進んだ。とりわけ深刻な惨敗を喫した華人与党は，選挙後1年あまりの間，連立政権への参加を見送った。この間も閣外協力は続いていたものの，パワーシェアリングを「主要エスニック集団による執政権の分掌」と狭く定義するなら，マレーシアのパワーシェアリングは一時中断したことになる。この中断期間にマレー人主導の政府は，2008年選挙後に緩和したブミプトラ政策（先住民族優遇政策）の再強化に取り組み始めた。マレーシアのパワーシェアリングにはもともと深刻な欠点があって，表面的には見えにくかった問題が近年になって噴出した，ということだろうか。

　本書は，これらの疑問への答えに迫るべく，マレーシアのパワーシェアリングに関する事例研究を行なう。社会科学における事例研究とは，「単一の事例（ないし少数の事例）を集中的に研究し，同じタイプの，より多くの事例に通じる一般化を行なうことを目的とする」ものである（Gerring 2007: 65）。たとえていうなら，1人の人間を詳しく調べることによって，「プロ野球選手」や「○×商事の営業職」などといった一群の人びとにあてはまる法則性を見出そうとするのに似ている。

　これが本質的に困難な行為であるのはあきらかだ。プロ野球選手について語るとき，全球団の全選手について調べておけば，間違ったことをいう余地はない。一方で，ゴルフ好きの島さんが営業マニュアルを無視しているのに飛び抜けた成績をあげたことがわかっても，皆がゴルフに励めば○×商事の売り上げが伸びるとはいえない。

　しかし，ゴルフをすることと良好な営業成績との間に合理的な理由を見出すことができれば，○×商事はまだマニュアルに記載されていない効果的な営業方法のヒントを得たことになる。型破りな島さんは，従来のセオリーでは説明できない逸脱事例だからだ。島さんがゴルフとは異なる能力や工夫によって好成績を得たのではないことがはっきりすれば，○×商事にとってゴルフが営業の秘訣である可能性が高まる。同時に，島さんのやり方を理論化することによって，そこに潜在的な欠陥がないか検討することもできる。

　パワーシェアリングが異例に長く続くマレーシアは，分断社会の逸脱事例である。表0-1をご覧いただきたい。先行研究でパワーシェアリングのおも

表 0-1　パワーシェアリングのおもな事例

地域	国・地方	形態	時期	期間
欧州	オランダ	連立政権	1917年-1994年	77年
	ベルギー	連立政権	1918年-現在	97年
	オーストリア	連立政権	1945年-1966年, 1986年-2000年, 2007年-現在	43年
	スイス	連立政権	1943年-現在	72年
	北アイルランド（英国）	連立政権	1974年, 1998年-2002年, 2007年-現在	12年
	南チロル（イタリア）	連立政権	1972年-現在	43年
	チェコスロバキア	連立政権	1989年-1992年	3年
	ボスニア・ヘルツェゴビナ	連立政権	1996年-現在	19年
	マケドニア	連立政権	1991年-現在	24年
	キプロス	連立政権	1960年-1963年	3年
アジア中東	レバノン	連立政権	1943年-1975年, 1992年-現在	55年
	イラク	連立政権	2005年-現在	10年
	パンジャブ州（インド）	連立政権	1967年, 1969年-1970年	2年
	スリランカ	連立政権	1948年-1953年, 1965年-1968年	8年
	マレーシア	連立政権	1955年-2013年, 2014年-現在	59年
	カンボジア	連立政権	1993年-2013年	20年
アフリカ	ナイジェリア	連立政権	1957年-1964年	7年
	ベナン	連立政権	1957年-1965年	8年
	ウガンダ	連立政権	1962年-1964年	2年
	ジンバブエ	クォータ制	1980年-1987年	7年
	南アフリカ	連立政権	1994年-1996年	2年
	ブルンジ	クォータ制	2005年-現在	10年
	ケニア	連立政権	2008年-2013年	5年
その他	ガイアナ	連立政権	1964年-1968年	4年
	スリナム	連立政権	1958年-1973年	15年
	オランダ領アンティル	連立政権	1950年-1985年	35年
	フィジー	連立政権	1987年, 1999年-2000年, 2006年	1年

（注）連立政権はクォータ制を併用するものを含む。クォータ制は政治職を特定の集団に割り当てる制度。
（出所）アジア経済研究所編（各年版），佐藤編（2013），馬場・平島編（2000），東（2010），Choudhry ed.（2008），Gastmann（1968），Harris & Reilly（1998），Horowitz（1985），Jarstad & Sisk eds.（2008），Lijphart（1977），Noel ed.（2005），O'Flynn & Russel eds.（2005），Rabushka & Shepsle（1972），Reilly（2001），Reynolds ed.（2002），Taylor ed.（2009），Woelk et al. eds.（2008）などをもとに作成。

な事例と見なされている 27 の国・地方のうち，継続（累積）年数がマレーシア（59 年間）と同等かそれ以上に及ぶのは，オランダ，ベルギー，スイス，レバノンの 4 カ国のみである[2]。他の多くは数年にすぎない。

パワーシェアリングの定義に多民族政党による統治を含めるとすれば，独立から権威主義化までの間のガーナ，ザンビア，ケニアや，1987 年クーデター以前のフィジーもその事例と見なせる（Horowitz 1985; Lawson 1991）。だがフィジー[3]以外は，いずれもごく短命に終わった。また紛争調停交渉によってパワーシェアリングの合意が成立したものの履行されなかったり（アンゴラ），パワーシェアリングが成立しても紛争が続いたりした事例（コンゴ民主共和国，シエラレオネ）もある（武内 2008; Spears 2005）。

ヨーロッパの 3 カ国は，アジアやアフリカの事例に比べれば宗派や言語の違いにもとづく対立が軽度だといわれる（水島 2001; Horowitz 1985）。国家の統治能力や国民の所得水準も高く，この 3 カ国は開発途上国の事例よりも民主主義を安定させるための条件に恵まれていた[4]。レバノンについては，マレーシアよりも 14 年早く独立したうえ，パワーシェアリング政権の機能不全が一因となって紛争が生じているため，「成功例」とはいいがたい。

マレーシアは，独立の 10 年あまり前に少なからぬ死者を出すエスニック紛争を経験しており，かつ低所得国でもあったから，中部ヨーロッパ 3 カ国のように条件に恵まれていたわけではない。1970 年代から市民的自由が制限されてきたのは確かだが，選挙の競争性は一貫して高く，それゆえ政治的支持をめぐる競争をきっかけに民族間関係が悪化する危険性はあった。それでもマレーシアでは，多民族連立政権へのコミットメントと相互妥協にもとづく政策決定の慣行が維持された。その仕組みを解明すれば，分断社会で政

---

2) Lijphart（1977: 104-105）は，オランダとベルギー，スイスは 1950 年代末をピークに多極共存型民主主義の理念型から外れていったと評価した。しかし，主要な社会的亀裂をまたぐ連立政権はその後も続いているから，表 0-1 の作成にあたってはその点を重視した。
3) 先住のフィジー人と植民地期に流入したインド人が 2 大民族を構成するフィジーでは，議会選挙に民族別割当が設定されていた。民族横断政党・同盟党が，独立前の自治政府時代を含めて 21 年にわたり統治したが，1987 年のクーデターで倒された（Lawson 1991）。
4) オランダ，ベルギー，スイスならびにオーストリアでは，ひとつの政党が独占的に集団を代表していたこともパワーシェアリングの持続に有利に働いた。各エスニック集団の政党がひとつずつだとパワーシェアリングが安定する理由については，本書第 1 章第 1 節ならびに三竹（2012）を参照されたい。

治的安定を維持するための秘訣がわかるかもしれない。同時に，マレーシアのパワーシェアリングが抱える欠陥もあきらかになるだろう。

　本書は，理論的考察とマレーシアの事例研究を通じて，「多数派民族の政党が少数民族の利益を尊重するのはなぜか」という問題に関する新たな知見を提示することをめざす。民主主義体制において，エスニシティの差異を軸に政党政治が展開されるなら，多数派民族が権力を独占して少数派の利益をかえりみない政策を行なうかもしれない。そのおそれを，J.S. ミル（1997）やトクヴィル（1987），Dahl（1971）ら名だたる学者が繰り返し指摘してきた。分断社会では民主主義が少数派エスニック集団に対する抑圧を生み出しかねないという認識は，アカデミズムの世界にとどまらず広く共有されている。だからこそヒューズ米国務次官は，「多数派が他者と権力を分かち合って」きたマレーシアがイラクのモデルになると述べたのである。

　多数決原理が多数派民族の専制をもたらすという事態を，どうすれば回避できるのだろう。本書は，この大きな疑問に完全な解答を与えることはできない。先行研究を検討したうえで，まだ十分に解明されていない二つの具体的な問題を取り組むべき課題に設定する。二つのリサーチ・クエスチョンに関して，まず理論上の仮説を提示する。次いで，異民族間のパワーシェアリングが異例に長く続くマレーシアにおいて，仮説から予測される現象が実際に観察されるかどうかを確かめるという手続きをとる。以下では，本書のリサーチ・デザインについて簡単に説明したい。

　リサーチ・クエスチョンのひとつは選挙にかかわるものである。多数派民族の専制を回避するための条件に関する先行研究では，選挙制度が論争の焦点であった。多数派民族政党の指導者が，どのような場合に少数民族の利益に配慮する動機をもつかと考えると，選挙が重要であろうことは容易に想像できる。権力をめぐる競争において，異民族政党と協調する政党が有利になる環境があれば，少数民族の意向が政策に反映される期待が高まる。

　この環境は，どんな選挙制度のもとで生じやすいのだろうか。広く知られるように，パワーシェアリング論の代表的論者であるアレンド・レイプハルトは比例代表制が望ましいと主張した（Lijphart 1977, 1984, 1999）。対して，レイプハルトに並ぶ第一人者のドナルド・ホロビッツは，選好順序2位以下の候補を指定する優先投票制（preferential voting）の一種である選択投票制

(Alternative Vote: AV) がよいと主張した (Horowitz 1991)。

　多数派民族によるエスノセントリックな利益追求は，同じ民族の政治家の間の支持獲得競争をきっかけに始まることが多い。有権者が，自民族の利益にかなうかどうかを基準に支持政党を選ぶなら，急進的な主張を掲げる政党が有利になる。そのため，同じ民族を代表する複数の政党が競って急進化するという現象が生じうる。この現象はアウトビッディング (outbidding) と呼ばれる (Rabushka & Shepsle 1972)。アウトビッディングが進行すれば，民主主義が多数派民族の専制に陥る危険性が高まる。

　ホロビッツは，比例代表制がもたらす「議席の共有」(seat pooling) だけではアウトビッディングを抑制できないと指摘した。そのうえでかれは，分断社会で穏健政策を実現するには「票の共有」(vote pooling) が必要だと主張する。票の共有とは，異なるエスニック集団を代表する政党間での「互いの支持者の票の交換」(Horowitz 1991: 167) である。票の共有が執政権を得るうえで有利に働くなら，異民族政党間の政策面での歩み寄りが期待できる。そうした状況を，AV によってつくり出すことができるとホロビッツは主張した。

　比例代表制がアウトビッディングを抑制できないことは，他の論者からも指摘されている (Wolff 2005: 63-64)。また，多数派民族の専制を防ぐうえで票の共有が有効だとする説への賛同もある (Reilly 2001; Weingast 1998; Wilkinson 2004)。しかし，AV が票の共有をもたらすという主張は厳しい批判を受けており (Fraenkel & Grofman 2004, 2006a)，どんな条件があれば十分な規模の票の共有が生じ，民族政党の穏健化が実現するのかはあきらかでない。

　そこで，「どのような場合に異民族政党間の票の共有が生じるのか」という問題（問い 1）を本書のリサーチ・クエスチョンのひとつに設定する。ただし，ホロビッツが票の共有は党組織の動員によって生じると考えるのに対し，本書では有権者が自身の選好にもとづいて投票すると仮定する。

　もうひとつのリサーチ・クエスチョンは，多数派民族政党の運営にかかわるものである。少数民族と協調する政党が選挙で有利になれば多数派民族の専制を防げるという論理は，政党が執政権の獲得をめざす一枚岩の組織だという前提がなければ成り立たない。だが政党には，何らかの集合行為問題（オルソン 1996）があると考える方が自然である。

たいていの政党は，少なくとも表向きには，あるべき社会のイメージを共有する人びとが理想の実現を目的として協働する組織である。市民団体などとは異なり，政党は権力を握って直接的に政策を策定することをめざす。だから党が執政権を得ることは，その目的を実現するうえでもっとも有効な手段であり，党員と支持者にとって共通の利益だといえる。

　ただし大きな組織を運営するには，メンバーに選択的インセンティブを与えることが欠かせない。共通の利益を実現するために，みずから好んで骨を折り，私財を投じる人物は滅多にいないからだ。他人が働いてくれることを期待し，自身は傍観者でいる者ばかりなら，組織は機能しない。だから組織は，責務を負う者に相応の報酬を与える。この選択的インセンティブがあってはじめて，大規模集団の集合行為が可能になる。もちろん政党も例外ではない。政党は，支持者が望む政策を実現するための組織であるだけでなく，経済的便益を含む選択的インセンティブを党幹部に供給するための組織でもある。

　ここに，党の方針をめぐる深刻な内部対立の余地が生じる。中央政府の執政職をめざす指導者にとって望ましい政策は，議会や地方政府のポストをねらうその他の党幹部には不都合かもしれない。党の利益を最大化する政策が，自身の当選をあやうくするとしたら，その人物が党の利益を優先するとは限らない。

　ある多民族国家において，多数派民族の政党が複数存在し，執政職を確保するには少数民族の利益に配慮するのが得策だとしよう。この条件のもとでも，党幹部たちが個人的な利益を最大化する行動をとった結果，エスノセントリックな政策路線が採択されるということがありうる。先行研究は政党を一枚岩と見なす傾向が強く，この問題に十分な注意を払ってこなかった。

　多数派民族政党の指導者が執政職を獲得，維持するには，有権者の支持と同時に党内の支持が必要である。少数派への政策的妥協が国政選挙や連立形成において党に有利に働く場合でも，自身の政治職確保の観点からエスノセントリックな政策を望む党幹部が存在しうる。かれらを抑圧すれば，党首は党内支持を失い，その結果執政職をも失うことになるかもしれない。では，多数派民族政党の党首は，いかなる条件があれば少数民族への妥協を選択できるのか。「多数派民族政党の指導者は，どのような場合に党内の異論を抑

えて穏健政策を実施できるか」という問題（問い2）が，本書のもうひとつのリサーチ・クエスチョンである。

二つの問いに答えるために，本書では次のような作業を行なう。

まず，それぞれの問いに対応した簡単なモデルをつくり，モデルから仮説を導く。最初に，票の共有が生じるメカニズムを検討するために，投票の空間理論に依拠した政党競合のモデルを提示する。これは，2民族からなる分断社会で，それぞれの民族を代表する穏健政党と急進政党の計4党が支持獲得競争を行なうことを想定したモデルである。モデルを使った考察により，票の共有の規模は選挙制度の違いよりも（1）穏健政党間の政策調整の成否，（2）選挙区の民族混合度，の2点に強く左右されることがわかり，次の仮説が導かれる。「異なる民族の政党が，選択投票制（AV）のもとで政策的に歩み寄ったとき，ないし1人区相対多数制（First Past The Post: FPTP）のもとで統一候補を擁立するとき，民族混合選挙区の数が十分多ければ票の共有の効果が期待できる」(**仮説1**)。

続いて，多数派民族政党の党首が党内の異論を抑えて穏健政策を実施できる条件を検討するために，ゲーム理論を用いた党内意思決定のモデルを提示する。このモデルでは，党首が穏健政策を採用しようとするとき，党首に反逆する動機をもつ者たち，すなわち党首の座をねらう対抗エリートや急進政策を望む中堅幹部らの間にもまた集合行為問題があると想定した。このモデルから，穏健政策への不満が少ない，あるいは不満をもつ者たちが「反逆者のジレンマ」（Lichbach 1995）に陥るために，以下の場合に穏健政策が採用されやすくなると考えられる。「多数派民族政党において，党首以外の幹部ポストの価値が高いほど穏健政策が採用されやすい」(**仮説2**)，「多数派民族政党において，党首と対抗エリートのポストの価値の差が小さいほど穏健政策が採用されやすい」(**仮説3**)。

次に，これらの仮説の妥当性をマレーシアの事例研究によって確かめる。冒頭で述べたとおり，マレーシアのパワーシェアリングは異例に長く続いた。ゆえにマレーシアの場合，多数派民族与党の党首には少数派にも受け入れられる政策を実施する構造的なインセンティブがあり，なおかつ，党首がその他の幹部を懐柔しやすい環境があったと予想される。それぞれの仮説について，予想される現象が実際にマレーシアで観察されるかどうかを確かめる。

仮説1については，選挙の分析を通じて経験的妥当性を検証する。マレーシアの執政制度は議院内閣制であり，選挙制度もイギリスと同じ1人区相対多数制である。マレーシアにおいて，FPTPのもとで大規模な票の共有が生じる条件が揃っているかを確認した後に，計量分析によって票の共有の効果を検証する。

　仮説2と仮説3については，その妥当性を検証するにあたり，党幹部ポストの価値を，(1) 政策決定への影響力，(2) 自己裁量で分配できる付帯利益，(3) 人事権，の3要素から構成されるものと定義する。どのポストに上記の3要素がどのくらい付随するかは，執政制度や議会制度，党の人事制度などの政治制度によって大枠が規定されている。同時にそれは，景気変動にともなう政府支出の増減や選挙ごとの議席の増減によって変化する。

　マレーシアの連立政権における多数派民族政党は，統一マレー人国民組織（UMNO）である。仮説が正しければ，安定したパワーシェアリングが実現したマレーシアでは，UMNOにおいて党首以外の幹部ポストの価値が高い，党首と対抗エリートのポストの価値の差が小さい，という二つの現象の双方か，少なくとも片方が観察されるはずだ。党首と，党首に取って代わりうる対抗エリート，その他の幹部ポストの価値は，さまざまな政治制度の組み合わせによって規定されているから，諸制度の総合的な検討が必要になる。ただし，多くの制度は独立したときから変わっていないため，それが実際にパワーシェアリングの安定に寄与したかどうかは，「もし違う制度だったらどうなるか」という反実仮想との比較から推し測るよりほかない。

　一方で党幹部ポストの価値は，景気や選挙結果という比較的変化しやすい現象にも影響されるため，これらが変化した際に何が生じるかを観察することで，実際に党幹部ポストの価値がパワーシェアリングの安定度を左右するかどうかを確かめることができる。深刻な不況に陥ったり，選挙で多数派民族政党が大きく議席を減らしたりした後には，党内急進派が台頭して連立政権の運営が困難になると予想されるから，マレーシアでそのような現象が生じていたかどうかを確認する。

　以上が本書のリサーチ・デザインの概要である。パワーシェアリングの安定性に関する理論上の仮説をマレーシアの事例研究によって検証するという手続きには，長所と短所の双方がある。いちばんのメリットは，パワーシェ

アリングの寿命が異例に長い，逸脱事例としてのマレーシアの経験から，分断社会の諸事例に適用しうる一般性があり，かつ論理が明瞭なインプリケーションを導出できることである。本書は，パワーシェアリングに関する先行研究を検討したうえで，詳しく分析されることのなかった票の共有のメカニズムと，多数派民族政党の集合行為問題に焦点を当てている。仮説の妥当性が，逸脱事例としてのマレーシアの分析によって裏付けられれば，従来は看過されてきたこれらの問題がもつ重要性が示唆されたことになる。

一方，最大の短所は，一般性をもつ仮説がマレーシア以外の事例に実際にあてはまるかどうか確かめられないことである。三つの仮説がマレーシアの経験を説明できるかどうか（内的妥当性）は，選挙の計量分析，ならびに政治制度の反実仮想との比較，変化が生じた要素（多数派民族政党の獲得議席数，政府開発支出の規模，一部の制度）に着目した通時的比較によって，ある程度は確かめることができる。しかし，単一事例研究である以上，外的妥当性については何もわからない。

本書がひとつの事例しか扱えないのは，党幹部ポストの価値は多くの政治制度の組み合わせによって規定されると考えるからだ。ひとつひとつの政治制度は，それぞれが独立に党幹部ポストの価値を定めるのではない。仮に，党首が必ず執政長官になるとしても，執政制度の違いのみをもって，大統領制のもとでは政策決定における党首＝執政長官の影響力が議院内閣制の場合より常に強くなるとか，その逆であるなどということはできない。それは，党規律の強弱を規定する諸制度に影響されるからである。また，中央地方関係が集権的であるより分権的である場合に，党地方幹部職の価値が高くなるとも限らない。もし地方政府の選挙において穏健政策が不利な材料になるなら，穏健政党の地方幹部が首長や議員になれる見込みは薄くなる。そうであるなら，集権的な中央地方関係のもとで，党のルートを通じて政策決定に影響力を行使できるような制度である方が，党地方幹部職の価値は高くなるかもしれない。このように，さまざまな政治制度の組み合わせのうえに，全体としての党内価値配分システムが構成されているのである。

このシステムの様態を把握するには，事例に関する広範な知識が不可欠だ。それゆえ，「多くの事例に通じる一般化を行なうことを目的」としつつも，あえて「単一の事例を集中的に研究」することが必要なのである。

マレーシアを集中的に研究する本書は，地域研究としての側面を併せもつ。本書のリサーチ・デザインは，マレーシア政治研究の側面においても長所とともに短所を抱えている。

その長所は，多民族連立政権の軌跡を一貫したロジックで説明できる点である。マレーシアのパワーシェアリングは，環境の変化に耐えて半世紀にわたり続いた後，なぜ突然かつ急激に不安定化したのか。選挙の分析によって，2008年総選挙を境に票の共有の効果が消失したことがわかる。では，連立政権を構成する政党による票の共有が失われたのはなぜか。本書は，票の共有の持続と消滅のメカニズムを説明できるモデルを改めて提示したあと，情報環境の変化（インターネット利用の普及）がエスノナショナリズムには回収されえない問題の争点化を促し，その結果，票の共有が失われたと考えられることを示す。

一方で本書は，そのリサーチ・デザインのために，地域研究としては視野が狭いという短所を抱えている。まず，票の共有にもとづくマレー人と華人，インド人とのパワーシェアリングに焦点を絞っているため，民族構成が異なるボルネオ島の地方政党は分析の対象になっていない[5]。加えて，「多数派民族の政党が少数民族の利益を尊重するのはなぜか」という問題に答えるのが目的であるために，華人政党，インド人政党側の党内事情には考察が及んでいない。本書は，マレーシアで多民族連立政権が長く続いてきた理由の一端を示すものにすぎず，それを十全に説明するものではない。

ここで各章の概要を簡潔に紹介しておこう。

第1章では，分断社会の民主主義にかかわる先行研究を検討し，問題の所在を確認して前述の二つのリサーチ・クエスチョンを導く。加えて，アウトビディングや多数派民族の専制が現実に生じうるのか否かを検討しておく。それらが実際には生じえないものならば，そもそもリサーチ・クエスチョンが無効だということになるからだ。ここでは，エスニック集団の脆さや移ろいやすさを強調する近年のエスニシティ論を概観したうえで，これらの議論

---

[5] 山本 (2006: 326-327) は，マレー半島部とサバ，サラワクの双方を単一の枠組みに収めた見方を提示している。サバとサラワクはそれぞれが半島部のエスニック集団に相当する「民族」を構成し，あわせて五つの集団による民族連邦制が展開してきたとの見方である。

を踏まえてもなお，ある種の社会，すなわち亀裂が重複し，エスニック集団間の勢力が拮抗する社会には，アウトビッディングが生じる危険性があることを確認する。

第2章では，まず，それぞれの問いに対応する二つのモデルからあわせて三つの仮説を導出する。次に，安定したパワーシェアリングが存在するなら観察されるはずの現象を仮説から予測する。ここまでが「理論編」である。

第3章では，事例研究への導入として，イギリス統治の末期にマラヤ連邦でパワーシェアリング政権が誕生した経緯を概観する。その後，第4章から第7章において，第2章で示した理論的予測が実際にマレーシアで観察されるかどうかを確認する。

第4章では，マレーシアでは独立当初から票の共有が生じる条件が揃っていたことを確認したうえで，選挙区の民族混合度と与党候補の得票率の関係をみる。モデルからは，実際に票の共有が生じているなら民族混合区で与党の得票率が高くなると予測される。この現象を確認した後，2変数間の関係が他の要因を反映した見かけ上の共変関係にすぎないとは考えにくいことを示す。

第5章では，選挙制度を含む地方制度と議会制度，政策決定と人事にかかわるUMNOの制度を検討する。ここでは，UMNOには票の共有の恩恵を享受する幹部が多く，党首以外の党幹部ポストの価値が高い一方，党首と対抗エリートのポストの価値の差は大きいと評価できることを示す。

ここまでの分析が妥当なら，多民族連立政権の安定性はUMNO地方幹部ポストの価値を高く保てるかどうかにかかっており，議席の減少や政府支出の削減によってその価値が下がれば政権運営が困難になるはずである。

第6章では，与党連合が大きく議席を減らした1969年選挙前後の政治動向を概観する。この選挙の直後には，冒頭で言及した民族暴動（5.13事件）がおきているから，政権運営が困難になったのは論を俟たない。むしろ，このときパワーシェアリングはアウトビッディングによって破綻したのであり，その後はマレー人指導者が強権的な法を用いて華人，インド人を統制する体制に移行したのだとする論者がいる。本章では，選挙結果とその後の政治動向の検証を通じて，この見方が妥当な解釈とはいいがたいことを示す。

第7章では，1980年代半ばの不況と1990年選挙での不振，1990年代末の

不況と 1999 年選挙での不振，2008 年選挙での不振と翌年の不況，という三つのイベントの後に，政権運営が困難になる状況があったかどうかを確かめる。

　第 8 章では，2008 年選挙で投票パターンが変化した要因を探る。2008 年選挙では，与党間の票の共有が消失し，野党が歴史的な躍進を遂げた。ここでは，エスノナショナリズム次元での野党の穏健化とインターネット利用の普及が相まって，民族の垣根を越えて野党が協調できる問題が争点化され，そのことによって与党間の票の共有が消失したと考えられることを示す。

　終章では，それまでの議論を要約して結論をまとめる。そのうえで，「マレーシアはエスニック紛争管理のモデルになりうるか」という問題について改めて考える。

第 1 章

パワーシェアリングをめぐる議論
――問題の所在――

はじめに

　序章では二つのリサーチ・クエスチョンを提示した。ひとつは「どのような場合に異民族政党間の票の共有（vote pooling）が生じるのか」という問題（問い1）であり，もうひとつは「多数派民族政党の指導者は，どのような場合に党内の異論を抑えて穏健政策を実施できるか」という問題（問い2）である。

　本章では，まず第1節において，なぜこれらの問いに取り組む必要があるのかを改めて示す。エスニックな亀裂を抱える社会における民主主義を考察した先行研究を概観し，この二つの問いがもつ理論上の重要性を確認する。

　どうすれば民主主義のもとで多数派民族の専制を回避できるかという問題は，長年にわたり活発な議論の対象になってきた。研究の積み重ねのなかで，少数派の権利を保障するには，多数派民族の指導者がそれを約束し，かつ約束を履行するインセンティブをもつことが必要だという認識が共通了解になりつつある。この考え方にしたがうなら，さらに深く探究すべき研究課題は，何がそのようなインセンティブを生み出すかという問題である。本書の二つのリサーチ・クエスチョンは，この研究課題を具体化したものである。

　ただし，以上の議論は二つの前提のうえに成り立っている。ひとつは，エスニック集団の成員が何らかの利益を共有しており，ゆえにエスニック集団間で利害対立があるということ。もうひとつは，エスニシティにもとづく多数派／少数派の区分が，短期間では変わらない固定的なものだということである。もしこの二つの前提がまったく現実的でないとしたら，「多数派民族の専制」をおそれるのは無意味な杞憂であり，それを防ぐ方法など考えるだ

け無駄だということになる。

　エスニシティの性質については多種多様な議論があり，近年は，とくにエスニシティの固定性と永続性を否定したうえでエスニック・ポリティクスを捉える研究が相次いで発表されている。よって，二つの前提が普遍的に成り立つという想定のもとに議論を進めていくことはできない。

　そこで第2節では，エスニシティの性質をめぐる議論を整理したうえで，どのような社会で二つの前提が成立しやすいのか，すなわち，どのような社会が本書の議論の対象になりうるのかを特定する。

第1節　どうすれば多数派民族の専制を回避できるか

1.「多数者の専制」の脅威とコミットメント問題

　個人の行為を規制し方向づけるルールや手続き，慣行には，本質的に排他的な傾向がある（Holden 2006: 164）。民主主義の制度もまた，例外ではない。多数決原理を基礎とする民主主義は，「多数者の専制」を招くおそれがある。

　19世紀半ばのイギリスでジョン・スチュアート・ミルがその危惧を表明したとき，彼の念頭には労働者階級の台頭への懸念があった。同時にミルは，多民族国家が抱える問題についても次のように述べている。「異なった諸民族によって形成されている国では，自由な諸制度は，ほとんど不可能である。同胞感情のない国民の間にあっては，ことにかれらが異なった言語を読み書きしているばあいには，代議制政府の運用に必要な，統一された世論が存在しえない」（ミル 1997: 376）。多数派と少数派の間の流動性が低く，利害対立が激しいほど，多数者の専制のリスクと弊害が昂じる（トクヴィル 1987）。エスニシティで分断された社会は，民主主義が多数者の専制に転じやすい条件をもつ社会だといえる。

　民主主義体制下の政治が，実態としては多数者の専制となるなら，少数派は民主主義のルールを尊重しなくなるかもしれない。

　Przeworski（1991: 26）は，民主主義の定着とは民主主義が「街で唯一のゲーム」（the only game in town）になることだと表現した。これは，より具体的には，権力獲得をめざす政治勢力にとって民主主義の制度にしたがうことが均衡戦略になっている状態を指す[1]。このとき民主主義は，誰もそこから逸

脱するインセンティブをもたないという意味において，自己実現的（self-enforcing）な制度になっている。選挙によって統治者を決める民主主義では，必ず敗者が生まれる。敗者が敗北を受けいれて，民主主義制度を遵守するのはなぜだろうか。Przeworski（1991）によれば，それは現在の敗者が将来の選挙で勝つ可能性があるからである。負けを認めて次の選挙に賭けるという戦略の期待利得が，反乱によって得られる利得を上回るとき，敗者は民主主義を認める。もし，多数派と少数派を分かつ亀裂が宗教や人種の差異だとしたら，少数派が過半数票を得る可能性はない。Przeworski（1991）の議論にしたがえば，このような条件下では民主主義は安定しえない。

もちろん現実には，政権を獲得できない少数派が常に反乱を起こすわけではない。多数派の側にも，少数派の利益に配慮する動機があるからだ。

露骨な専制的支配が少数民族のテロや内戦を招くとしたら，多数派民族も深刻な損害を被る。武力紛争にいたらなくとも，少数派の資本逃避がおきて甚大な経済的損失が生じるかもしれない。産業の発展も遅れる。多数派の統治者の権力行使に対する制約が弱ければ，少数派の被治者は接収の危険をおそれて投資を手控えるからだ。こうしたリスクを多数派が認識して実際に少数派の権利を保障するなら，少数派の側も選挙に勝てないからといって反乱や海外逃避というコストの高い選択をする必要はない。

しかし一方では，統治者が被治者の権利を守ると約束したとしても，その約束を履行するとは限らないという問題がある。合意の不履行を防止する有効な仕組みがなく，事後の機会主義的行動の可能性が排除できないなら，そもそも合意を成立させることが困難になる（シェリング 2008: 2 章）。このような問題はコミットメント問題と呼ばれる。多数派の指導者がコミットメント問題を解決できないと，少数派の反乱や離脱のリスクが高まる（Fearon 1998; Weingast 1998）。

2. どうすればコミットメント問題を解決できるか

ある分断社会で，実際に多数派民族の政治家が少数民族の利益に配慮する

---

1) Linz & Stepan（1996: 4-7）もまったく同じ表現を用いて民主主義の定着を定義しているが，Przeworski（1991）とは異なり，かれらは民主主義への規範的コミットメントという態度のレベルでの受容を重視している。

意思をもっているとしよう。かれの約束を、少数派の市民にとって信頼に足るものにするには、どんな条件が必要だろうか。統治者と被治者がなんらかの合意を取り結ぼうとするとき、統治者は事前に自らの手を縛ることでコミットメント問題を緩和できる。分断社会の民主主義に関する先行研究によれば、多数派のコミットメント問題を軽減するには二つのアプローチの仕方がある。

　第1に、多数決原理による意思決定の対象を狭く限定するという方策がある（Lijphart 1977）。選挙に勝った勢力の裁量権を小さくしておけば、負けた側が勝者による専制をおそれる必要はなくなる。

　具体的には、あるエスニック集団にとって重要な問題やかれらだけにかかわる問題について、その集団に自決権を与えるというのがひとつの方法である。集団の自決権は、特定のエスニック集団が特定の地域に集まって居住している場合には連邦制、そうでない場合には各集団に固有の問題（言語や教育）に関する立法権を付与することで達成される。

　「勝者総取り」にならないように、あらかじめ国家がもつ資源の配り方を決めておくという方法もある。たとえば、公務員ポストや補助金を、各エスニック集団に比例配分するというやり方である。

　少数派に拒否権を付与することも、多数決原理のマイナス面を補ううえで有効な方法である。少数派の拒否権は、憲法改正に必要な賛同の水準を高く設定することや、司法審査制度によって実現する。通常の立法過程については、議会を二院制にして両院に同等の権限を付与すれば、少数派の合意なき決定を抑制するのに役立つ。

　これらの対策は、エスニックな亀裂を抱える社会で良好に機能する民主主義の実例のなかに、レイプハルトが見出した特徴である（Lijphart 1977）。ただし、中央政府での政治的決定の対象を限定するという対策には自ずと限界があるから、決定の仕方のほうを工夫する必要もある。

　コミットメント問題を緩和するための第2のアプローチは、政治的決定のあり方にかかわるもので、具体的には多数派と少数派が執政府をともに担うパワーシェアリングである。政権への参加は、多数派指導者の行動を監視し制限する機会を少数派指導者に与える。また、政策立案の段階から協議を重ねることで、多数派と少数派の双方にとって好ましい政策を編み出すチャン

スが広がる。レイプハルトは，オランダやスイス，ベルギー，オーストリアなどの事例研究を通じて，エスニシティで分断された社会で安定した民主主義を実現するには，主要なエスニック集団の指導者が権力を分有して協調する必要があると主張した（Lijphart 1975, 1977）。

　異なるエスニック集団を代表する政治家が政府のなかで協調するのはなぜだろうか。レイプハルトは，激しい紛争の危険性があること自体がエリートを協調に導き，その予測を自己否定的予言（self-negating prophecy）にすると主張した（Lijphart 1977: 99-103）。紛争がおこるかもしれないという予測は，エリートにそれを予防する行動をとらせ，その結果実際に紛争が回避されるというのである。多数派と少数派の指導者がともに執政権を担うという経験は，双方に紛争のリスクを正しく認識させ，運命をともにしているという感覚を醸成するのに役立つだろう。

　しかし当然，このメカニズムは無条件に働くものではない。紛争の危険性そのものがつねに紛争を抑止するのであれば，紛争はありえないことになってしまう。執政府におけるパワーシェアリングは，多数派のコミットメント問題を緩和する効果をもちうるが，それだけでこの問題を完全に解消できるわけではない。

　一般にコミットメント問題は，取引における約束が破られることはないと関係当事者が信じることを可能にするような，補助的な取引が存在することで解決される（Greif 2006: 49）。たとえば商店と個人との間の売掛販売の取引（中心的な取引）は，裁判所と個人との取引や信用調査会社と個人との取引（補助的な取引）によって可能になる。補助的な取引は，中心的な取引の当事者に相手の将来の行動を予測するための判断材料を与え，ここでの取引の成立に寄与する。

　政策をめぐる多数派指導者と少数派指導者の取引を中心的な取引とすれば，何がそれを成立させる補助的な取引になるのだろうか。パワーシェアリングに紛争抑止効果があるとみた論者たちは，選挙を通じた政党と有権者との取引が有効な補助的取引になりうると考え，どのような選挙制度ならその効果を期待できるかを議論してきた。

　レイプハルトは，比例代表制が連立の必要性を生み出し，主要なエスニック集団による大連合（grand coalition）を促すと一貫して主張してきた（Lijphart

1977, 1984, 1999）。比例代表制は小選挙区制に比べると多党制をもたらしやすいといわれる（Duverger 1954, 1986）。小選挙区制の場合，3党以上での競合になれば有権者が自身にとってもっとも好ましい候補に投票するとは限らない。その候補の勝ち目が薄く，自身にとって最悪の候補が有利とみれば，2番目にましな候補に投票するかもしれない。これは戦略投票と呼ばれる。戦略投票は選挙区レベルでの候補者の数を減少させるから，一般的な傾向としては，小選挙区制は政党システムのレベルでも有効政党数を減らす効果をもつ[2]。これに対して，比例代表制のもとでは死票が少ないため，有権者は各党の勢力について思いわずらうことなく，自身の理想にもっとも近い政策を掲げる政党に投票できる。レイプハルトは，比例代表制が実際に多党制をもたらす傾向にあることをデータで確認した（Lijphart 1999: Chap. 8）。

比例代表制によって，多数派民族政党が政権を獲得・維持するうえで少数民族政党との連立が不可欠になるなら，選挙はコミットメント問題の解決に大きく寄与する。少数民族政党の連立離脱が政権崩壊に直結する状況のもとでは，多数派民族政党は少数民族の利益を無視できないからだ。

もしエスニック集団の利益を代表する政党がひとつずつしか存在しないとしたら，比例代表制の効果は主要な集団の数と人口比に依存する（Lijphart 1977; O'Leary 2005）。多数派エスニック集団が人口の過半数を占めており，かつひとつの政党しかもたないなら，連立の必要は生じないから比例代表制の効果は期待できない。しかし，多数派エスニック集団の人口比率が高ければ，この集団の内部では下位文化や所得格差などをめぐる対立が先鋭化しやすいから，複数の政党ができる余地が広がる（Birnir 2007）。よって多数派集団の比率が高くても，かれらを代表する政党が複数あれば，少数派集団がキャスティングボートを握る状況は十分に生じうる。

だが一方で，多数派集団を代表する政党が複数存在するときには，別のやっかいな問題が生じるおそれがある。有権者が急進的な民族的選好をもつなら，政党は同じエスニック集団のライバルに勝つべく，急進的な政策を掲

---

2) ただし，デュベルジェの法則には少なからず例外がある。有効政党数は，選挙制度と社会的亀裂の数との組み合わせで決まるからである（Cox 1997）。社会的亀裂の数が多い，あるいは地方政党が国政に参加する余地があるような場合には，小選挙区制のもとでも三つ以上の有効政党をもつ政党システムが成立しうる。

げるようになるだろう。このような現象はアウトビッディング（outbidding）と呼ばれる。このアウトビッディングこそ，少数派の権利保障に関する多数派指導者の約束履行をむずかしくする最大の障壁だといっても過言ではない（Horowitz 1985; Rabushka & Shepsle 1972）。

アウトビッディングは，具体的には次のようなコンテクストにおいて発生してきた（Rabushka & Shepsle 1972）。植民地経験によって深刻な民族的亀裂を抱えることになった新興国では，多くの場合，独立の前後に民族横断的な連立政権が誕生した。これらの連立政権は，発足当初は民族問題に関してあいまいな方針をとることで一定の支持を確保できた。しかし急進的な政策を掲げるライバル政党が登場すると，それに対抗するために与党側も急進化せざるをえなくなる。このようなメカニズムが働くなかでは，連立パートナーによる約束は必然的に信頼性の薄いものになる。実際にこれらの政権の多くが民族間関係の緊張を経験し，それを契機に崩壊するか，権威主義に傾斜していった[3]。

比例代表制のもとでは，有権者は純粋に自身の選好にしたがって投票する。政党はそれぞれの政策を示して選挙に臨み，投票結果を受けて連立を模索することになる。そのため比例代表制は，それ自体としては選挙を契機として生じるアウトビッディングを抑制できず，持続性のある連立を促す効果をもたない（Horowitz 1985: 643-644）。レイプハルトと同じく，比例代表制にもとづくパワーシェアリングが分断社会で民主主義を可能にすると考えたNordlinger（1972: 73）は，エスニック集団内の構造的エリート支配（structured elite predominance）が紛争を抑制するための必要条件だと主張した。すなわち政党と有権者との取引が，有権者が政党エリートに全面的に従属するかたちになっているときに限り，この取引が異民族エリート間の取引を下支えする効果をもつということである[4]。政治家と有権者がパトロン・クライアン

---

[3] 急進派が台頭するメカニズムに焦点をあてたRabushka & Shepsle (1972) やHorowitz (1985) の議論は，独立直後のアジア・アフリカ諸国の事例を念頭においたものである。対して，中東欧諸国の新興民主主義を対象にアウトビッディングが生じるメカニズムを理論化した中井（2015）は，多数派民族の実務政党の数が多いときに政策が急進化し，政治的民族対立が厳しくなることを示した。

[4] Nordlinger (1972: 78-87) は，次のような条件が構造的エリート支配をもたらすと主張した。(1) 不活発な政治活動，(2) 権威に黙従する態度，(3) パトロン・クライアント関係，(4) 組織力の強い大衆政党。

ト関係で結ばれ，大衆が実力者に従属する状況は，開発途上国ではめずらしくない。しかし一方で，Horowitz（1985: 342）が指摘したように，「指導者がどこに行こうと支持者はついてくると考えるのは馬鹿げている」。自分の選好に近い政策を提示する別の指導者が現れたら，多くの有権者は鞍替えするだろう。

3．どうすればアウトビッディングを抑止できるか

では，アウトビッディングはどのような条件下で抑制されるだろうか。Horowitz（1985）は，議会の過半数獲得のために連立が必要とされるだけでは不十分だと指摘した。場合によっては，深刻な民族的対立が存在する時期にこそ，異民族政党間の連立が成立しやすいという逆説的な状況がありうるからだ。

ホロビッツは，その典型例としてスリランカ（旧称セイロン。1972 年に改称）におけるシンハラ人政党とタミル人政党の連立政権を取り上げている（Horowitz 1985: Chap. 9）。アウトビッディングの実例として，ここで少し詳しく紹介しておきたい。

スリランカは，1948 年にイギリスから独立した。多数派のシンハラ人が人口の 69.3％を占め，12 世紀までにこの地に移住したスリランカ・タミル人が 11％，植民地期に来たインド・タミル人が 12％を占めた（1953 年時点。DCS 1957: 12）。独立以前の民族間関係は概して安定しており，多数の死者を出す紛争はなかった。独立前年に実施された第 1 回総選挙では，シンハラ人主体の統一国民党（UNP）が第 1 党になり，党首の D.S. セナナヤケが初代首相を務めた。独立後まもなく，スリランカ・タミル人を代表するタミル会議派（TC）の G.G. ポンナンバラム党首が入閣し，パワーシェアリング内閣が成立した。

英語教育を受けたエリートが主体の UNP 政権は，宗教や文化についておおむね穏当な立場をとった。ただしインド・タミル人には厳しい態度をとり，1948 年の市民権法と 49 年の選挙法を通じてかれらの選挙権を奪う。TC のポンナンバラムらはこれを容認した格好になり，それに反発したスリランカ・タミル人のグループが 1949 年に連邦党（FP）を創設した。一方，シンハラ人の側では D.S. セナナヤケ首相と対立した S.W.R.D. バンダラナイケが

離党し，1951 年にスリランカ自由党（SLFP）を創設する。1956 年の第 3 回総選挙では，シンハラ・ナショナリズムを前面に打ち出した SLFP が左翼の小政党と協力して過半数を制した。この選挙では，タミル側でも穏健派の TC が没落し急進派の FP が台頭している[5]（松田 2008, 2010; Wilson 1975）。

　政権交代後まもなく，新政権はシンハラ語を唯一の公用語とする公用語法を制定した。同法に反対する FP が抗議デモを実施すると，これがシンハラ側を刺激し，各地で反タミル暴動がおきた。社会不安を受け，バンダラナイケ首相はタミル側との妥協を模索し始める。1957 年 7 月，首相は FP の S.J.V. チェルバナヤーカム党首との間で，タミル人が多い北部と東部においてタミル語を公用語とし，高度の自治権をもつ地域評議会を設置することなどを取り決めた協定を結ぶ[6]。ところがこの協定は，下野をきっかけに急進政策に転じた UNP や仏教僧などシンハラ側の激しい反発を招いた。そのためバンダラナイケは，翌 58 年に協定を一方的に破棄してしまう。これに対するタミル側の抗議行動をきっかけに大規模な反タミル人暴動が発生し，300 人にのぼる死者と多数の難民を出した（Kearney 1967; Weerawardana 1960）。

　このように，独立直後に生まれたスリランカの連立政権は，多数派であるシンハラ人の野党 SLFP のアウトビッディングを受けて瓦解し，下野した UNP のさらなるアウトビッディングによって深刻な暴力が生じた。その後は SLFP と UNP がともにシンハラ・ナショナリズム路線を維持する。民族政策に差がなくなったことで，シンハラ人の 2 大政党の間では左右のイデオロギー対立が先鋭化し，勢力的にも拮抗するようになった。そのため 1965 年選挙では，タミルの FP がキャスティングボートを握るという逆説的な状況が生じた。FP は UNP 側につき，ダドリー・セナナヤケが率いる新政権に加わって言語政策に関する妥協を引き出した。しかし自治権拡大のための

---

[5] TC の G.G. ポンナンバラムは，1953 年には D.S. セナナヤケの後継者であるジョン・コテラワラ首相によって閣僚を解任され，TC は下野していた。つまり，パワーシェアリングはこの時点で終わっていた。このとき一部の TC 所属議員が UNP に鞍替えしたが，1956 年選挙を前に UNP が急進化したために離党した（Kearney 1967: 75-76）。

[6] 「バンダラナイケ - チェルバナヤーカム協定」と呼ばれたこの合意では，地域評議会（Regional Council）は農業，協同組合，土地・土地開発，拓殖，教育，保健，産業・漁業，住宅・社会サービス，電気，水，道路に関する権限をもち，中央政府から交付金を得るとともに，徴税と借入の権限をもつものとされた。評議員は直接選挙で選出されるものとされた（Kearney 1967: Appendix II）。

郡評議会設置の約束が反故にされ，FPは1968年に連立を離脱する。この間，野党側はタミル人と協調するUNPを厳しく批判し，1970年総選挙ではSLFPと友党が選挙議席の4分の3を占める地滑り的勝利を収めた（Horowitz 1985: Chap. 8; Kearney 1967; Wilson 1975）。

多数派民族を代表する政党がいずれも急進的な政策をとるとき，これらの政党の勢力が拮抗し，少数民族政党と連立するインセンティブが生じることがある。このような逆説的状況が生み出す連立の必要性がコミットメント問題の解決につながらないことを，スリランカの事例ははっきりと示している。1970年総選挙で大勝したSLFPのシリマヴォ・バンダラナイケ首相は，1972年に新憲法を制定し，仏教を事実上の国教とした。政府によるタミル人の抑圧が一段と強まったこの頃，のちにタミル・イーラム解放の虎（LTTE）に発展するテロ組織が結成された。同時に，タミル人政党も分離独立をめざすようになる（斎藤1988; Wilson 2000）。

1970年代半ばまでのスリランカは議院内閣制で，選挙制度は1人区を主とし，複数人区（2〜4人。完全連記制）を加えた相対多数制であった[7]（Ceylon 1946, 1959）。この制度のもとで政党間のアウトビッディングが繰り返され，民族間関係が取り返しのつかないほど悪化した。仮に，独立時点でレイプハルトが薦める比例代表制を導入していたとしても，それで紛争を抑止できたとは考えづらい。前述のように，比例代表制自体にはアウトビッディングを抑える効果は期待できないからだ[8]。

ならば，どんな選挙制度ならアウトビッディングを抑制できるだろうか。ホロビッツは，アウトビッディングを抑制するのは異民族政党間の票の共有であり，多数派民族の専制やそのリスクに由来する紛争を抑止するには，票の共有を促す選挙制度の導入が必要だと主張した（Horowitz 1991）。票の共有とは，異なるエスニック集団を代表する政党間での「互いの支持者の票の

---

7) 完全連記制複数人区導入のねらいは，マイノリティ候補の当選可能性を高めることにあった。選挙議席95に対し，区割り委員会は84の1人区，四つの2人区，ひとつの3人区を設定した（下院定数は101で任命議席が6）。同委員会は，この選挙区割りによってスリランカ・タミル人13人，インド・タミル人7人，ムスリム4人が選出されるものと見込んでいた（Ceylon 1946: Para. 17-26, 70, Appendix A）。

8) エストニアとラトヴィアはどちらも比例代表制を採用しているが，エストニアでは政治的民族対立が抑制されているのに対し，ラトヴィアでは厳しい対立がある（中井2015）。

交換」(p.167) であり，選挙前の合意にもとづいてなされる。この合意を成立させるには，異民族の政党との票の交換が選挙をたたかううえで適切な戦術となる状況がなければならない。特定の社会的条件のもとでは，そうした状況を優先投票制 (preferential voting) によってつくりだすことができるとホロビッツは主張する。優先投票制とは，選好順序2位以下の候補を指定する選挙制度である。

　優先投票制には，比例代表制の一種である単記移譲式 (Single Transferable Vote: STV) と，多数決制の選択投票制 (Alternative Vote: AV)，補足投票制 (Supplementary Vote: SV) の3種がある (Reilly 2001)。一般的には，STVでは複数人区制，AVとSVでは1人区制がとられるが，AVとSVでは複数人区制もありうる。いずれについても，すべての候補者の選好順序を指定しなければならない（すべて記入しないと無効票になる）制度と，そうでない（たとえば1人の候補しか記入しなくてもよい）制度の2種類がありうる。

　STVでは，当選基数を超える票を得た候補が当選する。当選基数はあらかじめ定められるのではなく，選挙区の定員と有効投票用紙の数から算出される。票の集計では，まず選好順序1位の票が使われ，それで当選者が定員に満たない場合に順序2位以下の票が利用される。具体的には，当選者の獲得票のうち当選基数を超える分と，落選が確定した候補の票において，順序2位とされた候補にそれらの票が分配される。それでも定員が埋まらない場合には，順序3位以下の票が同様の手順で分配される。AVとSVではともに，有効投票数の過半数の票を獲得した候補が当選する。どちらの場合でも，まず選好順序1位の票が集計され，その時点で過半数を獲得した候補がいればその候補が当選となる。その時点で当選者がいない場合，順序2位以下の票が利用される。2回目の集計では，AVの場合，最下位候補が獲得した票において順序2位とされた候補にその票が分配される。SVでは，最多得票候補と2番手の候補を除くすべての候補の票が分配の対象となる。この作業が，過半数票を得る候補が現れるまで繰り返される (Reilly 2001: Chap. 2, 7)。ホロビッツは，とくにAVにアウトビッディングを抑制する効果があると主張した (Horowitz 1991: 191)。

　優先投票制はなぜエスニック政党を妥協に導くのか。ホロビッツの論理を架空の事例を用いてみてみよう。

アルファ民族とベータ民族の2民族からなる国があるとしよう。アルファ民族を代表する政党 mα と政党 rα，ベータ民族を代表する政党 mβ と政党 rβ の4党が選挙で競合するものとする。政党 mα と政党 mβ の間には，お互いの支持者の票を交換する合意がある。具体的には，政党 mα がその支持者に対し，投票用紙の選好順序2位の欄に政党 mβ の候補の名を記入するよう働きかけ，政党 mβ も見返りに支持者に同様の働きかけをする。一方，政党 rα と政党 rβ はそれぞれ単独で選挙に参加している。このような状況は，政党 mα と政党 mβ を他の2党との競合において有利な立場におく。こうした合意を結び，かつ実際に有権者に異民族の候補の名を記入させるには，政党 mα と政党 mβ が選挙の前にあらかじめ政策面で歩み寄る必要がある。よって票の共有にもとづく連立政権では，選挙後に数あわせのために形成される連立政権に比べ，穏健政策が実施され維持される可能性が高まる。

ただしこのメカニズムを働かせるには，二つの集団の人口が拮抗する民族混合選挙区が十分に多くないといけない。とくに1人区の AV と SV の場合，たとえばアルファ民族が有権者の大多数を占める選挙区では，1人の候補しか指定しない単純な相対多数制のときと同様に，ベータ民族に妥協する政党 mα より非妥協的な政党 rα の方が有利になってしまう。

票の共有を促す選挙制度が異民族政党間の政策的妥協を実現するという論理は，現実味がない（McGarry & O'Leary 1993: 21-22），事例が少ない（Sisk 1996: 44）と批判されてきた。これに対して Reilly（2001）は，優先投票制の事例は少なからずあり，紛争の穏健化効果を発揮した例もあると反論している。

4. 本書が取り組む二つの課題

コミットメント問題の解決が分断社会における信頼醸成の鍵になる。そう主張した論者の一人であるバリー・ワインガストは，エスニック集団が互いに相手の権利を認めると約束するとき，三つの制度が約束の信頼性を支えると指摘した。それは，(1) 票の共有を導く選挙制度，(2) あらかじめ定められた方式にもとづく国家資源の配分，(3) 相互拒否権，の3点である（Weingast 1998: 173）。これはもちろん，ホロビッツとレイプハルトの議論を踏まえた指摘である。はたして，このような理解は本当に妥当なのだろうか。

相互拒否権と固定的な資源配分については，それが多数派集団のコミット

メント問題の解決に資するという見方に対して，目立った異論は出ていない。しかし，これらの制度が別種の問題を引き起こしがちであることに注意する必要がある。

　権力が分散し，主要アクターが相互に拒否権をもつ状況では，意思決定が困難になり政府が機能不全に陥る危険性がある（サルトーリ 2000）。1950 年代のインドネシアでは，アリラン（aliran）と呼ばれる宗教的・文化的亀裂に沿って政党政治が展開され，連立は安定せず短命政権が続いた。この状況は，スカルノ大統領が「指導される民主主義」という名の権威主義体制を築く口実になった（Feith 1962）。内戦後の 1996 年にパワーシェアリング政権が築かれたボスニア・ヘルツェゴビナでも，広範な拒否権が相互妥協による合意形成の障害になっている（Zahar 2005）。

　同様に，エスニック集団に対する固定的な資源配分，とりわけ政治・行政ポストの配分は政治的停滞の要因になりかねない。2000 年代後半のレバノンでは，宗派ごとに政治職を割り当てるルールと議決に課された高いハードルのために政府が利害調整の機能を果たせず，議会の会派間の政策をめぐる対立が暴力的紛争へと転化した（青山 2010；青山・末近 2009）。

　このように，「合意なき決定」を困難にするだけでは「決められない政治」に陥り，かえってエスニック集団間の利害対立を昂進させたり，民主主義体制への不信を招いたりするおそれがある。相互拒否権は，民主主義が多数者の専制となることを防ぐが，それだけでは政治的停滞を招いて民主主義そのものを危機に陥れかねないのである。なんらかの制度上の工夫によって，民主主義の枠組みのなかで合意を促進することが可能なのであれば，そのような制度を併せもつ政治体制の方が分断社会の政治体制として望ましいに違いない。

　では，選挙制度を工夫すれば本当にアウトビッディングが予防でき，穏健政策を実現できるのだろうか。ホロビッツが強く薦める選択投票制（AV）の効果については，フランケルとグロフマンが決定的な批判を提示し，その後ホロビッツと論争を繰り広げている（Fraenkel & Grofman 2004, 2006a, 2006b, 2007; Horowitz 2004, 2006, 2007）。フランケルとグロフマンが AV の政党穏健化効果を疑問視した背景には，1997 年にフィジーに導入されたこの制度が期待どおりには機能しなかったという現実がある[9]。

Fraenkel & Grofman（2004）は，投票の空間理論を用いて AV のもとでの政党競合をモデル化した。基本的な設定は，先に述べたアルファ民族とベータ民族の4党競合と同一である。モデルを通じてフランケルとグロフマンは，(1) 中位投票者（median voter）にもっとも近い政党が穏健政党であっても急進政党が勝つ場合があること，(2) 穏健政党が必ず勝つためには過半数の投票者が穏健政党をもっとも好むという条件が必要であること，などを指摘し，AV に政党を穏健化させる特別な効果があるというホロビッツ説への疑念を呈した。

　この批判に対してホロビッツは，フランケルとグロフマンのモデルが有権者に対する政党の指導力を無視している点を取り上げて反論した。Horowitz (2007: 15) は，「支持者を導く政党指導者の役割は決定的に重要だ」と主張する。しかしこの見方は，かつて彼自身が述べた，「指導者がどこに行こうと支持者はついてくると考えるのは馬鹿げている」（Horowitz 1985: 342）という指摘と矛盾する。政党指導者が，有権者の選好にかかわりなく政策を決定し実施できるのであれば，選挙とアウトビッディングは無関係だということになってしまう。

　どのような制度がエスニック政党を穏健化させる効果をもつかを考える際，有権者に対する政党指導者の影響力をアプリオリに高く見積もっては意味がない。フランケルとグロフマンの指摘を踏まえたうえで，有権者が自身の選好にもとづいて投票した場合にそれでもなお穏健政党間の票の共有が生じる条件を，改めて考え直す必要がある。そこで，これを本書が取り組む課題のひとつとする。

　また，中央政府の執政権を獲得するうえで票の共有の効果が期待できる条件が揃っていたとしても，それだけでは不十分だ。多数派民族政党が穏健化して少数民族政党と協調するには，政策をめぐる党内の利害対立を調整しなければならない。前述のように，選好順序2位以下の候補を指定する制度のもとでも，特定のエスニック集団が有権者の大多数を占める選挙区では急進

9）フィジーでは1999年にAVのもとでの初めての選挙が実施された。この選挙は，マイノリティであるインド人の票を集めたフィジー労働党（FLP）が単独で過半数議席を得るという意外な結果となった。FLP党首マヘンドラ・チョードリーがインド系市民として初めて首相に就任し，先住民系政党との連立政権を築いたが，チョードリー政権はわずか1年でクーデターにより瓦解した（東 2010）。

政党が有利になるからだ。

　すべての有権者が民族的選好だけにもとづいて投票するとしよう。仮に，アルファ民族の60％が穏健なmαより急進的なrαを好むとしたら，アルファ民族が83.3％超を占める選挙区ではrαの候補が過半数票を得て当選する。現実には，与党になれば利益誘導などによって票を上乗せできるだろうが，それでも特定民族選挙区では穏健政党が苦戦を強いられるはずだ。また，国政選挙については民族混合選挙区が多くても，地方選挙については特定民族選挙区が多いということもありうる。その場合，この地方の党幹部は急進政策を望むに違いない。

　政策路線をめぐる党内の利害対立を調整できるかどうかは，ひとつには党規律を高める制度の有無にかかっている。ホロビッツが推奨する1人区のAVは，それ自体に党規律を高める効果があると考えられる。1人区相対多数制（FPTP）の場合と同様に，党首ら中央指導者が公認候補の選定に強い影響力をもてるからである。しかし，党の路線に反対する幹部は，党執行部選挙で党首らに挑戦する，あるいは党首らを辞任に追い込むべく圧力をかけるといった行動もとれる。党内に急進派が多ければ現職がその座を追われるという展開もありうるから，公認候補指名権というカードによって穏健政策に対する異論を封じることができるとは限らない。

　また，たとえ党首らの党内支持基盤が強くても，急進派には党を割って出るという選択肢もある。先にみたように，かつてのスリランカでは，比較的穏健な路線をとっていたUNPからバンダラナイケらが，タミルのTCからはチェルバナヤーカムらが離脱してそれぞれ急進政党を設立した。かつてホロビッツ自身が指摘したように，アウトビッディングはしばしば党内の利害対立を発端に始まるのである（Horowitz 1985: Chap. 8）。

　このように，国政選挙で票の共有が効果を発揮する条件が揃っていたとしても，それだけでは多数派のコミットメント問題は解決できない。穏健政策に対する多数派指導者のコミットメントは，その人物が穏健政策をとる動機をもつと同時に，彼ないし彼女が党内の潜在的不満層を懐柔できる場合に限り，少数派にとって信頼に足るものとなる。では，いかなる条件があれば多数派民族政党の指導者は穏健政策に対する党内の異論を抑えることができるのか。この問題に答えることを，本書が取り組むもうひとつの課題とする。

第 2 節　多数派民族の専制が生じやすい社会的条件

　本章の冒頭で述べたように，前節の議論には二つの前提がある。ひとつはエスニック集団の成員が何らかの利益を共有しているということ。もうひとつはエスニシティにもとづく多数派／少数派の立場が短期間では変わらないということである。この前提は，はたして妥当だろうか。

1．エスニック集団は利益を共有する集団か？

　エスニック・ポリティクスに関する研究の非常にやっかいなところは，議論の出発点となるエスニシティの定義について確かな合意がないことである。ある程度議論が進んだかと思うと基礎を掘り起こしにかかる学者が登場し，誤った認識のうえに積み上げられた理論はすべて無効だと宣言する。そんなことが繰り返されてきた。だから，エスニシティにもとづく社会の亀裂が暴力的な紛争を引き起こしたり，民主主義を崩壊させたり，低開発の原因になったりするという説がある一方で，エスニシティは「重要ではない」(does not matter) と断言する専門家もいる（Chandra 2006）。

　エスニシティということばが具体的に何を指すのか，という点は比較的はっきりしている。言語や宗教，部族，人種，国籍，カーストが，まとめてエスニシティと呼ばれる（Horowitz 1985: 53）。エスニシティとは，これらを覆う傘のような概念だといえる。何が覆われるのかについてはおおよその共通了解があるものの，覆っている物の正体ははっきりしない。たとえば，エスニック集団とは出自をともにする人びとの集団だという有力な考え方があるが，一方で現実には，A民族の子として生まれ落ちた人が後にB民族のメンバーになるという現象がある。多くの人びとが，エスニシティと呼ばれるいくつかの社会的属性のうちに共通する何かを見出しているのは間違いない。だからこそこのことばが流布したのだ。ところが，その何かが何なのかを厳密に定めるのは思いのほか難しい。これはエスニシティであり，それはエスニシティではない，ということを区別するマーカーとしての定義については，ここでは深く立ち入らず，単に言語や宗教，部族，人種，国籍，カーストの総称としてエスニシティということばを使うことにしたい。

エスニシティが政治とどうかかわるかという観点において重要なのは，エスニシティには本質的にどのような性質があるか，という意味での「エスニシティとは何か」という問いである。そもそも，人があるエスニック集団の成員としての自己を意識するのはなぜなのだろうか。また，あるエスニック集団の成員としての自覚は，人の行動にどのような傾向をもたらすのだろうか。以下では，紛争との関係性という観点から近年改めてエスニシティの再定義を試みたヘイルの整理 (Hale 2008) に沿って，まずは「エスニック集団の成員が共通の利益をもつ」という想定の妥当性を検討する。

　ヘイルの整理によれば，これまでのエスニック・ポリティクスの研究は，2種類に大別できる。ひとつは，エスニシティ自体が紛争を招くような動機を人びとに与えるとみるもので，もうひとつは，権力や物質的利益に対する欲望といった別種の動機が人びとに集団の一員としての行動をとらせるとみるものである。ヘイルは，前者をエスニシティの紛争誘因理論 (ethnicity-as-conflictual theories)，後者を付随現象理論 (ethnicity-as-epiphenomenal theories) と名付けた。そのうえで彼は，エスニック・ポリティクスへの第3のアプローチとしてリレーショナル理論 (relational theory) を提示した。リレーショナル理論は，エスニシティを社会関係における不確実性を低減して合理的な利益追求行動を可能にする道具と見なし，事後に展開されるエスニック・ポリティクスを利益をめぐる政治と捉える見方である。では，3種の議論を簡単にみてみよう（例として挙げる文献は，本書の文脈にあわせて筆者が選んだものである）。

　エスニシティの紛争誘因理論とは，エスニック集団の成員にとってエスニシティそのものが価値の源泉になっているとみる一群の研究を指す。「自分に価値があると感じることが人間には必要なのだとしたら，立派だと認められている集団に所属することでその欲求はかなりの程度満たされる」(Horowitz 1985: 185) という考え方はその典型例である。ヘイルによれば，エスニシティと紛争との結びつきの強さをどの程度のものとみるかによって，紛争誘因理論はハード，ソフト，ウルトラソフトの3種に分けられる。

　ハード理論は，エスニック・アイデンティティを，自尊心や帰属意識を求める人間の根源的な欲求に根ざしたものとみる。このタイプの理論では，エスニシティが個人にもたらす価値は相対的な性質のものと見なされる。人間

の自尊心や帰属意識は，他の集団よりも相対的に優れた集団の一員であることによって満たされると考えるからである[10]。人間が，自身の所属するエスニック集団が他のエスニック集団に対して優越的な地位にあることによって自尊心を満たし，劣位にあれば不満や脅威を感じるのだとしたら，エスニシティの違いは必然的に集団間の利害対立を招くということになる。

　一方ソフト理論は，エスニシティが成員にもたらす価値を絶対的な性質のものと見なす。たとえば，言語 A の話者にとって言語 A を教授語として使用する学校制度は，かれらの生活様式に合致するがゆえに価値があるといった見方である。ある文化を共有する人びとが，かれらの生活様式に合った政策や制度を求めたとしても，それが文化を異にする集団との間での利害対立を引き起こすとは限らない。だからヘイルは，このような考え方をハード理論との対比のうえでソフト理論と呼んだ。それでも，エスニック集団の成員は文化的に排他的な公共財を求める傾向があるから，やはりエスニシティには集団間の利害対立を引き起こす傾向があると見なされる。

　ウルトラソフト理論は，エスニシティを人間の本性や文化そのものに根ざすものとは見なさず，単に意識の問題と捉える。この考え方は，代表的論者の一人であるゲルナーの次のことばに端的に表されている。「2 人の男は，もし，かれらがお互いを同じ民族に属していると認知する場合に，そしてその場合にのみ，同じ民族に属する。(中略)ある範疇の人びとを民族へと変えていくのは，お互いがそのような仲間であるという認知であって，何であれ，かれらをメンバー以外の人びとから区別するような他の共通する属性ではないのである」(ゲルナー 2000: 12)。構成主義(constructivism)と呼ばれるこの考え方によれば，ネイションやエスニック集団の観念は，産業化や出版技術の発展，植民地支配といった歴史的経験を通じて形成される(ゲルナー

---

[10] この認識は，タジフェルらの研究(概要は Tajfel & Turner 1986 を参照)に代表される社会アイデンティティ理論の知見に依拠したものである。社会心理学アプローチの議論については，関根(1994)による整理が参考になる。「つまり人は，肯定的自我や自己概念を維持したいため，自己の価値観点や価値・規範を重視する価値保持のメカニズムを発動する。この結果，外集団メンバーを認知し分類する際に，自己および自集団を肯定的に評価し，外集団を否定的に捉えようとする。この過程を自己維持的範疇化に基づく下降的比較という。さらに，外集団を自集団とは異質であり，その成員は同質的で「皆こうしたもの」と見なそうとする過程も生じる。これを各々，差異的認知と外集団同質視仮説という」(関根 1994: 112. 原文において括弧で括られた英語表記等は省いて引用した)。

2000; アンダーソン 1987)。

　では，エスニック集団はなぜ紛争を招きがちなものとして構成されるのか。ゲルナーの主張は次のようなものである。産業化は社会的流動性と高度なコミュニケーション能力を必要とするために，前者の結果として平等主義を，後者の結果として文化的同質性を社会にもたらす。しかし産業化の初期段階では，平等への期待は高まるが現実にはきわだった不平等が生じ，文化的同質性は希求されるが実現されないために政治的緊張が高まる。産業化しつつある社会ではコミュニケーションがかつてない重要性をもつために，特権的な人びとと非特権的な人びととを分ける識別マークとして言語などの文化がしばしば利用される（ゲルナー 2000: 124-128）。

　ヘイルのいうウルトラソフト理論におけるエスニシティの捉え方が構成主義と呼ばれるのに対して，ハード理論とソフト理論のそれは原初主義（primordialism）と一般に呼ばれる。原初主義が，心理学の知見に裏付けられた人間の傾向に関する考察からエスニシティの特質を導こうとするのに対し，構成主義はもっぱら歴史の解釈を通じてエスニシティとは何かを論じてきた。アプローチがまったく異なるから，原初主義のハード理論，ソフト理論と構成主義のウルトラソフト理論では，エスニシティの起源の捉え方に大きな違いがある。それでも両者は，エスニック集団の成員が共通の利益をもち，それゆえ異なるエスニック集団の成員との間で利害対立が生じる傾向があると考える点では共通している。

　他方，エスニシティの付随現象理論とは，エスニシティそのものにはエスニック集団間の紛争を導くような性質はないと考え，権力や経済的利益などの価値を追求するための手段としてエスニシティが利用されているとみる一群の研究のことである。典型的には，一見エスニック紛争のようにみえる大規模な暴力的紛争は，実はエリート間の権力闘争が拡張されたものであり，エスニック集団間の怨恨や利害対立に起因するものではないと論じる文献を指す。

　たとえば Gagnon (2004) は，民族紛争とみられがちなクロアチア紛争とボスニア紛争，コソボ紛争について，これらの紛争はセルビアとクロアチアの保守派政治家が民主化要求勢力の弱体化をもくろんで仕組んだものだと指摘した。この議論は付随現象理論の典型例といえる。また，1990年代のア

フリカにおける紛争は政治エリート間の権力闘争がパトロン・クライアント関係で結ばれた人びとを巻き込んで大衆化したものだとみる武内（2009）も，エスニック紛争をエリート間権力闘争の付随現象と見なしている。Gagnon（2004）は同一エスニック集団内部で急進派による穏健派の迫害が生じたことを，武内（2009）はパトロン・クライアント関係が一部エスニシティの枠を越えて構成されていることを強調し，これらの紛争はエスニック集団間の衝突ではないと指摘した。権力闘争の手段としてエスニック紛争が意図的に引き起こされるのは珍しいことではなく，インドで頻発するヒンドゥー・ムスリム紛争もそのようなものとして理解されているし（Brass 1997; Wilkinson 2004），一般に民主化の途上ではこうした紛争が起きやすいともいわれる（Snyder 2000）。

冷戦終結後に東欧やアフリカで頻発した大規模な暴力的紛争は，当時の報道などでしばしば，長らく強権的な国家によって統制されていたエスニック集団間の「いにしえからの憎しみ」が国家の弱体化にともなって噴出したものだと語られた。こうした語りは，ヘイルのいうハード理論の考え方に近い。付随現象理論はこれに異を唱え，多数の犠牲者を出した紛争がエスニシティの違いから必然的に生じたわけではないことを示した。内戦やテロのような暴力的紛争を生む要因としては，所得水準などの社会経済的条件が考えられるうえ，ゲリラ戦に適した地形か否かといった事柄も関係してくる（Fearon & Latin 2003）。エスニシティの違いは必要条件でも十分条件でもない。それを示したことに付随現象理論の意義がある。

ただし一方では，重大な疑問も残されている。大衆を権力闘争に動員するための手段として，階級などその他の社会的亀裂ではなく，エスニシティが頻繁に用いられるのはなぜだろうか。またパトロン・クライアント関係が，もっぱらエスニシティを軸に構築されるのはなぜだろうか。大規模な暴力的紛争の本質をエリートの権力闘争に見出す議論では，エスニシティ自体を紛争の要因とみる説を否定することにしばしば力点がおかれ，権力闘争がエスニック紛争の様相を帯びるにいたったのはなぜかという問題は深く追究されなかった。

ヘイルは，3種の紛争誘因理論と付随現象理論について，それぞれが中心的に扱う特定の現象についてはうまく説明できる一方，エスニシティの一般

理論としてはいずれも欠点があると指摘する。そのうえで彼は，社会心理学の知見にもとづいて，人間がアイデンティティをもつのは社会関係における不確実性を低減するためであり，エスニック・アイデンティティは不確実性を低減するうえできわだって便利な性質をもつために頻繁に利用されるのだと主張した。

　社会関係は複雑で他人の考えや行動は予測しづらく，われわれの認知能力には限りがある。合理的に利益を追求したり感情的な行動をとったりするのに先だって，われわれはまず世界と自らのおかれた状況とを把握していなければならない。他者をいくつかの集団にカテゴライズし自身を何らかの集団の一員として認識すること，つまりアイデンティティをもつことは，世界の複雑性を縮減し不確実性を低減するために必須の手段である。服装やふるまい，身体的特徴など識別しやすいマーカーとして表象されるエスニシティには，自他の区別を明瞭にし，同胞と運命をともにしているという感覚を喚起し，しばしば職業や社会的地位などその他の重要な社会的カテゴリーと重複するという性質がある。ゆえにエスニシティは，われわれが社会関係の不確実性を低減するうえで，いつでも簡単に利用でき，階級やジェンダーなど別種のカテゴリーより幅広い使い道のあるツールとして機能する。だからこそエスニシティは，利益をめぐる政治に先だって，不確実性を下げるための道具として頻繁に選択される。その後に行なわれるエスニック・ポリティクスは，合理的な利益追求行動になる。このように，エスニシティとエスニック・ポリティクスを区別し，前者を無意識に行なわれる不確実性低減のプロセス，後者を合理的に行なわれる利益追求のプロセスと捉える自説を，ヘイルはリレーショナル理論と名付けた。

　エスニシティが不確実性低減のためのツールとして用いられるという見方は，近年エスニック・ポリティクス研究の分野で共有されつつある。Birnir (2007: 29-30) は，民主化後まもない時期の選挙では政党に関する信頼できる情報が少ないために，有権者は同じエスニック集団の指導者に投票先の判断を委ねると論じた。Chandra (2004) や Posner (2005) は，パトロン・クライアント関係が同一エスニック集団の成員を主軸に構成されるのはエスニシティが相手の将来の行動に関する不確実性を低減する貴重なツールとして働くからだと指摘した。

ヘイルの提唱するリレーショナル理論は，エスニシティそのものに固有の価値はないと考える点では付随現象理論と同じである．しかし，政治的な行為に先立って，社会関係の不確実性を低減するためのツールとしてエスニシティが用いられるならば，その後に行なわれる利益をめぐる政治はエスニック集団間の競合と調整という性質を帯びることになる．エスニック集団間の政治的競合の源泉をエスニシティ自体に見出すか否かという重要な相違点はあるものの，紛争要因理論と同じく，エスニシティの効能を不確実性低減に見出す議論もまた，エスニック集団の成員が共通の利益をもち他者と競合するとみている．したがって，「エスニック集団の成員が共通の利益をもつ」という想定については，これを全面的に否定する有力な議論は出てきていないといえそうだ．

2. 変化するエスニシティの政治的顕出性

　ただし，エスニシティを不確実性低減のためのツールと見なす議論では，政治的な利益を共有する集団としてのエスニック集団の脆さ，移ろいやすさが強調される．これは，エスニシティを固定的で半ば永続的なものと捉える傾向が強い紛争誘因理論とは対照的である．エスニシティを情報ツールと見なすなら，エスニック集団は二つの理由で脆い存在と考えられる．

　第1に，不確実性低減のためのツールとしてのエスニシティの有用性は，時間の推移に応じて変化しうる．たとえば選挙の経験を重ねることによって，政治の不確実性自体が低下するということが考えられるからだ．

　Birnir（2007）は，エスニシティは民主化からまもない時期の選挙では投票行動に強い影響を与えるが，選挙を重ねるにつれて情報ツールとしての重要性は下がると主張する．民主政治の経験のなかで，政党の政策選好と当選可能性にかかわる不確実性が低下するからだ．不確実性が高いとき，有権者は自身の選好にもっとも近いとおぼしき政策を掲げる政党に投票するだろう．その際，政党がどんなエスニック集団で構成されているかが有権者にとって重要な参照点になる．しかし，各党の政策選好が明瞭になり勝利の見込みも事前にわかるようになると，自身の選好にもっとも近いが勝つ見込みが薄い政党に投票するより，選好に少し乖離があっても勝つ見込みの高い政党に投票する方がよいと判断する有権者も出てくる．多数派民族を代表する諸政党

は，多数派と少数派を分かつエスニシティとは異なる亀裂に沿って対立することが多いので，少数民族に歩み寄る政党も出てくるだろう。そうなれば，投票行動に対するエスニシティの影響は低下する[11]。

また，中井・東島（2012）によれば，エスニシティの政治利用は選挙の際にさかんになるから，意識の面においても，選挙のときにはエスニック・アイデンティティに対する意識が高まり選挙後には低下するという時系列上の変化が生じる[12]。加えて，選挙の経験を重ねると情報ツールとしてのエスニシティの有用性が低下するから，選挙の際の民族意識の高まりは，長期的には薄れる傾向にある。

第2に，複数のエスニック・カテゴリーのうち，どれが政治における情報ツールとして有効かは環境次第で変化する。多民族社会には，多くの場合，言語や宗教・宗派，人種，部族など複数のエスニックな亀裂が存在する。政治においてどの亀裂が不確実性低減のツールとして活用されるかは，政治的競合の様態を定める諸要因，とりわけ政治制度によって変化する。

ザンビアでは，一党制の時代には政治家にとって部族にもとづく動員がおもな支持調達手法であったが，複数政党制に移行すると言語にもとづく動員が主流になった。このような変化が生じたのは，Posner（2005）によれば，政治家と有権者の双方にとってもっとも利益をもたらす動員の軸が政治制度改革によって変わったからだ。ザンビアでは，主要言語が四つなのに対して，部族は70あまり存在する。一党制のもとでは議会選挙だけが行なわれていたから，政治的競合の場は議会の各選挙区に限定されていた。大多数の議会選挙区において，住民はいくつかの部族に分かれているが，大半は同一の言語の話者である。選挙区における最大部族に属し多数派言語の話者でもある有権者と政治家は，部族と言語のどちらに沿って政治的競合が行なわれるこ

---

11) この議論は，これまで支配的だった，民族的亀裂が民主主義を不安定化させるという見方に反して，民族的亀裂は新興民主主義の定着に寄与するという含意をもつ。民主化後まもない時期の亀裂投票は，投票流動性を下げて政党システムの確立・安定に寄与する。その後，緩やかに投票流動性が上がっていくなら，安定的な政党システムのもとで政権交代が可能になる。Birnir（2007: Chap. 5）は，新興民主主義国における民族分裂度と投票流動性の関係に関する実証分析を通じて，民主化直後は言語的分裂度が高いほど投票流動性が低くなり，時間の推移とともに言語的分裂度が高い国の投票流動性が上がるという関係性を見出した。

12) 中井・東島（2012）の分析対象は「ナショナル・アイデンティティ」だが，それは政治的支配民族のエスニック・アイデンティティを指す。

とになっても勝者のグループに入ることができる。このとき，この部族の成員は言語ではなく部族に沿った政治的競合の実現を望む。言語集団より部族の方が構成員が少ないため，1人あたりの分け前が多くなるからだ。対して複数政党制への移行後は，国政選挙が主要な政治的競合の場になった。規模の小さな部族に頼っていては国政レベルでの勝利は見込めないため，言語を軸とする動員が主流になっていった。

　政治の場で利用されるエスニシティが変化していくなら，特定の多数派集団による永続的な支配は実現しない。また場合によっては，いったん急進的な立場をとったエスニック政党が穏健化するという「アンダービッディング」(underbidding) が生じることもある。Chandra (2005) は，1980年代後半に急進的ヒンドゥー主義を掲げて台頭したインド人民党 (BJP) が1998年の政権獲得後に穏健化したケースをアンダービッディングの典型例に挙げている。インド社会には，たびたび紛争をもたらす宗教的亀裂を横断する亀裂 (cross-cutting cleavage) として，カーストや言語，地域性がある。さらに，単に複数のエスニックな亀裂が横断的に存在するだけではなく，それぞれのエスニシティを政治的に活性化させるような制度・政策がある。カーストについては，憲法に則って「指定カースト」(SC)，「指定部族」(ST)，「その他の後進階級」(OBC) を対象とするアファーマティブ・アクション政策が実施されている。ところが，どのカーストや部族がSCやST，OBCにあたるかが固定されていないため，市民にとっては自集団を受益集団に含めるよう運動をおこすインセンティブがあり，政治家にとってはカーストや部族に沿った動員を行なうインセンティブがある。動員のためのツールとして利用できるエスニックな亀裂が複数あるなら，政党にとってみれば，社会経済状況や他党との関係性に応じて利用すべき亀裂が変化する。こうした環境のもとでは，スリランカのケースのように特定の亀裂に沿ったアウトビッディングが長期にわたって繰り返される可能性は低い。

　このようにリレーショナル理論の立場からは，制度や政策，経験を通じた学習といった政治の様態を定める諸条件の変化に応じて特定のエスニシティの顕出性 (salience) もまた変化するという認識が導かれ，実証的な裏付けも示されている。

3. アウトビッディングが生じやすい条件

　だからといって，多数派民族の専制やアウトビッディングが現実に生じる見込みはないと結論するのは早計にすぎる。ザンビアやインドでの現象が発生するには，複数のエスニックな亀裂が交差して社会を複雑にカテゴリー化しているという状態を必要条件とする。逆にいえば，亀裂が複数あってもそれらが重なっている社会では，政治において顕出性が高いエスニシティが移り変わっていくという現象は生じえない。そもそもレイプハルトやホロビッツの議論は，主要な亀裂が重複する社会を対象としていた（Horowitz 1985; Lijphart 1977）。この点を無視してエスニシティの移ろいやすさを強調し，多数派民族の専制など現実にはありえないと断定するのは，あらゆる多民族社会に多数派民族の専制のリスクがあるという考えが正しくないのと同様に，正しくない。

　現実には，あるエスニック集団と別のエスニック集団の間に共通の文化的属性が一切ないとか，エスニック集団の内部に文化的な多様性がまったくないなどということはありえない。しかし一方では，あらゆる文化的属性が政治的な動員の道具として使えるわけでもない。ザンビアで部族と言語が動員の軸になったのは，植民地時代の経験によるものだ。徴税などの植民地行政を代行させるために部族長に権限が与えられ，教育制度と移民政策によって四つの言語集団が形成された。その過程で，農村部では部族，全国レベルでは言語集団を通して社会関係を捉える思考が人びとに共有されていく。一方，都市・農村間や階級間の利害対立意識は育たなかった（Posner 2005）。このザンビアの事例が示すように，ある時点で政治的な動員の道具として利用できる社会的属性の選択肢は，それ以前の経験によって限定されている。

　では，歴史的経験が社会にどんな特徴をもたらすとアウトビッディングが生じやすくなると考えられるだろうか。まず，いま述べたように，亀裂が交差する社会よりも重複する社会でアウトビッディングがおこりやすいと考えられる。また，集団の数も政治的競合のあり方に影響を及ぼす。パプアニューギニアでは，地方レベルでは部族間の激しい紛争が生じてきたが，これが全国レベルの紛争に発展することはなかった。部族は数多く存在し，全国レベルでの政治的動員を図るうえでは有効な道具になりえないからである（Reilly

2000-2001)。紛争研究においては，エスニックな対立が二極化している社会で内戦の確率が高まる傾向が示唆されている[13] (Collier & Hoeffler 1998)。

こうした社会のなかでもアウトビッディングによる紛争のリスクがとりわけ高い社会として，Shoup（2008）は「民族的な勢力均衡がとられた（ethnically counterbalanced）」国ぐに（以下，カウンターバランス）を挙げた。シャウプのいうカウンターバランスとは，より具体的には，自集団が先住民だと主張する民族が政治上の優先権を求め，他の民族が経済的資産を牛耳っている社会を指す（Shoup 2008: 2）。カウンターバランスでは，政治的に優位にある多数派民族の内部でアウトビッディングが生じやすい。先住民であるという「神話」が経済的地位の挽回を求める権利意識を多数派民族の市民にもたらすからである。国家形成の途上においてカウンターバランスを生み出すような歴史的経緯をたどった国は，少なからず存在する。その例として，シャウプは，マレーシア，スリランカ，フィジー，南アフリカ，ジンバブエ，カザフスタンなど，15の国と地域を挙げている[14]（Shoup 2008: 17）。

カウンターバランスを典型例とする，(1) 亀裂が重複し，(2) エスニック集団間の勢力が拮抗した社会こそ，現在のエスニシティ論に照らし合わせてみてもなおアウトビッディングが懸念される社会であり，本書の議論の対象となりうる社会である。

ただし，こうした社会において多数派民族の専制を回避するための条件を検討するにあたり，エスニシティの政治的顕出性は環境次第で変わりうるという近年のエスニシティ論の指摘は重要である。パワーシェアリングをもたらす条件が，同時に，エスニシティにもとづく対立関係の再構築に寄与するかもしれないからだ。そうだとしたら，その条件は利害対立の平和的な調整

---

[13] 金丸（2013）は，既存研究の知見の整理を通じて，エスニック集団の数と勢力関係によって適切な対策が異なると指摘した。それによれば，「1極＋少数民族」型の社会にはレイプハルト流の多極共存アプローチが適切であり，多数の集団がひしめく「分散」型社会ではホロビッツ流の求心統合アプローチが効果的だという。また，三つから五つ程度の集団からなる「多極」型社会ではどちらのアプローチでも一定の効果が期待できる一方，「二極」型社会では民族間協調は困難だという。

[14] シャウプは，マレーシアで政治的安定が維持されてきたのはブミプトラ政策によって先住民をある程度満足させてきたからだと主張した。しかし，この説明は十分なものではない。本書第7章および中村（2006）で指摘したように，ブミプトラ政策が民族間の緊張を高める要因にもなるからである。

に寄与しつつも，対立構造そのものについては強化し再生産する方向で働いていることになる。この問題については，マレーシアにおける投票行動の変化を扱う第8章と終章において考察する。

小　括

　本章の議論を改めて簡潔にまとめておこう。まず第1節では，冒頭に掲げた二つの問いに取り組まねばならない理由を述べた。多民族社会の民主主義に関する先行研究を検討したうえで，さらに深く探究すべき課題として本書の二つの問いがあることを示した。ここでのキーワードは，コミットメント問題とアウトビッディングであった。

　多民族社会の民主主義は，多数派民族の専制をもたらす危険性がある。もちろん，紛争は多数派にも損害をもたらすから，多数派の側にも少数派に配慮する動機はある。しかし一方では，多数派民族の指導者が少数民族の利益を尊重すると発言したとしても，約束を守るとは限らないという問題がある。多数派指導者による裏切りの可能性が排除できなければ，少数派にとっては海外に逃避するか，場合によっては暴力に訴えるのが得策になりうる。

　このコミットメント問題を緩和する仕組みのひとつがパワーシェアリングである。少数派も執政権の一端を担う仕組みがあれば，かれらの利益が守られる見込みが高まる。

　ただし，多数派民族と少数民族が合意のもとに政策を決めるという仕組みを維持するのは容易ではない。有権者が急進的な民族的選好をもつなら，政党は同じ民族のライバルに勝つべく，ライバルより急進的な政策を掲げるだろう。このアウトビッディングこそ，少数派の権利保障に関する多数派指導者の約束履行をむずかしくする最大の障壁といえる。

　ホロビッツは，異民族政党間の「票の共有」がアウトビッディングの昂進を予防すると指摘し，選択投票制（AV）が票の共有をもたらすと主張した。しかし，AVがエスニック政党の穏健化に寄与するとの主張には異論が出されている。そこで，何が票の共有をもたらすかが，さらに掘り下げて探究すべき課題となる。加えて，多数派民族政党の指導者が選挙での支持とともに党内の支持を必要とすることに鑑みれば，党首が党内の不満を抑えて穏健政

策を実行できる条件をあわせて示す必要がある。そうでなければアウトビッディングを防ぐための条件をあきらかにしたことにはならない。このような考察を経て，本書の二つの問いは設定された。

　第2節では，エスニシティの性質に関する議論を整理し，どのような社会が本書の考察対象になるかを確定した。そもそも多数派民族の専制は，エスニック集団の成員が何らかの利益を共有しており，かつエスニシティにもとづく多数派／少数派の立場が短期間のうちには変わらないという前提がなければ生じない。このことを考慮すれば，多民族社会における民主主義の危険性を強調するかつての議論は，リスクを過大に見積もっていたといえるかもしれない。近年の研究では，政治的な利益を共有する集団としてのエスニック集団の脆さ，移ろいやすさが繰り返し指摘されているからだ。

　しかし，アウトビッディングや多数派民族の専制が現実に生じることはないと断言することもできない。政治的に動員されるエスニシティが移り変わっていくという現象は，複数のエスニックな亀裂が交差して社会を複雑にカテゴリー化しているという状態がなければ生じえないからだ。社会的亀裂が重複し，かつエスニック集団間の勢力が拮抗した社会では，現在のエスニシティ論のパースペクティブからみてもなおアウトビッディングの懸念が残る。こうした社会が本書の議論の対象である。

第2章

多数派民族政党が穏健政策を選択する条件
―― モデルと仮説 ――

はじめに

　前章では，エスニシティによって分断された社会の民主主義に関する先行研究の議論を整理した。この作業を通じて，分断社会の民主主義が多数派民族の専制に陥るのを防ぐには二つの条件が満たされる必要があることを確認した。それは，(1) 多数派民族の政党指導者に，少数派に配慮した政策を実施するインセンティブがあり，かつ (2) この指導者が穏健政策に対する党内の潜在的不満層を懐柔できる，の2点である。ひとつめの条件については，異民族政党間の「票の共有」がとりわけ強いインセンティブになるとホロビッツらが指摘した。一方，二つめの条件は，従来の研究では重視されてこなかった。

　本章では，この二つの条件の成立／不成立のメカニズムを示す2種類のモデルを提示し，これらのモデルから経験的妥当性を検証しうる仮説を導出する。

　第1節では，どのような条件下で票の共有が生じるかを検討するために，分断社会における政党間競合のモデルを示す。このモデルは，前章で言及したフランケルとグロフマンのモデル（Fraenkel & Grofman 2004）と同様に，投票の空間理論に依拠したものである。モデルを通じた考察から，次の2点があきらかになる。ひとつは，選択投票制（AV）が穏健政党を有利にするのは民族混合選挙区が十分に多く，かつ事前に政策面での歩み寄りが実現している場合に限られること。もうひとつは，1人区相対多数制（FPTP）でも穏健政党が選挙協力を行なえば票の共有が生じ，その効果はAVと同等だということである。

続く第2節では，多数派民族政党の意思決定に関するモデルを通じて，どのような場合に党首が党内の不満を抑えて穏健政策を実施できるかを検討する。中央政府の執政職をめざす党首と，党首に対抗しうる立場にある幹部，ならびにその他の中下層の幹部にとって，自身がより価値の高い政治職を獲得・維持するうえで望ましい政策はそれぞれ異なるかもしれない。党内に利害対立があることを前提としたモデルを用いて，多数派民族政党が穏健政策を選択する条件を探る。

第3節では，第4章以降に行なう仮説検証の手順を示す。

第1節 「票の共有」再考

本節では，投票の空間理論を用いて票の共有が穏健政党を議会選挙での勝利に導く条件を探る。議会選挙を想定するのは，執政権の分有は通常，議院内閣制のもとで複数の政党が連立政権を組むことで実現するものだからだ。

なおホロビッツは，大統領制においても票の共有が政策の穏健化を促すと主張している（Horowitz 1991: 184-185）。たしかに大統領選挙においても，異民族から得票する者が有利になる環境があれば，候補者は穏健政策を掲げるインセンティブをもつことになる。しかし，議会選挙には穏健化の誘因がなく，議員が急進派ばかりなら，大統領の政策を実現するのは困難になる。またそもそも，穏健化が議会選挙で不利に働くなら，穏健政策を唱える者は党公認の大統領候補になれないかもしれない。したがって，大統領制のもとで穏健政策を実現するうえでも議会選挙は決定的に重要である。

1. モデルの目的と前提

投票の空間理論は，投票者の選好と選択肢を争点空間上の位置として表し，投票の帰結を予測する理論である。本節では，前章で言及したホロビッツの議論，ならびにフランケルとグロフマンのモデルと同じく，二つのエスニック集団を代表する4党の競合をモデル化する。引き続き一方のエスニック集団をアルファ民族，他方をベータ民族と呼ぶことにしよう。

4党は，エスノナショナリズムの1次元イデオロギー空間での位置取りを通じて支持獲得競争を行なう。この空間は，もっともアルファ民族寄りの立

場を0，もっともベータ民族寄りの立場を1とする閉区間とする。ここでいうイデオロギーとは，財政政策や教育政策など多数の個別具体的な争点を縮約し，自己の立場を簡潔に表明するための概念であり尺度である（Downs 1957; Hinich & Munger 1994）。政党は，無数にありうる争点のすべてについて自らの立場を明示することはできない。よって一般に政党は，党是，綱領のかたちで個別争点に対応する際の参照枠となる指針を示し，他党との差異を表明する。ここでは，政党と投票者が，個別争点を1次元のイデオロギー空間へと縮約するための解釈枠組みを共有しているものと仮定する。

各々の投票者にとってもっとも好ましいイデオロギー上の立場もまた，区間 [0, 1] における位置（理想点）で表される。投票者は単峰型でシンメトリックな効用関数をもつものとする。すなわち投票者は，政党が自身の理想点の右側に位置するか左側に位置するかを問わず，理想点により近い政党をより好む。

広く知られるように相対多数制（plurality rule）のもとでは，競合空間が1次元で投票者が単峰型の効用関数をもち，政党が二つしか存在しないなら，中位投票者（median voter）の近くに位置する政党がより多くの票を獲得する（Hinich & Munger 1997: 36）。中位投票者とは，自身の左側に理想点をもつ投票者の数と，右側に理想点をもつ投票者の数が等しくなるような位置に理想点をもつ投票者を指す[1]。この結果を見越して，得票の最大化をめざす二つの政党はどちらも中位投票者の理想点に位置することになる。政党が空間上を自由に移動できるとすれば，投票者の理想点の分布がどのようなものであれ，2党の位置が中位投票者の理想点に収束するという帰結は変わらない。

しかし4党競合の場合には，特殊な条件下でしか均衡が存在しない（Gehlbach 2013: 10-12）。均衡の有無は，理想点分布の形状によって決まる。

投票者の理想点が区間 [0, 1] に一様に分布すると仮定すれば，4党競合でも均衡が存在する。4党のうちの2党が0.25に位置し，残る2党が0.75に位置するという組み合わせがナッシュ均衡である。このとき，各党はそれぞれ全体

---

[1] 中位の位置（median position）は，投票者の数が奇数の場合には常に1点である。投票者の数が偶数で，かつ理想点が重複しない場合，中位の位置は閉区間になる。投票者の数が偶数で，同一の理想点をもつ投票者が存在する場合，中位の位置は点か閉区間のどちらかになる。

の1/4ずつ得票する。ここでもし0.25に位置する政党P_1が，その位置x_1を0.25未満ないし0.75超に移せば，得票は1/4未満に減る。x_1を$0.25 < x_1 < 0.75$に移した場合，得票率は現状と同じ1/4である。$x_1 = 0.75$に移した場合，得票率は1/6に下がる。したがって，他党が動かないなら，P_1だけが移動しても得票を増やすことはできない。残る3党も同様に，自身だけが移動しても票を増やすことはできない。

4党競合の場合，以下の条件がナッシュ均衡が存在するための必要条件である（Cox 1987）。(1) 2党がひとつの点に，残る2党が別の1点に位置すること。(2) この二つの点のうち，左側の点x_Lと右側の点x_Rの中間点をx_Mとすれば，区間$[0, x_L]$に理想点をもつ投票者の数と$[x_L, x_M]$に理想点をもつ投票者の数が同一で，かつ，$[x_M, x_R]$に理想点をもつ投票者の数と$[x_R, 1]$に理想点をもつ投票者の数が同一であること[2]。

ただし，この条件を満たしていても均衡が存在するとは限らない。図2-1は，上記の条件を満たしてはいるが均衡が存在しない例を示したものである。面積a, b, c, dは，それぞれ区間$[0, x_L], [x_L, x_M], [x_M, x_R], [x_R, 1]$に理想点をもつ投票者の数を表す。面積$a$は$b$に等しく，$c$は$d$に等しい。面積$b$は$d$より小さい。$x_M$は$x_L$と$x_R$の中間点である。$x_L$には二つの政党が位置し，$x_R$には残る二つの政党が位置する。以上の設定は，4党競合において均衡が存在するための必要条件を満たす。

ところがこの場合，$x_1 = x_2 = x_L, x_3 = x_4 = x_R$という配置の組み合わせはナッシュ均衡ではない。このとき，x_Lに位置するP_1の得票は，$(a + b)/2 = b$である。もしP_1がx_Rよりわずかに右の位置まで移動すれば，ほぼdに相当する票を得る。$b < d$だから，P_1は単独で戦略を変更することによって得票を増やすことができる。

4党ないしそれ以上での多党間競合では特殊な条件がなければ均衡が存在しない。またそもそも，議会選挙では選挙区ごとに理想点の分布が異なる。二大政党制であれば，理想点の分布の形状を問わず，各選挙区の中位投票者の理想点に近い政党が勝つから，2党の位置は一定の区間に収束するであろう。その区間は，中位投票者の理想点をx_{med}とすれば，$|x_1 - x_{med}| < |x_2 - x_{med}|$と

---

[2] Cox (1987) は，3党以上の多党間競合における一般的な均衡条件を示した。ここではそれを，4党競合で投票者がシンメトリックな効用関数をもつ場合に限定して記述した。

図 2-1 必要条件は満たすが均衡がない理想点分布の例

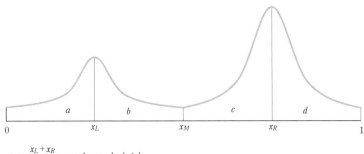

$x_M = \dfrac{x_L + x_R}{2}$, $a = b$, $c = d$, $b < d$.

(出所) 筆者作成。

なる選挙区の数と，$|x_1 - x_{med}| > |x_2 - x_{med}|$ となる選挙区の数が一致する領域である[3]。一方，多党間競合における政党の位置取りは一意には定まらない。

そこで以下では，4党の位置が一致しないことを前提として，どのような条件があれば穏健政党が有利になるかを考察する。分断社会には不適切とされるFPTPや，レイプハルトらが推奨した比例代表制 (PR) に比べて，AVには特別な穏健化効果があるのだろうか。前章でみたようにフランケルとグロフマンは，投票者の過半数が穏健政党をもっとも好むのでなければ穏健政党が勝つ保証はないことなどを指摘してAVの効果に疑義を呈した。対して本書は，分極的な理想点の分布を仮定したうえで，FPTPやPRと比べてAVに特別な効果があるのかどうかを検討する。

2. AVの仕組みと効果

前章に引き続きアルファ民族の利益を代表する急進政党を rα，穏健政党を mα，ベータ民族の利益を代表する急進政党を rβ，穏健政党を mβ と呼ぶことにしよう。急進政党とは，アルファ民族の2党のうち左側に位置する政党と，ベータ民族の2党のうち右側に位置する政党を指す。穏健政党は残る

---

[3] もちろん，モデルの仮定を変えればこの予測は成立しない。経済学由来の空間モデルを初めて本格的に政党競合の分析に適用したダウンズは，理想点の分布が分極的なら2党の位置が中央に収斂する見込みは薄いと主張した。自身の理想点とかけ離れた選択肢しかもたない投票者は棄権すると考えたからである（Downs 1957: 118-120）。

図 2-2 4党の配置と8種の有権者の理想点の領域 ($x_{m\alpha}+x_{m\beta}>x_{r\alpha}+x_{r\beta}$ の場合)

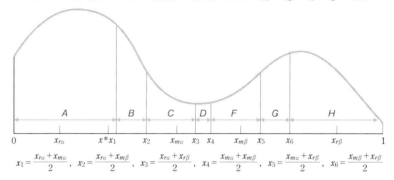

$x_1=\dfrac{x_{r\alpha}+x_{m\alpha}}{2}$, $x_2=\dfrac{x_{r\alpha}+x_{m\beta}}{2}$, $x_3=\dfrac{x_{r\alpha}+x_{r\beta}}{2}$, $x_4=\dfrac{x_{m\alpha}+x_{m\beta}}{2}$, $x_5=\dfrac{x_{m\alpha}+x_{r\beta}}{2}$, $x_6=\dfrac{x_{m\beta}+x_{r\beta}}{2}$

(注) $x_{m\alpha}+x_{m\beta}>x_{r\alpha}+x_{r\beta}$ の場合、E タイプ ($m\beta>m\alpha>r\alpha>r\beta$) の領域は存在しない。
$x_{m\alpha}+x_{m\beta}<x_{r\alpha}+x_{r\beta}$ の場合、D タイプ ($m\alpha>m\beta>r\beta>r\alpha$) の領域は存在しない。
$x_{m\alpha}+x_{m\beta}=x_{r\alpha}+x_{r\beta}$ の場合、D タイプと E タイプの双方の領域が存在しない。
(出所) 筆者作成。

2党を指す。4党のイデオロギー空間上の位置をそれぞれ $x_{r\alpha}$, $x_{m\alpha}$, $x_{r\beta}$, $x_{m\beta}$ と表記する (図 2-2)。

投票者は，その選好順序によって次の8タイプに分かれる。rα をもっとも好み，次に mα を，その次に mβ を，最後に rβ を好む投票者，すなわち，アルファ民族寄りの政党がより好ましいと考えるような投票者 (選好順序が $r\alpha>m\alpha>m\beta>r\beta$ である投票者) を A タイプの投票者と呼ぶことにする。同様に，選好順序が $m\alpha>r\alpha>m\beta>r\beta$ である投票者を B タイプ，$m\alpha>m\beta>r\alpha>r\beta$ である投票者を C タイプ，$m\alpha>m\beta>r\beta>r\alpha$ である投票者を D タイプ，$m\beta>m\alpha>r\alpha>r\beta$ である投票者を E タイプ，$m\beta>m\alpha>r\beta>r\alpha$ である投票者を F タイプ，$m\beta>r\beta>m\alpha>r\alpha$ である投票者を G タイプ，$r\beta>m\beta>m\alpha>r\alpha$ である投票者を H タイプと呼ぶ。

イデオロギー空間において各タイプの投票者の理想点が位置する区間は，政党の配置によって異なる。たとえば，図 2-2 における点 x^* を理想とする人物は A タイプ，すなわち rα, mα, mβ, rβ の順に好ましいと考える投票者だが，rα または (および) mα が左に動いて $x_1=(x_{r\alpha}+x_{m\alpha})/2$ が x^* より小さくなれば，この人物は B タイプの投票者ということになる。

なお，ここまでの仮定にしたがえば，8種の投票者が同時に存在することはない。$x_{m\alpha}+x_{m\beta}>x_{r\alpha}+x_{r\beta}$ の場合は E タイプの区間が存在せず，$x_{m\alpha}+x_{m\beta}<$

$x_{r\alpha} + x_{r\beta}$ の場合は D タイプの区間が存在せず，$x_{m\alpha} + x_{m\beta} = x_{r\alpha} + x_{r\beta}$ の場合は D タイプと E タイプの区間が存在しない。

各党候補の配置はすべての選挙区において同一であり，投票者は各党の配置を正確に認識し，理想点に近い候補に必ず投票すると仮定する。また，複数の候補が同数票を得るケースは考慮しない。

このモデルにおいて政党の位置を与件としたとき，穏健政党が勝利するような選挙区の条件，すなわち mα または mβ が勝つような投票者タイプの配分について考える。この条件にあてはまる選挙区が多いとき，政党には穏健化のインセンティブがあるということになる。

選挙区の投票者総数を T，A タイプの投票者の人数を A，同様に残る 7 タイプの投票者の人数をそれぞれ B, C, D, E, F, G, H とする。このモデルは分断社会におけるエスニック政党間競合のモデルだから，急進的な志向の投票者が多いものとし，すべての選挙区において $A + H > 0.5T$，$A > B + C + D$, $H > E + F + G$ の 3 条件が成り立つ位置に 4 党が配置しているものと仮定する。すなわち，すべての選挙区において，(1) アルファ民族寄りの政党ほど好ましいと考える投票者の人数とベータ民族寄りの政党ほど好ましいと考える投票者の人数を合わせた数が投票者総数の半数を上回り，かつ (2) アルファ民族の急進政党 rα をもっとも好む投票者の人数が同民族の穏健政党 mα をもっとも好む投票者の人数より多く，(3) ベータ民族の急進政党 rβ をもっとも好む投票者の人数が同民族の穏健政党 mβ をもっとも好む投票者の人数より多いものとする。このような，穏健政党にとっては厳しい条件下において，AV に穏健政党を有利にする特別な効果があるかどうかを検討する。

選挙制度が FPTP か PR であれば，各選挙区における 4 党の得票数は以下のようになる。

政党	rα	mα	mβ	rβ
得票数	A	$B+C+D$	$E+F+G$	H

FPTP と PR のもとでは，もっとも好ましい政党ないし候補しか投票用紙に記入しないので，投票者にとって誰が 2 番目に好ましいか，3 番目は誰かと

いうことは投票結果には反映されない。AVにおいても，1回目の集計では選好順位1位の票だけが数えられ，この時点での各党の得票数はFPTPやPRの場合と同一である。すなわち，rαの得票数は同党をもっとも好ましいと考えるAタイプ投票者の人数Aとなる。一方mαの得票数は，同党をもっとも好ましいと考えるBタイプとCタイプとDタイプを合算した数になる。同様に，mβの得票数は$E + F + G$，rβの得票数はHとなる。

では，上記の3条件，すなわち$A + H > 0.5T$, $A > B + C + D$, $H > E + F + G$がすべての選挙区で成り立つ場合，各党はどれだけの議席を獲得するだろうか。

まず選挙制度がFPTPである場合，穏健政党mαとmβはひとつも議席を得られない。たとえば，$A = 0.28T$, $B + C + D = 0.22T$, $E + F + G = 0.24T$, $H = 0.26T$という，4党の得票率が拮抗する選挙区においても，勝利するのは28パーセントの票を得たアルファ民族の急進政党rαの候補であり，他党の候補が獲得した票はすべて死票になる。全体としては，$A > H$が成り立つ選挙区の数がrαの議席数であり，残りがrβの議席となる。いうまでもなく，このような状況にあっては政党が穏健化するインセンティブはまったくない。

選挙制度が全国一区のPRの場合，各党の議席占有率は得票率にほぼ一致する。全国がいくつかの選挙区に分かれている場合にも，選挙区レベルでは得票率と獲得議席比率がほぼ一致する。FPTPの場合とは異なり，上記の3条件のもとでもmαとmβは議席を獲得できる。しかし，穏健政党2党の議席数を合算しても議会の過半数には達しない。したがってこの場合にも，政党が穏健化するインセンティブはない。

ならば，ホロビッツが推奨するAVの場合はどうか。上記の3条件のもとでの，1人区制のAVの場合の結果を詳しく検討してみよう。過半数票を獲得する候補が現れるまで票の集計を繰り返すAVでは，上記の3条件のもとでも8タイプの投票者の比率の細かな違いに応じて勝者が変わる。

まず，1回目の集計結果を確認しておくと，すでにみたとおり以下のようになる。

[1回目の集計：1]

政　党	rα	mα	mβ	rβ
得票数	A	B + C + D	E + F + G	H

ここでまず，$A > H$ であった場合について考える。もし $A > 0.5T$ であるなら，つまり rα が過半数票を獲得したなら，この選挙区では rα が勝利する。もし $A < 0.5T$ であるなら，上記の仮定，すなわち $A + H > 0.5T$, $A > B + C + D$, $H > E + F + G$ という3条件下では，$B + C + D, E + F + G, H$ のいずれも $0.5T$ を上回ることはない。つまり，どの党の得票も過半数に達することはない。よって2回目の集計が行われる。

2回目の集計においては，1回目の集計で最下位だった政党の票が他の政党に分配される。EタイプとFタイプ，Gタイプの投票者から票を獲得した mβ が最下位だったとしよう。この場合，同党獲得票のうちのEタイプ票とFタイプ票，すなわち mβ の次に mα を好む投票者の票は mα に分配される。この，ある民族の穏健政党から別の民族の穏健政党への票の移転が，ホロビッツがいうところのAVにおける票の共有である。

ただし，最下位となった穏健政党の得票がすべて別の民族の穏健政党へ分配されるわけではない。この場合，最下位となった mβ の獲得票のうち，rβ を2番目に好むGタイプ投票者の票は rβ に分配される。このような，穏健政党から急進政党に分配される票の存在こそ，フランケルとグロフマンがAVの穏健化効果を疑うおもな理由である。

投票結果の考察に戻ろう。仮定により $A > B + C + D$, $H > E + F + G$ だから，1回目の集計において最下位となるのは穏健政党2党のうちのどちらかである。1回目集計で mβ が最下位であった場合，上に例示したとおりEタイプとFタイプの投票者の票は mα に，Gタイプの投票者の票は rβ に分配されて，2回目の集計の結果は以下のようになる。

[2回目の集計：1-1]

政　党	rα	mα	mβ	rβ
得票数	A	B+C+D+E+F	分配	G + H

ここで $B+C+D+E+F>0.5T$ になれば，票の共有のおかげでアルファ民族の穏健政党 mα の勝利となる。$G+H>0.5T$ になればベータ民族の急進政党 rβ の勝利となる。どちらも成立しなければ3回目の集計に進む（後述）。

1回目の集計の時点で mα が最下位であった場合には，同党の獲得票が他党に分配される。具体的には，mα の次に rα を好む B タイプの投票者の票は rα に，mα の次に mβ を好む C タイプと D タイプの投票者の票は mβ に分配される。よって2回目の集計結果は以下のようになる。

[2回目の集計：1-2]

政　党	rα	mα	mβ	rβ
得票数	$A+B$	分配	$C+D+E+F+G$	H

ここで，$C+D+E+F+G>0.5T$ になれば mβ の勝利，$A+B>0.5T$ になれば rα の勝利となる。どちらも成立しなければ3回目の集計に進む。

4党間競合の場合，3回目の集計までに必ず当選者が確定する。まず，1回目の集計で mβ が最下位となり，2回目の集計でも過半数票を獲得する政党がなく3回目の集計にいたった場合について考える。2回目の集計結果 (1-1) を改めて確認しておくと，rα の得票数が A，mα の得票数は $B+C+D+E+F$，rβ の得票数は $G+H$ であった。

このケースで，2回目の集計において rα が最下位（$A<B+C+D+E+F$ かつ $A<G+H$）だった場合，rα の得票 A が mα に分配される。3回目の集計結果は以下のようになる。

[3回目の集計：1-1-1]

政　党	rα	mα	mβ	rβ
得票数	分配	$A+B+C+D+E+F$	——	$G+H$

このとき，$G+H<0.5T$ だから，$A+B+C+D+E+F>0.5T$ である。すなわち mα の得票が過半数に達して mα の勝利が確定する。

2回目の集計において rβ が最下位（$G+H<A$ かつ $G+H<B+C+D+E+F$）だった場合，mβ の敗北はすでに確定しているため，rβ の票 $G+H$ は mα に

配分される。3回目の集計結果は以下のようになり、mα の得票が過半数に達して mα の勝利が確定する。

[3回目の集計：1-1-2]

政　党	rα	mα	mβ	rβ
得票数	A	$B+C+D+E+F+G+H$	——	分配

2回目の集計において mα が最下位（$B+C+D+E+F<A$ かつ $B+C+D+E+F<G+H$）だった場合、2回目の集計における mα の得票 $B+C+D+E+F$ のうち、rα を rβ より好む B タイプと C タイプの投票者の票は rα に、rβ を rα より好む D タイプ、E タイプ、F タイプの投票者の票は rβ に配分される。よって3回目の集計結果は以下のようになる。

[3回目の集計：1-1-3]

政　党	rα	mα	mβ	rβ
得票数	$A+B+C$	分配	——	$D+E+F+G+H$

このとき $A+B+C>D+E+F+G+H$ なら rα の勝利、そうでなければ rβ の勝利となる。

続いて、1回目の集計で mα が最下位となり、2回目の集計でも過半数票を獲得する政党がなく3回目の集計にいたった場合について考えよう。2回目の集計結果（1-2）を確認しておくと、rα の得票数は $A+B$、mβ の得票数は $C+D+E+F+G$、rβ の得票数は H であった。ここまで、$A>H$ のケースについて検討してきているから、この時点で rα が最下位ということはない。

2回目の集計において rβ が最下位（$H<A+B$ かつ $H<C+D+E+F+G$）だった場合、その得票 H が mβ に分配され、3回目の集計結果は以下のようになる。

[3回目の集計：1-2-1]

政　党	rα	mα	mβ	rβ
得票数	$A+B$	——	$C+D+E+F+G+H$	分配

ここで mβ の得票が過半数に達し，mβ の勝利が確定する。

2回目の集計において mβ が最下位（$C+D+E+F+G<A+B$ かつ $C+D+E+F+G<H$）だった場合，その得票 $C+D+E+F+G$ のうち C は rα に，残りは rβ に分配され，3回目の集計結果は以下のようになる。

[3回目の集計：1-2-2]

政党	rα	mα	mβ	rβ
得票数	$A+B+C$	——	分配	$D+E+F+G+H$

ここで $A+B+C>D+E+F+G+H$ なら rα の勝利，そうでなければ rβ の勝利となる。

ここまで $A>H$ の場合の投票結果について検討してきたが，$A<H$ の場合についても同様の手順によって結果を得ることができる（詳細については割愛する）。

表2-1は，モデルにおいて穏健政党 mα および mβ が勝利する条件を整理して示したものである。この条件に該当する選挙区が定数の過半数に達すれば，穏健政党2党による連立政権が可能になり，政党が穏健化のインセンティブをもつことになる。前述のようにフランケルとグロフマンは，AV のもとでの4党競合において穏健政党が必ず勝利するには穏健政党をもっとも好む投票者が過半数を占めていなければならないことを指摘し，AV が穏健化効果をもつとする説に異議を唱えた。しかしいまみたとおり，FPTP なら穏健政党はまったく勝てず，PR でも穏健政党の合計議席数が定数の半分に満たない条件下でも，AV ならば穏健2党の議席が過半数に達することがありうる。

表2-1で示した穏健政党が勝つ選挙区の条件を検討すると，AV が穏健政党に有利に働く選挙区の特徴と政党配置の状況がわかる。

まず，どちらかの急進政党をもっとも好む投票者が投票者総数の半数未満であること（$A<0.5T$ かつ $H<0.5T$）が，穏健政党が勝つための必要条件である。このことは，急進政党をもっとも好む投票者が穏健政党をもっとも好む投票者より多いというこのモデルの条件と合わせて考えると，2民族の人数がある程度拮抗している選挙区であることを意味する。

表2-1 4党競合モデル（図2-2）で穏健政党が勝利する選挙区の有権者タイプ配分
（1人区選択投票制［AV］の場合。$A+H>0.5T$, $A>B+C+D$, $H>E+F+G$ と仮定）

mα が勝つ条件	mβ が勝つ条件
$\begin{cases} A < 0.5T \\ H < 0.5T \\ B+C+D > E+F+G \\ B+C+D+E+F > 0.5T \end{cases}$	$\begin{cases} A < 0.5T \\ H < 0.5T \\ B+C+D < E+F+G \\ C+D+E+F+G > 0.5T \end{cases}$
または	または
$\begin{cases} G+H < A < 0.5T \\ B+C+D > E+F+G \\ G+H < B+C+D+E+F < 0.5T \end{cases}$	$\begin{cases} A+B < H < 0.5T \\ B+C+D < E+F+G \\ A+B < C+D+E+F+G < 0.5T \end{cases}$
または	または
$\begin{cases} A < 0.5T \\ H < 0.5T \\ B+C+D > E+F+G \\ A < G+H < 0.5T \\ A < B+C+D+E+F < 0.5T \end{cases}$	$\begin{cases} A < 0.5T \\ H < 0.5T \\ B+C+D < E+F+G \\ H < A+B < 0.5T \\ H < C+D+E+F+G < 0.5T \end{cases}$

（注）A, B, C, D, E, F, G, H は，それぞれのタイプの有権者の人数。T は有権者総数。
（出所）筆者作成。

　加えて，一方の穏健政党が最下位になってその票が分配されるとき，もうひとつの穏健政党に分配される分，すなわちC, D, E, Fタイプの投票者が相当数存在しないと穏健政党は勝てない。この条件は，穏健な選好をもつ投票者が比較的多い選挙区か，あるいは（および）急進政党と穏健政党の位置の乖離が大きい場合に生じる。モデルに即していえば，C, D, E, Fタイプの投票者が存在する区間は，$x_{rα}+x_{mβ}$ が小さく，$x_{mα}+x_{rβ}$ が大きいほど広くなる（図2-3）。

　モデルを通じたここまでの考察から，AVの穏健化効果について次のようにまとめることができる。

　まず，上記のモデルによって，AVが政党に穏健化のインセンティブを与える条件が存在することが確認できた。しかしこの条件は，多くの分断社会で簡単に達成できるものではなさそうだ。AVが穏健化効果を発揮するには，第1に，2民族の人口が拮抗する選挙区が十分多く，第2に，それらの選挙区に選好順序の1位も2位も穏健政党である投票者（モデルのC, D, E, Fタイプ）が相当数存在する必要がある。ホロビッツは，第1の条件については

図2-3 政党配置による票の共有の効果の違い

A. 急進政党と穏健政党の位置の差が小さい（$x_{r\alpha}+x_{m\beta}$が大きく$x_{m\alpha}+x_{r\beta}$が小さい場合）

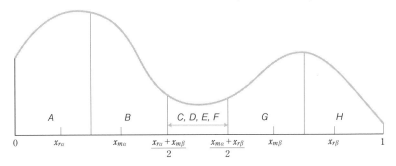

B. 急進政党と穏健政党の位置の差が大きい（$x_{r\alpha}+x_{m\beta}$が小さく$x_{m\alpha}+x_{r\beta}$が大きい場合）

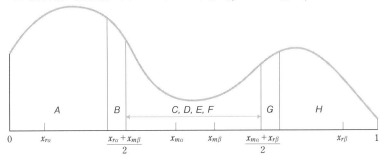

（出所）筆者作成。

認識し，複数民族が混在する地域が十分に多い場合にのみAVが穏健化効果を発揮することを認めていたが，第2の条件は重視しなかった[4]。急進的な民族的選好をもつ投票者が多い社会において第2の条件が満たされるには，図2-3でみたとおり，急進政党と穏健政党の位置の乖離が大きいことが必要である。このことが意味するのは，AVのもとで異民族政党との票の共有を通じた政権の獲得を目指す政党は，事前に十分な政策面での歩み寄りを実現していなければならないということである。

これをもって，AVには強い穏健化効果があるということもできるかもしれない。しかし一方では，政策面での歩み寄りが不十分ならば，相対的に穏健な立場をとった政党の議席は増えないということでもある。次節で検討す

---

[4] 第1章で紹介したとおり，ホロビッツは党の指導によってこの条件が達成されると主張した。

るように，分断社会の政党が穏健政策をとるには党内の調整が必要になる。したがって，AVが穏健政党の連立政権をもたらすか否かは政党が政策面で歩み寄る能力に依存すると考えるのが適切であろう。

3. FPTPのもとでの票の共有

ただし，もし穏健2政党が選挙前に政策面で互いに歩み寄ることができるなら，選挙制度がAVでなくとも穏健連立政権を実現する手立てはある。選挙制度がFPTPならば，両党には統一候補の擁立によって政権獲得をめざすという選択肢がある。政策選好が近ければ，選挙協力は容易になるだろう。もしも穏健2党が選挙区レベルでの競合を回避するなら，FPTPのもとでも票の共有が生じる[5]。それは，ある選挙区で候補を擁立した政党に対する，擁立を回避した政党が獲得しえたはずの票の移転というかたちで発生する。

再びモデルを使って検討しよう（図2-4）。FPTPのもとで4党競合になった場合，$(x_{m\alpha}+x_{m\beta})/2$ から $(x_{m\beta}+x_{r\beta})/2$ の間に理想点をもつ投票者（E, F, Gタイプ投票者）は $m\beta$ に投票する（図2-4A）。$m\alpha$ に投票するのは，$(x_{r\alpha}+x_{m\alpha})/2$ から $(x_{m\alpha}+x_{m\beta})/2$ の間に理想点をもつ投票者（B, C, Dタイプ投票者）である。もし穏健2党が選挙協力を行なうなら，$m\alpha$ が候補を擁立する選挙区に $m\beta$ の候補はおらず，$m\alpha$ と $r\alpha$, $r\beta$ との3党競合になる。このとき $m\alpha$ は，$(x_{r\alpha}+x_{m\alpha})/2$ から $(x_{m\alpha}+x_{r\beta})/2$ の間に理想点をもつ投票者から得票する（図2-4B）。このうち，4党競合の場合に $(x_{m\alpha}+x_{m\beta})/2$ から $(x_{m\alpha}+x_{r\beta})/2$ の間に理想点をもつ投票者，すなわちEタイプとFタイプの投票者の票は，$m\beta$ が候補者擁立を見送ったことによって $m\alpha$ に流れた票である。つまり，AVにおける1回目集計で $m\beta$ が敗れたときと同数の票が，FPTP下での選挙協力（$m\beta$ の候補擁立回避）によって $m\alpha$ にもたらされるのである（[2回目の集計：1-1] 参照）。

このことによって，AVのときとFPTPのときで当選者が同じになるとは限らない。AVの場合は過半数票を獲得する候補が現れるまで集計が繰り返されるのに対して，FPTPなら相対多数を獲得した候補が当選するという違

---

[5] ホロビッツも，統一候補の擁立を票の共有を実現するためのひとつのアプローチだと指摘している（Horowitz 1991: 184）。しかし，ホロビッツは選挙協力によって票の共有が生じるメカニズムについて詳しく検討しておらず，AVとの効果の比較は行なっていない。

図2-4 FTPT下の票の共有

A. 4党競合の場合（票の共有なし）

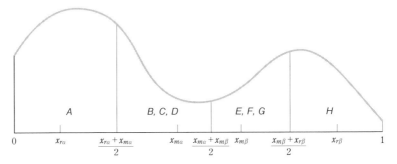

B. 選挙協力（mβの退出）による票の共有

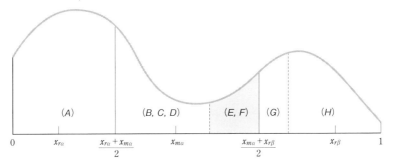

（注）B図の括弧内は、4党競合の場合の8種の有権者の票数。網掛け部分がmβの退出によってmαにもたらされた票。
（出所）筆者作成。

いがあるからだ。FPTPにおける3党競合では穏健政党が負ける条件下で、AVならば穏健政党が勝つことがありうる。しかし先にモデルを通じて詳しく検討したように、それは4党の得票数がかなり拮抗する特殊な場合に限られる。

加えて、急進政党がすべての選挙区に候補者を擁立するのではなく、資源を有効に用いるために勝つ見込みがきわめて薄い選挙区での候補擁立を見送るとすれば、穏健政党を勝たせるうえでのAVのFPTPに対する優位性はさらに薄くなる。AVとFPTPのどちらにおいても、急進政党は自民族の投票者の割合が低いほど勝てる見込みが低下する。その他の条件が同じなら、急進政党はFPTPの場合により多くの選挙区を見送ることになろう。過半

数票を獲得する候補が現れるまで集計を繰り返す AV では，結果が不安定だからだ。先のモデルにおいて，$r\alpha$ をもっとも好む投票者の数が $r\beta$ をもっとも好む投票者の数を上回る（$A > H$）選挙区でも，$r\beta$ が勝利する条件が複数あった。しかし FPTP 下で 3 党競合になれば，$r\beta$ が勝つ条件はこのうちのひとつ（$A < 0.5T$ かつ $G + H > 0.5T$）だけである。異民族の急進政党が候補者擁立を見送り，同一民族政党 2 党の競合になれば，異民族票は穏健政党に集中するから，穏健政党が勝つ見込みが大幅に高まる（これについては第 4 章で改めて言及する）。

以上にみたように，AV には特別な穏健化効果がまったくないとはいえないものの，AV のもとで穏健政党の連立政権を築くには，民族混合選挙区が多いことと，穏健政党どうしが事前に政策上の距離を十分に縮めることが必要である。ただし，政策志向の乖離を縮められるなら，統一候補の擁立による連立政権樹立をめざすこともできる。ゆえに，票の共有による政党の穏健化を実現するには，AV か FPTP かという選挙制度の違いより，エスニック集団の地理的な分布と，次節で扱う，政党のトップが党内をまとめることができるか否かという問題の 2 点が重要だといえる。

4. 票の共有に関する仮説

ここまでの考察を改めて簡単にまとめよう。

4 党競合の場合きわめて特殊な条件下でしか均衡が存在しないから，分極的な理想点分布のもとでのアウトビッディングは均衡のない競合において生じる現象と想定できる。4 党の位置が重ならないことを前提としたモデルからは，選挙制度が PR なら穏健 2 党の議席が半数に達しない条件下でも，AV ならば穏健 2 党が過半数議席を得る可能性があることがあきらかになった。ただし，AV がもたらす票の共有を通じて穏健 2 党が勝つためには，(1) 2 民族の投票者数が拮抗した選挙区の数が多いこと，(2) イデオロギー上の距離を縮めること，の 2 点が必要である。また選挙制度が FPTP の場合にも，穏健 2 党が各選挙区で統一候補を擁立するなら，AV の場合とほぼ同等の票の共有が発生する。

以上から，議会選挙における票の共有に関して次の仮説を導くことができる。

仮説 1. 異なる民族の政党が，AV のもとで政策的に歩み寄ったとき，ないし FPTP のもとで統一候補を擁立するとき，民族混合選挙区の数が十分多ければ票の共有の効果が期待できる。

第 2 節　多数派民族政党内の政策選択

　多数派民族の利益を代表する政党が少数民族の政党と連立を組んでいる，あるいは組もうとしているとき，党首にはそのように行動する個人的なインセンティブがあるはずである。政策面においても，自身の権力維持にとって有利に働くなら，協調関係を構築・維持するために少数民族に歩み寄るだろう。票の共有の効果が見込める場合，党首が穏健政策を志向する可能性が高まると考えられる。

　しかし，党首にとって連立が望ましくとも，ほかの党幹部が議員や地方政府の首長といったポストを獲得し維持するうえで，少数民族への政策的妥協が不利になることがありうる。多数派民族の市民だけが居住する地域では，かれらの利益を追求する政治家が有利になるに違いない。第 1 章で論じたように，こうした穏健政策に対する党内の不満を抑制できる場合に限り，穏健政策を実施するという多数派民族政党党首の約束が少数民族にとって信頼に足るものになる。だが，排他的な民族利益の追求を望む党幹部を，党首が力で押さえつけるならば，党幹部には党首選挙への出馬や現職の辞任を求める示威行動によって党首に挑戦するという選択肢がある。あるいは，離党して連立政権に対抗するという選択肢もある。

　政権奪取をめざして現職党首への挑戦をもくろむ多数派民族政党の高級幹部（以下，対抗エリートと呼ぶ）が，実際に党首選挙への出馬などのアクションを起こすか否かは，彼ないし彼女が自身の勝算をどの程度のものと見込むかによろう。その他の党幹部の支持を得られるという確信があるなら，対抗エリートは党首の座の獲得に向けた行動をおこすだろう。一方，中堅・下級幹部が急進政策を望んだ場合にも，党首に圧力をかけて政策変更を実現するには対抗エリートと足並みを揃える必要があろう。

　ところが，対抗エリートとその他の幹部の間にもまた，利害の対立が存在しうる。もし対抗エリートが失脚すれば，かれとその支持者がもっていたポ

ストと付帯利益はその他の幹部に分配されることになろう。逆に，中堅・下級幹部だけが党首に反旗を翻しても，対抗エリートが動かなければ容易に鎮圧され，反逆者がもっていたポストや利権は党首と対抗エリートの支持者に分配されるだろう。すなわち対抗エリートとその他の幹部は，相手を裏切ることで自分が得をするという関係におかれることがある。その場合，たとえ党内の多数派が党首の交代を望んでいたとしても，それが実現するとは限らない。党首に反逆する側もまた，集合行為問題を抱えているのである。こうした状況を，Lichbach (1995) に倣って「反逆者のジレンマ」と呼ぶことにしよう。党内に穏健政策への異論が多い場合，党首がそれを退けて自身が望む政策を実現できるかどうかは，党内に反逆者のジレンマをつくりだすことができるか否かにかかっている。以下では，党首と対抗エリート，その他の幹部・党員の関係を簡潔に記述し，党首が少数民族利益の尊重を選択する条件を導くべく，ゲーム理論を用いた政策選択の簡単なモデルを提示する。

1. プレーヤーとルール，帰結，利得

　以下で示すのは，党首の政策選択に付随して生じる多数派民族政党内の勢力争いのモデルである（図2-5）。プレーヤーは，多数派民族政党の党首，対抗エリート，中堅幹部の3人である。対抗エリートは党首に取って代わりうる立場にある人物である。一方，中堅幹部は，対抗エリートが党首に挑戦した場合に勢力争いの勝敗を決する立場にあるプレーヤー（ピボット）を指す。現実世界で誰がピボットになるかは，競争のコンテクストに応じて決まる。たとえば対抗エリートが役員選挙で党首に挑戦する場合，投票権をもつ者，あるいは票の取りまとめをなしうる者のうちの誰かがピボットである。このモデルでは，そうした立場にある人物を便宜的に「中堅幹部」と呼ぶことにする。3人のプレーヤーは，より価値の高い政治職の獲得・維持をめざす。

　このモデルでは，党首，対抗エリート，中堅幹部の順に行動する。対抗エリートは党首の選択を，中堅幹部は他の2人のプレーヤーの選択を知ったあとに自身の行動を選択する。

　党首の戦略集合は，$S_e = \{H_1$ で急進政策，H_1 で穏健政策$\}$である。急進政策とは，連立相手の少数民族政党には許容できない政策であり，穏健政策は少数民族政党が受け入れることのできる政策である。対抗エリートと中堅幹

図2-5　多数派民族政党内の政策選択ゲーム

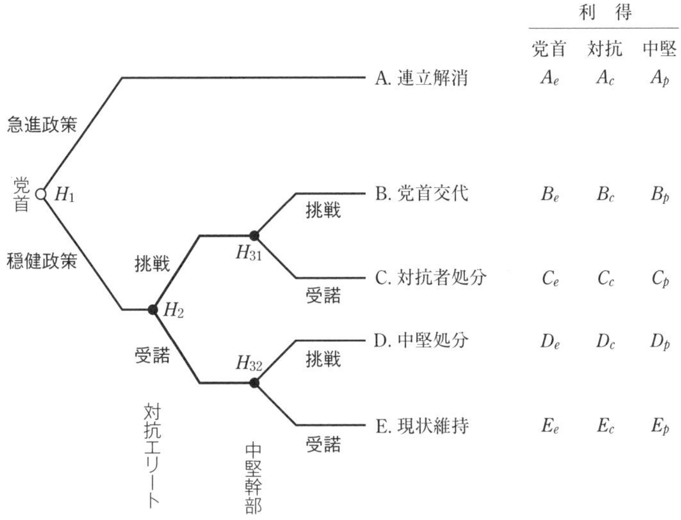

	利　　得		
	党首	対抗	中堅
A. 連立解消	A_e	A_c	A_p
B. 党首交代	B_e	B_c	B_p
C. 対抗者処分	C_e	C_c	C_p
D. 中堅処分	D_e	D_c	D_p
E. 現状維持	E_e	E_c	E_p

（出所）筆者作成。

部は，常に急進政策を受け入れるものとする。したがって党首が急進政策を選択した場合，そこでゲームは終了する。党首が穏健政策を選択した場合，対抗エリートと中堅幹部は，党首の選択を受諾するか挑戦するかを選ぶ。対抗エリートの戦略集合は，$S_c = \{H_2$で挑戦，H_2で受諾$\}$である。中堅幹部の戦略集合は，$S_p = \{H_{31}$で挑戦 H_{32}で挑戦，H_{31}で挑戦 H_{32}で受諾，H_{31}で受諾 H_{32}で挑戦，H_{31}で受諾 H_{32}で受諾$\}$である。

　政策に関して対抗エリートと中堅幹部の少なくとも片方の受諾を確保することが，党首がその座を維持するうえでの必要条件とする。どちらか一方のみが挑戦した場合，挑戦した者はパージされてポストを失うものとする。

　このゲームの帰結は，A. 連立解消，B. 党首交代，C. 対抗者処分，D. 中堅処分，E. 現状維持，のいずれかとなる。党首が急進政策をとった場合，常に対抗エリートと中堅幹部の双方が受諾して党首の座は維持されるが少数民族政党との連立は解消される。党首が穏健政策をとった場合，対抗エリートと中堅幹部の双方が挑戦すれば党首交代，対抗エリートだけが挑戦すれば対抗者処分，中堅幹部のみが挑戦すれば中堅処分，双方が受諾すれば現状維持となる。

第 2 節　多数派民族政党内の政策選択　63

それぞれの帰結から各プレーヤーが得る利得について，以下の仮定をおく。

党首にとっては，第 1 に，現状維持の利得 E_e が連立解消の利得 A_e を常に上回ると仮定する（$E_e > A_e$）。連立を解消すれば，党首が執政長官のポストを維持する確率が現状維持の場合に比べて低下する。加えて，資本流出や社会不安など，穏健政策下では発生しないコストが生じる。これらのコストは，歳入減などのかたちで執政長官である党首がとりうる政策的選択肢を狭める。すなわち，党首の座に付随する価値を低下させる。第 2 に，党首にとっては中堅処分の利得 D_e が連立解消の利得 A_e を上回ると仮定する（$D_e > A_e$）。これは，中堅幹部のみが反乱をおこしても党首が執政長官の座を失うことはないという想定にもとづく。まとめると，党首にとっては，$E_e > A_e$ かつ $D_e > A_e$ である（**仮定 1**）。

対抗エリートにとっては，第 1 に，自身が党首になる党首交代の利得 B_c が，中堅処分の利得 D_c と現状維持の利得 E_c を上回るものとする（$B_c > D_c, B_c > E_c$）。第 2 に，対抗エリートにとって党首交代の利得が対抗者処分のそれを上回ると仮定する（$B_c > C_c$）。対抗エリートは党首にパージされても野党との連立形成や選挙を通じた政権奪取を模索できるが，いま所属している多数派民族政党で党首になる方が高い利得を望める（だからこそ同党に所属している）と想定できるからである。第 3 に，中堅処分が対抗エリートにもたらす利得は現状維持のそれを上回るものとする（$D_c > E_c$）。これは，造反者（中堅幹部を含む中・下級幹部）から剥奪されたポストと付帯利益の一部が党首支持への対価として対抗エリートに分配されるという想定による。三つをまとめると，対抗エリートにとっては，$B_c > D_c > E_c$ かつ $B_c > C_c$ である（**仮定 2**）。

中堅幹部にとっては，第 1 に，党首交代，対抗者処分，現状維持の利得が，自身がパージされる中堅処分のそれを上回る（$B_p > D_p$, $C_p > D_p$, $E_p > D_p$）。第 2 に，対抗者処分の利得が現状維持のそれを上回ると仮定する（$C_p > E_p$）。二つめの仮定は，対抗者処分にいたった場合，対抗エリートとその支持者が保持していたポストと付帯利益が党首を支持したその他の幹部に分配されるという想定にもとづく。まとめると，中堅幹部にとっては，$C_p > E_p > D_p$ かつ $B_p > D_p$ である（**仮定 3**）。

2. 各プレーヤーの利得順序とゲームの帰結

このゲームの帰結は、各プレーヤーがそれぞれの帰結から得る利得の順序によって決まる（表2-2）。以下では、各プレーヤーの利得順序の組み合わせを場合分けし、それぞれの組み合わせにともなう帰結を示す。場合分けにあたり、対抗エリートにとって現状維持の利得 E_c と対抗者処分の利得 C_c のどちらが大きいか、また中堅幹部にとって現状維持の利得 E_p と党首交代の利得 B_p のどちらが大きいか、という二つの基準を軸とする。

(1) 党内改革派対抗エリートと党首交代を望む中堅幹部

本書の問題関心に照らしてもっとも有意義なインプリケーションをもつのは、対抗エリートと中堅幹部の双方が現状維持より党首交代を望んでいるパターンである。このとき、党首が穏健政策をとると必ず党首交代が生じるのだろうか。

このモデルは、対抗エリートは常に現状維持より党首交代を望むと仮定している。しかし、対抗エリートにとって現状維持と対抗者処分のどちらの利得が大きいかについては仮定をおいていない。対抗エリートにとって、現状維持の利得が対抗者処分のそれを上回る場合（$E_c > C_c$）、この対抗エリートを「党内改革派」対抗エリートと呼ぶことにしよう[6]。仮定2により、党内改革派対抗エリートの利得の順序は、$B_c > D_c > E_c > C_c$ のひとつだけに絞り込まれる。

一方、中堅幹部にとって党首交代の利得が現状維持のそれを上回る（$B_p > E_p$）場合、仮定3により、中堅幹部の利得順序は二つに絞られる。それは、対抗者処分の利得 C_p と党首交代の利得 B_p の順序に応じて、党首交代を弱く望む（党首交代より対抗者処分を望む）タイプ（$C_p > B_p > E_p > D_p$）か党首交代を強く望む（対抗者処分より党首交代を望む）タイプ（$B_p > C_p > E_p > D_p$）のどちらかになる。

まず、中堅幹部が党首交代を弱く望むタイプの場合のゲームの解を、後向き帰納法で求める。中堅幹部は、$C_p > B_p$ であるため情報集合 H_{31} では受諾し、

---

[6] 簡略化のため、このモデルでは二つ以上の利得が同値というケースは考慮しない。

表 2-2　プレーヤーの利得順序とゲームの帰結

パターン	利得の大きさの順序			帰結
	対抗エリート	中堅幹部	党首	
①党内改革派対抗エリートと党首交代を望む中堅幹部	$B_c>D_c>E_c>C_c$	$C_p>B_p>E_p>D_p$	仮定より $E_e>A_e$	E. 現状維持
		$B_p>C_p>E_p>D_p$	$B_e>A_e$	B. 党首交代
			$A_e>B_e$	A. 連立解消
②野心的対抗エリートと党首交代を望む中堅幹部	$B_c>C_c>D_c>E_c$ or $B_c>D_c>C_c>E_c$	$C_p>B_p>E_p>D_p$	$C_e>A_e$	C. 対抗者処分
			$A_e>C_e$	A. 連立解消
		$B_p>C_p>E_p>D_p$	$B_e>A_e$	B. 党首交代
			$A_e>B_e$	A. 連立解消
③党内改革派対抗エリートと現状維持を望む中堅幹部	$B_c>D_c>E_c>C_c$	$C_p>E_p>B_p>D_p$	仮定より $E_e>A_e$	E. 現状維持
④野心的対抗エリートと現状維持を望む中堅幹部	$B_c>C_c>D_c>E_c$ or $B_c>D_c>C_c>E_c$	$C_p>E_p>B_p>D_p$	$C_e>A_e$	C. 対抗者処分
			$A_e>C_e$	A. 連立解消

(注) 党首にとっては $E_e>A_e$ かつ $D_e>A_e$ (仮定 1)、対抗エリートにとっては $B_c>D_c>E_c$ かつ $B_c>C_c$ (仮定 2)、中堅幹部にとっては $C_p>E_p>D_p$ かつ $B_p>D_p$ (仮定 3) であると仮定した。
(出所) 筆者作成。

$E_p>D_p$ のため H_{32} でも受諾する。それを予期する対抗エリートは、$E_c>C_c$ のため、情報集合 H_2 で受諾を選択する。**仮定 1** より、党首にとっては現状維持の利得 E_e が連立解消の利得 A_e を上回る。したがってこのパターンでは、対抗エリートと中堅幹部の双方が現状維持より党首交代を望んでいるにもかかわらず、現状維持がゲームの帰結になる。これが「反逆のジレンマ」である。ここでは、戦略プロファイル $(S_e, S_c, S_p) = (H_1$ で穏健政策、H_2 で受諾、H_{31} で受諾 H_{32} で受諾) が部分ゲーム完全均衡である。

しかし、中堅幹部が党首交代を強く望み、対抗者処分の利得より党首交代のそれが大きい場合、対抗エリートと中堅幹部との部分ゲームにおいて、戦略プロファイル $(S_c, S_p) = (H_2$ で挑戦、H_{31} で挑戦 H_{32} で受諾) がナッシュ均衡になる。この場合、党首交代か連立解消のどちらかがゲームの帰結となる。

党首にとって連立解消のコストが大きく，政治職や党首の座を失っても与党の長老でいることの価値が高ければ，$B_e > A_e$ となり党首交代が実現する。そうでなければ連立解消がゲームの帰結となる。

(2) 野心的な対抗エリートと党首交代を望む中堅幹部

党首の座の価値が非常に高い一方，対抗エリートが手にしているポストの価値は相対的にかなり低いとしよう。このとき対抗エリートは，処分を受け離党した場合に執政長官の座が手に入る確率が低くても，党首への挑戦に価値を見出しうる。対抗エリートにとって対抗者処分の利得が現状維持のそれを上回る（$C_c > E_c$）場合，彼ないし彼女を「野心的な」対抗エリートと呼ぶことにする。仮定2により，野心的な対抗エリートの利得順序は二つに絞られる。対抗者処分の利得 C_c と中堅処分の利得 D_c の順序に応じて，$B_c > C_c > D_c > E_c$ か $B_c > D_c > C_c > E_c$ のいずれかになる。

対抗エリートが野心的で，かつ中堅幹部が党首交代を望む場合，どのような帰結が予測されるだろうか。

前述のとおり，現状維持より党首交代を望む中堅幹部の利得順序は，$C_p > B_p > E_p > D_p$ か $B_p > C_p > E_p > D_p$ のどちらかである。よってこのパターンでは，対抗エリートと中堅幹部の利得順序には4通りの組み合わせがある。しかし，このパターンでの対抗エリートと中堅幹部との部分ゲームにおける均衡は，対抗エリートの利得順序が $B_c > C_c > D_c > E_c$ または $B_c > D_c > C_c > E_c$ のどちらであっても，中堅幹部の利得順序に依存して定まる。

中堅幹部が党首交代を弱く望むタイプ（$C_p > B_p > E_p > D_p$）である場合，対抗エリートと中堅幹部との部分ゲームでは $(S_c, S_p) = (H_2$ で挑戦，H_{31} で受諾 H_{32} で受諾) が均衡になる。このときゲームの帰結は，対抗者処分か連立解消のいずれかとなる。党首にとって対抗者処分の利得 C_e が連立解消の利得 A_e より大きい場合は対抗者処分，逆なら連立解消が帰結となる。

中堅幹部が党首交代を強く望むタイプ（$B_p > C_p > E_p > D_p$）の場合，対抗エリートと中堅幹部との部分ゲームでは $(S_c, S_p) = (H_2$ で挑戦，H_{31} で挑戦 H_{32} で受諾) が均衡になり，党首交代か連立解消のどちらかがゲームの帰結となる。この場合，党首にとって党首交代の利得 B_e が連立解消の利得 A_e を上回る場合には党首交代が，逆なら連立解消がゲームの帰結となる。

（3）党内改革派対抗エリートと現状維持を望む中堅幹部

ここからは，中堅幹部が党首交代より現状維持を望む場合におこりうるゲームの帰結を検討する。

中堅幹部にとって現状維持の利得が党首交代のそれを上回る（$E_p > B_p$）場合，仮定3により，中堅幹部の利得順序は $C_p > E_p > B_p > D_p$ だけに絞られる。党内改革派対抗エリートと現状維持を望む中堅幹部の部分ゲームでは，$(S_c, S_p) = (H_2$ で受諾，H_{31} で受諾 H_{32} で受諾$)$ が均衡となる。仮定1により，党首は連立解消より現状維持を望むため，党首は穏健政策を選択し現状維持がゲームの帰結となる。

（4）野心的な対抗エリートと現状維持を望む中堅幹部

中堅幹部が党首交代より現状維持を望み，対抗エリートが野心的である場合，対抗エリートの利得順序が $B_c > C_c > D_c > E_c$ または $B_c > D_c > C_c > E_c$ のどちらであっても，対抗エリートと中堅幹部の部分ゲームでは $(S_c, S_p) = (H_2$ で挑戦，H_{31} で受諾 H_{32} で受諾$)$ が均衡になる。したがってゲームの帰結は，党首にとっての対抗者処分の利得 C_e と連立解消の利得 A_e の順序に応じて，対抗者処分か連立解消のどちらかとなる。

3．多数派民族政党の政策決定に関する仮説

このモデルから，次の二つの仮説を導くことができる。

仮説2． 多数派民族政党において，党首以外の党幹部ポストの価値が高いほど穏健政策が採用されやすい。

仮説3． 多数派民族政党において，党首と対抗エリートのポストの価値の差が小さいほど穏健政策が採用されやすい。

仮説2の根拠は次のようなものである。まず，対抗エリートがもつポストの価値が十分に高ければ，彼ないし彼女は処分を覚悟のうえで現職に挑戦する「野心的」なタイプにはなりにくい。対抗エリートが，自身が処分されることより現状維持を望む「党内改革派」であれば，「連立解消」が帰結にはなりづらい（表2-2のパターン①および③）。同様に，中堅幹部（ピボット）の

ポストの価値が高ければ，彼ないし彼女は党首交代より現状維持を望むだろう。その場合，連立解消という帰結になる余地は狭まる（パターン③および④）。さらに，党首にとってポストを手放した後に残される与党長老の座の価値が高ければ，連立解消か党首交代のどちらかが不可避の状況であっても，党首が穏健政策を選択する余地が出てくる（パターン①下段，②下段）。

また，対抗エリートと中堅幹部の双方が現状維持より党首交代を望む場合にも，両者がもつポストの価値が高ければ，反逆者のジレンマのために現状維持が帰結となる余地がある。対抗エリートが処分された場合，その人物と支持者のポストは他の幹部に分配されるため，対抗エリートのポストの価値が高いほど，中堅幹部が党首交代より対抗者処分を望むようになる（「党首交代を弱く望むタイプ」）。その場合，党首が穏健政策を選択する余地が広がる（パターン①上段，②上段）。同様に，中堅幹部ら中・下級幹部がもつポストの価値が高いほど，対抗エリートにとって中堅処分の利得が高まる。

仮説3は以下の根拠にもとづく。党首の座と対抗エリートのポストの価値の差がごくわずかなら，対抗エリートは処分されるリスクを背負ってまで党首に挑戦しようとは考えないだろう。前述のとおり，対抗エリートが「党内改革派」であれば，連立解消という帰結にはなりにくい。逆に，党首ポストの価値が著しく高く，対抗エリートがもつポストの価値との差が大きければ，対抗エリートは「野心的」になりやすい。

第3節　仮説検証の手順

本章では，多数派民族政党が穏健政策を選択する条件にかかわる理論上の仮説を三つ提示した。ここで，次章以降で行なう，マレーシアの事例研究を通じた仮説検証の手順を簡単に示しておきたい。どの仮説についても，そこからマレーシアという個別事例に特化した予測（case-specific predictions）を導き，理論から予測された現象が実際に生じているかどうかを確認するという手順を踏む。

第1節で提示した仮説は次のようなものであった。

仮説1. 異なる民族の政党が，AVのもとで政策的に歩み寄ったとき，

ないしFPTPのもとで統一候補を擁立するとき，民族混合選挙区の数が十分多ければ票の共有の効果が期待できる。

マレーシアの国政選挙（連邦議会選挙）は独立以来一貫してFPTPのもとで行なわれてきた。ゆえに本書で検証できるのは，**仮説1**のうちのFPTPにかかわる部分のみである。

マレーシアの連立政権についてホロビッツは，これを異民族政党間の「互いの支持者の票の交換」としての票の共有に支えられたパワーシェアリングの典型例と見なした（Horowitz 1989, 1991）。ただしホロビッツは，この仮説を提示しただけで，経験的妥当性を検証する作業を行なっていない。加えて前章で指摘したように，各党の指導者が支持者に働きかけて連立パートナーの政党に投票させるというロジックは，「指導者がどこに行こうと支持者はついてくると考えるのは馬鹿げている」（Horowitz 1985: 342）という彼自身の最初の想定と矛盾する。

投票者が自身の選好に依拠して投票先を選ぶモデルから導いた**仮説1**が妥当であれば，パワーシェアリングが異例に長く続いたマレーシアでは，次の二つの現象が観察されるはずだ。

> **予測1-1**．選挙制度にFPTPを採用するマレーシアでは，有権者の自主的判断にもとづいて票の共有が生じる条件，すなわち（1）相対的穏健派の統一候補擁立，（2）多くの民族混合選挙区の存在，が揃っている。
> **予測1-2**．票の共有が生じる条件が揃っているなら，マレーシアでは民族混合選挙区で相対的穏健派，すなわち与党が優位にある。

次章でマレーシアにおけるパワーシェアリングの発生過程を概観した後，第4章で**予測1-1**と**予測1-2**が実際に観察できるかどうかを確かめる。その際，（1）選挙区の民族混合度と与党の得票率の関係が**仮説1**の妥当性を示唆するものなのか，それとも見かけ上の共変関係にすぎないのか，（2）マレーシアの政党指導者が票の共有の効果を認識していたのか否か，の2点を確認する。

本章第2節では，多数派民族政党内部の意思決定モデルから次の二つの仮

説を導いた。

> **仮説2.** 多数派民族政党において，党首以外の党幹部ポストの価値が高いほど穏健政策が採用されやすい。
> **仮説3.** 多数派民族政党において，党首と対抗エリートのポストの価値の差が小さいほど穏健政策が採用されやすい。

パワーシェアリングが異例に長く続くマレーシアでは，多数派民族政党の党首が穏健政策を選択しやすい環境があったに違いない。また，環境が悪化したときには政権の安定性に悪影響が出たはずだ。**仮説2**が妥当ならば，多数派民族与党である統一マレー人国民組織（UMNO）において次の現象が観察できるはずである。

> **予測2-1.** UMNOでは党首以外の党幹部ポストの価値が高い。
> **予測2-2.** UMNOにおいて，党首以外の党幹部ポストの価値が低下すると連立政権の運営が困難になる。

加えて，票の共有の効果が広範に及ぶなら党公認候補となる地方幹部ポストの価値が高まるから，次の2点の予測が成り立つ。

> **予測2-1補.** UMNOには票の共有の恩恵を享受する幹部が多い。
> **予測2-2補.** UMNOの議席が減ると連立政権の運営が困難になる。

同様に，**仮説3**から次の2点の予測が成り立つ。

> **予測3-1.** UMNOでは党首と対抗エリートのポストの価値の差が小さい。
> **予測3-2.** UMNOにおいて，党首と対抗エリートのポストの価値の差が開くと連立政権の運営が困難になる。

予測された現象が実際に観察されるかどうかを確認するにあたり，本書では党首ら党幹部のポストの価値を，(1) 政策決定への影響力，(2) 私的に分

配できる付帯利益，(3) 人事権，の3要素から構成されるものと定義する。

　党幹部ポストの価値，ならびに党首と対抗エリートのポストの価値の差は，さまざまな政治制度の組み合わせによってその大枠が定められている。票の共有の効果が及ぶ範囲もまた，制度とエスニック集団の地理的分布という，変わりにくい条件に規定されている。党首以外の党幹部ポストの価値が高く，票の共有の効果が広く及び，党首と対抗エリートのポストの価値の差が小さくなるような制度と地理的条件は，パワーシェアリングを支える構造要因になる。そこで本書では，第5章においてマレーシアの政治制度を総合的に検討し，UMNOにおいて党首以外の幹部ポストの価値が高い（予測2-1）のか，票の共有の受益者は多い（予測2-1補）のか，党首と対抗エリートのポストの価値の差は小さい（予測3-1）のかを確かめる。

　一方で党幹部ポストの価値は，制度を取り巻く環境の変化，とくに景気変動による政府支出の増減にともなって変化する。また，現実にはすべての有権者がエスノナショナリズムのみを基準に投票先を決めることはなく，たとえば政府による利益誘導の多寡を基準に投票する有権者も多いため，穏健政策のもとで与党が獲得できる議席の数は選挙ごとに変化する。これまで，UMNOが急進政策をとった結果ノン・マレー政党が連立を離脱するという現象は生じていないが，環境が悪化した際には連立政権の運営を困難にするような事態が生じていたはずである。そこで，第6章と第7章では，党幹部ポストの価値が低下する，選挙で大幅に議席を減らす，党首と対抗エリートのポストの価値の差が開く，という現象が生じた際に，政権運営が困難になるような現象が生じたか否か（予測2-2，2-2補，3-2）を確認する。

第3章

パワーシェアリングの起源
――マラヤにおける連立政権形成史――

はじめに

　事例研究の導入部である本章では，イギリス統治の末期にマラヤでパワーシェアリング政権が誕生した経緯を概観する。

　前章で提示した仮説は，いったん成立したパワーシェアリングが持続する条件に関するものであった。そもそも多民族連立政権がいかなるメカニズムで形成されるのかという問題もまたきわめて重要で興味深いものだが，本書はこれに関して一般性のある仮説を提示することはできない。本章のおもな目的は，マラヤでパワーシェアリング政権が形成されるまでの歴史を振り返ることを通じて，次章以降で行なう分析を理解するのに必要な情報を提供することにある。

　まず，第2次大戦後にマラヤで民族政党が形成されるまでの過程を概観する（第1節）。続いて，段階的な自治付与の一環として実施された選挙をきっかけに民族政党間の提携関係が構築される経緯を追う。加えて，「独立協約」（Merdeka Compact）と呼ばれる，民族間関係を規定した憲法の条項を確認し，独立の前後に登場した急進政党を紹介する（第2節）。

第1節　民族政党の形成

　英領マラヤで政党がさかんに組織されるようになるのは第2次大戦後のことである。イギリスによる再統治をめぐる立場の相違が，さまざまな政党を生み出した。

　戦争終結後まもなく宗主国として復帰したイギリスは，マラヤ統治の方法

を根本から変更する。これに対する反対運動から生まれたのが，のちに与党連合の中核的存在となる統一マレー人国民組織（UMNO）である。戦前の基本制度の回復を求める UMNO に対し，華人らは諸団体を糾合する政治組織を立ち上げて対抗する。結局イギリスは，華人らの要求を退け UMNO 側に譲歩した。

するとまもなく，華人が主体のマラヤ共産党（CPM）が，植民地体制の打倒をめざして武装闘争を開始する。この共産党蜂起に対抗するために華人エリートが設立したのが，後に UMNO のパートナーとなるマラヤ華人協会（MCA）である。

では，まずは第 2 次大戦以前の状況から順を追ってみていこう。

1. 第 2 次大戦までの政治組織

1957 年にマラヤ連邦（今日のマレーシアのマレー半島部分）がイギリスから独立した当時，総人口 627.9 万人のうちの 49.8％がマレー人，37.1％が華人，11.1％がインド人であった（DOS 1958: 1）。

先住民のマレー人（Melayu）は，古くからマレー半島南部とスマトラ島東南部に居住していた民族である。ただし，いまのマレーシアにおいて自他ともにマレー人と認める人びとのなかには，イギリスによる植民地化の後に蘭領東インドから移住したジャワ人などの子孫が多く含まれる。インドネシアからの新移民の多くは，独立前後の政治過程のなかでマレー人としてのアイデンティティを獲得し，政府からもマレー人として認められることになる（Mohd Aris 1983）。

一方，華人とインド人の大半はイギリスのマラヤへの干渉が始まってから移民した人びととその子孫である。錫産業が発展した 19 世紀後半に多数の華人がマラヤに移り住み，20 世紀初頭にゴム栽培が本格化するとインドからの移民が急増した。マラヤの人口が少なかったため，新たに勃興した産業の労働者として華人とインド人が呼び寄せられたのだった。

第 2 次大戦以前には，マラヤ全体をひとつの政治共同体と見なす考え方は広まっていなかった。華人とインド人の政治的関心は，もっぱら本国に向けられていた。華人の社会生活において重要だったのは，本国の出身地別に構成された相互扶助組織（会館）であった。1910 年代には中国国民党がマラヤ

各地に支部を設立し，1920年代には国際共産主義運動の流れをくむ組織ができるが，当時はどちらも中国本土の革命を支援する組織という性格が強かった（Yong 1991; Hanrahan 1971）。インド人社会では，国民会議派の影響を受けたエリートが1930年代にマラヤ中央インド人協会を組織したが，労働問題などに取り組んだこの団体の交渉相手はインド政府だった（Ampalavanar 1981: 7）。

「土地の子」（ブミプトラ）であるはずのマレー人の間でも，マラヤがひとつの祖国だという意識はほとんどなく，全マラヤ規模の政治組織は形成されなかった。マラヤには九つの小王朝があり，イギリスはそれらを残したまま，スルタンの実権を奪って植民地化した。いわゆる間接統治である（ただし，ペナン，マラッカ，シンガポールは直接統治下におかれた）。王族・官僚らの伝統的支配者層は，勢力を拡大する華人に対抗すべく，1938年に各地でマレー人協会を設立する。しかし，このマレー人協会はそれぞれの「国」（Negri）を単位とするもので，翌39年には各団体の代表者が集まって会議を開催したものの，第2次大戦後まで統一にはいたらなかった（Roff 1974: 235-247）。

こうした状況のなか，例外的にマラヤ全体を自らの政治活動の舞台と捉えていた組織として，青年マレー人連盟（KMM）とマラヤ共産党があった。

KMMは，スルタン・イドリス師範学校の卒業生が中心になって1938年に設立した組織である。この組織に集ったのは，インドネシアの影響を受けて反植民地主義の思想をもったマレー人の若者たちであった。スルタン・イドリス師範学校では，農村から優秀なマレー人学生を集めてマレー語で中等教育を施した。植民地統治下で異なる地域の出身者がひとつの学校に集まってともに学ぶという経験は，「われわれ」意識の醸成に寄与するといわれる（アンダーソン 1987）。スルタン・イドリス師範学校では，教材に蘭領東インドで発行された出版物が使われたことや，インドネシア共産党の蜂起（1925年）の後にマラヤに逃れた同党指導者と接触する機会があったことなどから，学生はインドネシアの民族主義の影響を強く受けた。後にKMMの指導者となるイブラヒム・ヤーコブらは，学生時代にインドネシア国民党に入党している（Roff 1974: 142-157, 221-225）。

しかしKMMは若い知識人の集いにすぎず，現実の政治に対する影響力はなかった。KMMは綱領や規約をもたない緩やかな団体であり，組織目標

は明確でなかった。会員数は 200～300 人程度とされ[1]，とくに目立った政治活動は行なっていない。会長のイブラヒムは，蘭領東インドと英領マラヤを統一して独立することをめざしたが，その目的意識は主要メンバーの間ですらあまり共有されていなかった。(Roff 1974: 229-235)。

　KMM がマレー人の団体なのに対し，1930 年に誕生したマラヤ共産党は実質的に華人の組織だった。その前身である南洋共産党は，1927 年に中国本土の国共合作が破綻した後，コミンテルンが派遣した中国人工作員によって組織された。おもな党員は，国民党を離脱した華人共産主義者である。南洋共産党はコミンテルンの指示により 1930 年 4 月に解散し，かわってマラヤ共産党とインドシナ共産党が組織される。マラヤ共産党は上海のコミンテルン極東ビューローの直接の監督下におかれた (Hanrahan 1971: 30-40)。

　マラヤ共産党は，この地に独立国家を建設することを他に先駆けて目標に定めた政治組織であった。同党は，結党後まもなく幹部が逮捕されて混乱するが，再出発に向けて開いた 1931 年の幹部会で「マラヤ・ソヴィエト共和国」の建設を決議した。コミンテルンが人民戦線路線を採択した 1935 年にプチ・ブルジョワジーを取り込んで「マラヤ共和国」を建設する方針に転じた後，共産党は 1940 年に「マラヤ民主共和国」の樹立を目標に据えた (Brimmell 1959: 95, 147-148; Hanrahan 1971: 43-51)。組織の規模は KMM を大きく上回り，1939 年時点で 5000 人ほどの党員がいたと考えられている (Hanrahan 1971: 59)。

　しかし，共産党が拡大したのは，マラヤの住民の間に独立を求める機運が高まったからではない。抗日運動の前衛と見なされたために華人を惹きつけたのである (Hanrahan 1971: 46-51)。1937 年に日中戦争が始まると，マラヤ共産党は「中華民族が中国から日本ファシストを追い出すのを積極的に援助する」方針を定め，抗日運動を組織した。マラヤ共産党にとって，革命政権を樹立するうえでの敵はイギリスだが，抗日闘争の点でイギリスは「敵の敵」にあたる。1940 年 9 月，中国共産党からの指令にもとづき，マラヤ共産党

---

1) この数字は，日本による占領以前のマレー・ナショナリズムを扱った Roff (1974: 234) の推定である。馬来軍政監部調査部員としてイブラヒム・ヤーコブに接触した板垣與一（後述）によれば，イブラヒムは KMM の同志が 800 人いると語ったという（「日本の英領マラヤ・シンガポール占領期史料調査」フォーラム編 1998: 49)。

は反英闘争を中止し，抗日闘争に集中することになった（原 2001: 31-36）。

このように KMM とマラヤ共産党は，それぞれが植民地支配からの解放を目指したものの，KMM はマレー・ナショナリズム，マラヤ共産党は中国本土の民族主義で結ばれた団体であり，どちらも「マラヤ国民」のための国民国家建設を最優先に活動する組織ではなかった。

1941 年 12 月 8 日未明，真珠湾攻撃より一足早く，日本軍がマレー半島東岸に上陸した。翌 42 年 2 月 15 日にシンガポールが陥落し，3 年半にわたる日本軍政が始まる。日本による統治は，マラヤにおける民族対立を深める結果になった。

日本軍は華人を厳しく弾圧した。とりわけ占領直後には，「華僑義勇軍，共産党員，抗日団体に所属する者，重慶献金者及抗日軍への資金援助者」らを多数粛清した[2]（篠崎 1976: 42）。さらに，抗日献金に対する代償として華人資産の 8% にあたる 5000 万海峡ドルを強制的に献金させた[3]。

日本軍政への抵抗運動を担ったのも華人であった。日本の侵攻が始まると，マラヤ共産党は武力闘争への支援をイギリスに申し出る。イギリスはこれを受け入れ，共産党が選んだ 165 人にゲリラ闘争の訓練を施す。この 165 人を中核に，マラヤ人民抗日軍が結成された。人民抗日軍は労働者らをリクルートし，ジャングルを拠点としてゲリラ闘争を展開する（Hanrahan 1971: 61-73）。終戦までに，抗日軍の構成員は 1 万人ないし 1 万 3000 人にのぼった（原 2009: 19）。

一方で日本は，スルタン制を温存しマレー人を地方行政官に優先的に任用した。スルタン制の維持は開戦前からの方針であり，一時は軍政当局がスルタンの政治上の権利を天皇に奉納させる計画を立てたものの，陸軍省の訓令により実施は見送られた（明石 2001: 45-50; Akashi 1969: 86-95）。スルタン制の

---

[2] 犠牲者の数については，日本側と現地側で大きく見方が異なり，数千とも数万ともいわれる。大西覚（第 2 野戦憲兵隊分隊長・特別警察隊長）の証言によれば，シンガポールでの犠牲者が 2000 人，マラヤについては「5 千とも 1 万ともいわれる」（「日本の英領マラヤ・シンガポール占領期史料調査」フォーラム編 1998: 176）ということだから，最低でも 7000 人が粛清されたことになる。一方，終戦後のイギリス軍政部で華人問題首席顧問を務めたヴィクター・パーセルによれば，犠牲者に関する推測は 4 万とするものから 10 万とするものまでさまざまだが，4 万人以上との一般的合意があるという（Purcell 1967: 251. 初版は 1948 年発行）。

[3] 住民からの献金は 2800 万ドルしか集まらず，軍政部は集金の役目を担った華僑協会に 2200 万ドルの借金を負わせた（篠崎 1976: 66-67）。

もとに構築された行政機構の役人や警官の多くはマレー人であり，開戦前に採用された人びとが日本占領下でも登用された（Kratoska 1998: 109）。

　開戦前後の時期，日本軍は占領に協力させるべく KMM に接触したが，占領が完了するとまもなく，軍政当局は KMM に解散命令を下す（長井 1978: 60-71; 藤原 1966）。初期の軍政を実質的に取り仕切った渡邊渡大佐（第 25 軍政部次長・同部長，馬来軍政監部総務部長）は，現地人には威圧的に臨むべきとの考えの持ち主であった（明石 2001）。1943 年 3 月に渡邊が帰国すると，軍政当局は現地宥和策に転じる。戦局が悪化したことから，軍政当局は同年 12 月に義勇軍を創設し，KMM 会長のイブラヒム・ヤーコブを指揮官に据えた（長井 1978: 75）。1945 年 5 月には，インドネシアで独立準備調査会が発足したのを受けて，マラヤでも軍政公認の民族主義運動の組織化が始まる。馬来軍政監部調査部員・板垣與一の後押しを受けて，イブラヒムは KMM の同志とともにクリス運動[4]を立ち上げた。クリス運動は 8 月 17・18 両日に結成大会を開催する予定だったが，2 日前に日本が降伏し，正式な発足の前に頓挫した。イブラヒムはシンガポールを経由してジャワに逃れ，義勇軍は 8 月 22 日に解散した（板垣 1968: 158-174; 長井 1978: 79-81）。

　1945 年 8 月 15 日に日本が降伏してから 9 月 3 日にイギリスが復帰するまでの間，マラヤには統治権力不在の状況が生じる。大都市の治安は日本軍により維持されたものの，農村部では抗日軍ゲリラがマレー人の地方役人や警官を対日協力者と見なして襲撃した。マレー人側も華人住民に報復し，各地の騒乱は民族紛争の様相を呈した。マレー人と華人との暴力の応酬はすでに日本軍政末期から始まっており，イギリスの復帰後も半年間は，数十人の死者を出す衝突が繰り返し生じた（Cheah 1987: Chap. 5, 8）。マレー人と華人がお互いを殺し合う深刻な民族対立のなかで，イギリスの再統治が始まることになった。

2. マラヤ連合反対闘争と統一マレー人国民組織の結成

　マラヤに再び上陸したイギリスは，スルタンの主権を奪ってマラヤを単一の植民地とし，日本軍の占領統治に抵抗した華人らにマレー人と対等の権利

---

[4] クリスの正式名称は「特別な人民の力」（Kekuatan Rakyat Istimewa）で，頭文字をとって KRIS と称した。Kris は伝統的な小刀で，UMNO の党旗のモチーフにもなっている。

を与えようとした。この計画に対してマレー人の間で大規模な反対運動が沸きおこり，統一マレー人国民組織（UMNO）が誕生する。

　1945年10月10日，英議会でジョージ・ホール植民地相がマラヤ連合（The Malayan Union）構想を発表した。この計画の骨子は次の3点である。(1) 九つのマレー州およびペナン，マラッカを統合してマラヤ連合を形成する。シンガポールは単一の植民地としてとどまる。(2) スルタンはその称号を維持するが，イスラム教にかかわる問題についてのみ権限を行使できる。(3) 人種，民族を問わず，日本人以外のマラヤ住民に対して平等に市民権を与える（池端・生田 1987: 314-316）。つまり，戦前にはまがりなりにも認められていたスルタンの主権を剥奪してマラヤを単一の植民地とし，親マレー人政策を放棄するということである。

　戦前のイギリスは，土地行政や公務員の採用，教育などについてマレー人を優遇する一方，非マレー人の市民権取得に厳しい制限を課してきた。しかし，日本の占領統治にスルタンらが協力したのに対し，華人が抗日軍を組織して戦ったことが，イギリスのマラヤ政策の転換を促した。また植民地省には，戦前の親マレー人政策が「マラヤ人」意識と愛国心の形成を阻害し，それがマラヤ防衛失敗の一因になったのではないかとの認識もあった。大戦中に大西洋憲章を締結したことにより，イギリスは植民地に対する将来の自治付与を検討せねばならなかった。しかし同時に，マラヤの錫とゴムから得られる収入はイギリスにとってきわめて重要なものであり[5]，利権を守りつつ新たな時代の要請に応える必要があった。そのためには，華人らを正式なマラヤ市民と認め，相応の役割と責任を負わせるのが得策だとイギリスは判断したのである（Lau 1989: 223-227; Stockwell 1979: 19）。

　マラヤ連合構想が英議会で発表された翌日，スルタンとの交渉のために派遣された特使ハロルド・マクマイケルがマラヤに到着する。マクマイケルは，最初の交渉相手に選んだジョホールのスルタン・イブラヒムの同意を10月

---

[5] おもなイギリス植民地における1948年のドル純利益は，ゴールドコースト（現在のガーナ）が47.5万ドル，ガンビアが24.5万ドル，セイロン（現在のスリランカ）が23.0万ドルだったのに対し，マラヤは172.0万ドルに達した（Hua 1983: 91）。また当時のイギリスにとって，マラヤは経済的に重要なだけでなく，政治的にも重要であった。アジア・太平洋地域においては，1947年のインド独立後はマラヤがほぼ唯一の安定した植民地であり，イギリス帝国の影響力と威信の中心としての意味をもっていた（木畑 1996: 157）。

20 日に取りつけ，12 月 21 日までに 9 人のスルタンの同意を得た。スルタンがマラヤ連合に同意した背景には，対日協力者として訴追されるのではないかという王族らの懸念があった（Stockwell 1979: 41-42, 50-59）。

しかし，マレー人大衆は異なる反応を示した。マラヤ連合構想に対する抗議行動をおこしたのである。12 月 15 日にマクマイケルがクランタンのスルタンを訪問した際，クランタン・マレー人協会の呼びかけに応えて約 1 万人のマレー人が集結した。かれらは，「マラヤはマレー人のものだ。われわれはマレー人の権利と特権を他人種に与えるのを望まない」などと記したプラカードを掲げて宮殿に行進した。これは，マレー人による初めての大衆運動であった。加えて，マラヤ連合に反対すべく各地のマレー人協会が復活するとともに，多くの新団体が生まれた（Ongkili 1985: 47）。

マラヤ連合に反対する諸団体を糾合し組織化したのが，ジョホールの行政官オン・ジャファールである。オンはクリス運動に加わったマレー・ナショナリストである一方，抗日軍・華人住民とマレー人との紛争が生じたバトゥパハ郡の郡長として治安の回復に貢献した人物でもある。1946 年 1 月，オンはマレー人を統一しその地位と特権を守ることを目的とするジョホール半島マレー人運動を創設し，マレー語紙を通じて各地のマレー人団体が結集する会議の開催を呼びかけた。この提案に賛同した 41 団体の代表 107 名と 56 名のオブザーバーがクアラルンプールに集まり，3 月 1 日から 4 日間にわたる会議（汎マラヤ・マレー人会議）を開催した。開会式の後，オンは大会議長に選出された（Ibrahim 1981: 71-78）。

この大会では，(1) マラヤ連合反対闘争を進めるには効果的な全国組織が必要であること，(2) この全国組織は，教育，経済，政治の分野でマレー人の進歩が達成されるまで闘争を継続すべきこと，の 2 点について合意が形成された。この全国組織の名称は，マレー文学・言語学の先駆者であるザイナル・アビディン・アフマド（通称ザバ [Za'ba]）の提案で統一マレー人国民組織（Pertubuhan Kebangsaan Melayu Bersatu. 英語名 United Malays National Organisation: UMNO）と定められた。2 カ月後の第 2 回会合で UMNO が正式に発足し，オンが初代総裁に就任した（Ibrahim 1981: 90-91; Stockwell 1979: 69-70）。

マラヤ連合は，エドワード・ジェントを初代総督（Governor）として 1946 年 4 月 1 日に発足する。その前日，UMNO 結成を決めたマレー人指導者た

ちが緊急会議を開いて新制度のボイコットを計画した。かれらは，ジェント総督の就任式に出席するためにクアラルンプールに集まった9人のスルタンと会見し，就任式に出席するなら支持しないと脅した。翌朝，正装で総督を迎える準備をしていたスルタンをオンが訪問し，議論の末ボイコットへの同意を取りつけた（Stockwell 1979: 71）。

マラヤ連合反対運動がマレー人指導層の全面ボイコットに発展するに及び，イギリスは譲歩せざるを得なくなった。マラヤ連合発足の2カ月後にはイギリス側とスルタン・UMNO指導者との協議が始まり，7月には政府とスルタン側代表，UMNO代表の計12名が参加する統治制度作業委員会が発足した。この委員会は12月に報告書を発表する。その骨子は，(1) スルタンの主権を維持し，各スルタンとイギリスが協約を結んで連邦制を導入する，(2) 非マレー人への市民権付与には厳しい制限を課す，の2点であり，戦前の基本制度を回復するものであった（Lau 1989: 235-238; Stockwell 1979: 91-92）。

この「マラヤ連邦」案に対し，今度は華人らが強く反対する。シンガポールで結成された政党・マラヤ民主同盟（MDU），マラヤ共産党支配下の組織・汎マラヤ労働組合連合（PMFTU），J.A. サイヴィらが結成したマラヤ・インド人会議（MIC）などが結集して汎マラヤ共同行動評議会（PMCJA）を立ち上げ，反対運動を展開した。議長には，マラッカの華人指導者タン・チェンロクが就いた。

左派勢力が中心となって結成したこのPMCJAには，当初，KMMの流れをくむマレー人の左派政党・マレー国民党（MNP）も参加していた[6]。非マレー人主体の組織に加わったことを批判されて離脱したが，MNPは他のマレー人団体と「民衆力センター」（PUTERA）を設立してPMCJAと連携した（Yeo 1973: 36-39; *ST*, December 23, 1946）。

植民地政府は，マラヤ連邦案に関する諮問委員会を設置し，1947年1月

---

6) MNPには，KMMの中心メンバーだったアフマド・ブスタマム，ブルハヌディン・アルヘルミ，イシャック・ムハンマドが参加しており，KMMが主張したインドネシアと統合したうえでの独立（大インドネシア［Indonesia Raya］の実現）を党の目標としていた。MNPは汎マラヤ・マレー人会議に参加したが，伝統的支配者層は大インドネシア主義を嫌ったため，両者は対立した。そこでMNPは，イギリスとUMNO指導者らで構成する統治制度作業委員会の形成は封建制を強化し植民地支配を延長する試みであるとし，同委員会を攻撃する側に回った（Yeo 1973: 34-35）。

から3月にかけて公聴会を開いた。PUTERA-PMCJA 連合はボイコット戦術をとり，諮問委員会の解散を求めるデモを組織して抵抗した。結果的にこの戦術は失敗し，政府とマレー人エリートが作成した前述の作業委員会案がほとんど修正されないままイギリス本国の承認を受け，7月に統治制度改正提案として発表されてしまう（Lau 1989: 238-239; Yeo 1973: 41）。

事態がこのように推移するに及んで，左派勢力が中枢を占める PMCJA から距離をとっていた華人富裕層も危機感をもち，中華総商会が PMCJA への協力を表明した。8月に PMCJA は全マラヤ共同行動評議会（AMCJA）に改名する。PUTERA-AMCJA 連合は，ストを打って作業委員会案に反対するとともに，対案として，次のような特徴をもつ『人民憲法案』を起草した。(1) シンガポールを含めた10州でマラヤ連邦を構成する。スルタンは主権を保持する。(2) マラヤで生まれた者，父がマラヤ市民である者，マラヤ市民の夫をもつ女性に自動的にムラユ（Melayu）市民権を与える。帰化申請前の10年間のうち8年以上マラヤに居住し簡単な口語マレー語のテストに合格した18歳以上の者に市民権を与える。ただしムラユ市民権の取得は，他国の市民権の破棄を条件とする。(3) すべてのマラヤ市民は，政治，経済，教育，文化の領域において，人種，信条，肌の色，性別にかかわりなく平等な基本的権利と機会を享受する。(4) マレー語を公用語とし，公的機関における他言語の使用も認める（PUTERA-AMCJA 2005）。

PUTERA-AMCJA 連合の人民憲法案は，市民権取得条件を大幅に緩和し，すべての民族を平等に扱うという点において，作業委員会案とは異なり，戦後に導入されたマラヤ連合の基本制度を踏襲したものだった。しかし政治的な勝利を収めたのは，マラヤ・ナショナリズムを掲げた PUTERA-AMCJA ではなく，マレー人のエスノナショナリズムにもとづいてマラヤ連合に反対した UMNO であった。イギリスはスルタン，UMNO との合意を優先して PUTERA-AMCJA の提案を受けいれず，1948年2月1日にマラヤ連邦（Federation of Malaya / Persekutuan Tanah Melayu）が発足した[7]。

---

7) イギリスがマレー人支配層との合意を優先した背景には，そうしなければマレー人勢力をインドネシアとの連携に追いやることになるのではないかとの懸念があった（Lau 1991: 247）。

3. 共産党蜂起とマレーシア華人協会の結成

　イギリスのマラヤ連合構想はマレー人の強い反発にあって頓挫し，戦前の体制との連続性が高いマラヤ連邦が発足することになった。しかしマラヤ連邦もまた，発足後まもなく重大な挑戦を受ける。マラヤ共産党が武装蜂起したのである。1948年6月18日，政府は全土に非常事態宣言を布告した。

　終戦直後のマラヤ共産党は，イギリスの再占領に抵抗しなかった。反英武装闘争の主力部隊になりえたはずの軍事組織・人民抗日軍は，1945年12月に解散していた。当時，華人大衆の帰属意識は中国本土に向けられていたから，抗日闘争を抗英闘争に転換するのはむずかしかったのである。加えて，最高指導者のライテクはイギリスのスパイだった。ライテクが逃亡して指導部が替わると，和平路線が見直され，武装闘争路線が採択される。政府が非常事態を宣言した時点では，共産党の武装闘争の準備は整っていなかったが，政府が一斉摘発に乗り出したために共産党は蜂起に踏み切った（原2009: 19-20; Short 1975: 92-94）。

　武装闘争開始後のマラヤ共産党は，もっぱらジャングルの周縁部やプランテーションの周辺に住む華人の不法占拠者から人員と食料の補給を受けていた。1948年の時点でマラヤには30万人以上の不法占拠者がおり，その大半は華人だった。1913年に制定されたマレー人保留地法によって土地の売買が規制されていたため，非マレー人が土地を手に入れるのはむずかしかった。そのため第1次大戦後から華人を中心に未使用地を占拠して農業などを営む者が現れたのである。日本占領期に人民抗日軍を支援したのもかれらだった。武装蜂起にあたりマラヤ共産党は，かれらを「民圓」（大衆組織）と位置づけて支援を訴え，それが得られないときには強制手段を用いて協力を引き出していた（Sandhu 1964: 157-160）。

　政府にとって，不法占拠者の共産党への協力を防止する方法は二つあった。ひとつは国外追放であり，政府は非常事態宣言後の1年間で1万5000人を逮捕し，1万人を中国に送った（Stubbs 1989: 74）。この方法には無実の人びとをも長期間拘留するという問題があったのに加え，1949年に中国で革命政権が誕生すると実質的に実行不可能になってしまった。第2の方法は不法占拠地を政府の管理下におく，あるいは不法占拠者を政府が管理しやすい場

所に移住させることであり，これが共産党の補給路を断つための主要な作戦になった。

不法占拠者の移住計画を実施するにあたり，政府は華人指導者の仲介を必要とした。また，華人大衆の共産党への支持を弱めて反共作戦全般を効果的に進めるうえでも，共産党に取って代わる強力でかつ親英的な華人組織が必要だった。政府は1949年初頭までにこのような認識にいたり，執政長官であるヘンリー・ガーニー高等弁務官がスランゴール中華商会会長のH.S.リーら連邦立法評議会（Federal Legislative Council）の華人議員16名に支援を要請した。政府の要請にもとづき，49年2月27日にクアラルンプールに300人が集まり，マラヤ華人協会（馬華公会。英語名 Malayan Chinese Association: MCA）を設立した。16名の連邦立法評議会議員が発起人となり，元AMCJA議長のタン・チェンロクが暫定委員会の委員長に就任した（Heng 1988: 54-55; Roff 1965）。

MCAは1949年のうちに10万人超の会員を獲得したと推定されている（Soh 1960: 46）。活動の重点は，政府の政策に協力しながら華人社会の福祉向上をめざすことにあった。1950年4月にハロルド・ブリッグス中将が作戦部長に就任すると，不法占拠者の「新村」への強制移住（ブリッグス計画）が共産党対策の柱になったため，この計画に協力することがMCAの重要な課題になった。MCAは，新村を造成するための土地購入資金を提供するとともに，移住者が抱える問題を政府に報告し改善策を提案するなど，住民と政府をつなぐ仲介者としての役割を果たした。当初MCAは，資金を寄付に頼っていたが，1950年2月からは会員に対する宝くじの販売によって多額の活動資金を集められるようになった（Heng 1988: 108-111）。

しかし発足当初のMCAは，政府が期待したほどには支持を広げられなかった。MCAが華人社会に浸透するには，政府に対する影響力を示し，治安当局の度を越した取り締まりと共産党の報復から華人を保護できることを証明しなければならなかった。ところが，政府はMCAに対してまず支持を拡大することを要求したため，MCAは進退きわまる状況に追い込まれ，華人社会において共産党より有意義な政治的代表という評価を得ることはできなかった（Stubbs 1979: 82）。

第2節　多民族連立政権の誕生

　共産党の武装蜂起は，マレー人と華人のエリートが協力関係を築くきっかけになった。エリートにとって共産党は共通の敵であり，かつきわめて重大な脅威であったからだ。

　民族の垣根を越えたエリート間協調は，エスニック政党から脱皮し，民族横断的な政党の構築をめざす動きに発展していく。一方で，UMNOとMCAはエスニック政党としての性格を維持しつつ，協調を模索することになる。両党が組織的な連携関係を構築するきっかけになったのは，段階的自治付与の一環として実施された各市の評議会選挙である。有権者は，民族横断政党ではなくエスニック政党を支持した。選挙に勝つことでUMNOとMCAの連携は深まった。

　両党にインド人政党MICを加えた3党は，1955年の連邦立法評議会選挙に圧勝し，独立国家の制度と基本政策をめぐる議論を主導する。独立憲法は，この3党の幹部による合意の産物といえる。ただし，すべての政治勢力がそれに合意したわけではなかった。マレー人，非マレー人双方の不満分子が，より急進的なエスニック政党を結成することになる。

1. 民族連絡委員会とマラヤ独立党の結成

　マラヤ共産党の武装蜂起に直面したイギリスは，華人指導者に働きかけてMCAの設立を促すだけでなく，マレー人・華人関係の調整に乗り出した。イニシアティブをとったのはマルコム・マクドナルド東南アジア総弁務官である。1948年10月，マクドナルドはUMNOのオン・ジャファール総裁を自宅に呼び，非マレー人の指導者と民族問題の解決に向けて協議することを提案した。イギリスは，経済運営と安全保障確保の観点から，UMNOが非マレー人に譲歩することを望んでいた。共産党の武装蜂起に対する危機意識を共有していたオンは，マクドナルドの提案を受け入れる（Ramlah 1992: 177-178）。同年12月末，ジョホールバルのオンの自宅にマレー人，華人双方の指導者が集まり，非公式の話し合いがもたれた。翌月10日にペナンで開かれた会合で「マレー人・華人親善委員会」（Malay-Chinese Goodwill Committee) が発足，マクドナルドが連絡官として参加した。この委員会は，その後インド人，ユーラシアン（欧亜混血の人），ヨーロッパ人の代表を加えて「民族連絡委員会」(CLC) に発展した (Ishak 1960: 71-72; Means 1970: 123)。

CLC は非公式組織であり，他の団体や政府を拘束する決定を行なう資格をもたなかった。しかし，UMNO 指導者とタン・チェンロクら華人指導者が初めて話し合いをもった重要な場であり，民族間の経済格差や市民権問題，教育問題などが議題となった。1949 年 9 月，CLC は声明を発表し，以下の 3 点を提案する。(1) 条件が整い次第，地方レベルから選挙を導入し，最終的には連邦立法評議会の選挙を行なう。その際，民族別の選挙区設定や留保議席制度は設けない。(2) 連邦市民権の付与は出生地主義を原則とする。(3) 公立ならびに政府の支援を受ける小学校ではマレー語と英語を必修とする。第 1 と第 2 の提案は自治と「マラヤ国民」の形成に向けた布石であり，3 点めは市民権付与にあたって華人のマラヤへの忠誠をあきらかにするための策であった。(Ishak 1960: 74-75; Von Vorys 1976: 101-103)。

CLC での経験は，マレー・ナショナリズムの旗手であったオン・ジャファールに，マラヤの指導者への脱皮を促した。1949 年 5 月の UMNO 総会で，オンは異論を押しきって非マレー人の準党員としての入党を認めさせた。この党総会でオンは次のように述べている。「マレー人にとって，この国のほかの人びとと緊密な関係をもつことはきわめて重要である。カンポン（村）の世界観を脱し，幅広い見識をもつべき時がきた。（中略）私はあなた方に問いたい。平和か混乱か，友好か敵対か，どちらを選ぶのか」(*ST*, May 29, 1949)。

オンが民族融和の必要性を唱えたのは，ひとつには共産党対策のためであった。UMNO 指導者は政府の要職に就いており，オン自身も当時ジョホール州の州首相 (Menteri Besar) の座にあった。かれらは共産党対策に対する華人大衆の支持を確保することに責任を負っていたから，そのために民族融和策が必要だという認識があった。加えて，この頃までに独立が現実味を帯びたものになっていた。1949 年 5 月の党大会で採択された党規約[8]では，党の目的のひとつに，「マラヤに独立して統治を行なう政府を打ち立てると

---

8) 1949 年制定の UMNO 党規約は，Ramlah（1992: 403-425）に全文が掲載されている。

いう目的のために努力する」（第2条2項）ことが掲げられた。

オンは，民族の調和がなくては自治を達成できないと考え，CLC 提案に対する UMNO の同意を取りつけようと試みた。しかし，出生地主義の採用には異論が多く，1950 年の 5 月と 6 月に 2 度にわたって招集した特別総会では合意形成ができず，8 月の年次総会でようやく党の同意を得た（Ishak 1960: 75-77）。

その 3 カ月後，オンは UMNO の門戸を異民族に開放しようと試みる。マレー人と同等の権利をもつ党員として非マレー人の参加を認め，党名を「統一マレー人国民組織」から「統一マラヤ人国民組織」（United Malayan National Organisation）に変更することを提案したのである。だがこの提案は，UMNO の性格を根本から変えるものであり，党員には受け入れがたいものだった。オンの提案は，1951 年 5 月の特別総会においてほぼ全会一致で否決される。翌月，「UMNO の多数派が原則を認めたとしても，進歩を妨げる少数派は残るだろう」との認識のもと，オンは離党の意思を表明した（Ishak 1960: 78-81; Ramlah 1992: 203-207）。

UMNO の改革をあきらめたオンは，諸民族を統合する組織づくりを実現すべく，新党を結成する。1951 年 9 月 16 日，オンとタン・チェンロクを筆頭に在地有力者が集まり，マラヤ独立党（IMP）の結党会議を開催した。この会議では，「われわれは，宗教，階級，人種の違いにかかわりなく，共通の忠誠心にもとづく人民の団結を実現し，独立国家マラヤという目標に向けて協働することを誓う」との文言を含む決議が採択された（*ST*, September 17, 1951）。

この年の 4 月，自治への第 1 歩として準内閣制（Member system）が導入され，オンは内務大臣にあたるポスト（Member for Home Affairs）に就任していた[9]。自治政府の雛形であるこの「内閣」には，教育担当に E.E.C. スライシンガム，保健担当にリー・ティアンケン，土地・鉱山・通信担当にマー

9） マラヤ連邦政府の執政長官は，イギリス国王の代理人である高等弁務官（High Commissioner）である。高等弁務官を補佐する組織として，連邦執政評議会（Federal Executive Council）がある。連邦執政評議会は，3 人の公式委員（官房長官，法務長官，財務長官）と 5 人から 7 人の非公式委員（unofficial members）からなる。メンバーシステムは，自治に向けてゆるやかに権限を委譲すべく，連邦執政評議会に在地指導者を登用した制度である。最初に任命された 5 人は，いずれも非公式委員である（Means 1970: 57-61）。

ムド・マット，公共事業・住宅担当に J.D. ミードがそれぞれ任命されており，多民族社会を反映した人選がなされていた（ST, May 9, 1951）。将来の自治付与に向けたイギリスの動きに対応し，独立に向けた政治過程で主導権を握るために，オンは UMNO を捨てて IMP を結成したのだと考えられる。

MCA 総裁のタン・チェンロクにとっても，民族横断政党の結成はもとより念願であった。オンが UMNO 改革に取り組んでいた頃，タンは非華人を準会員として入会させることを MCA に認めさせていた（Heng 1988: 158）。また，この時点の MCA は政党というより利益団体の性質が強かったため，タンらが IMP に参加することに支障はなかった。

IMP には，1950 年半ばに解散した CLC の委員のほぼ全員が参加しており，CLC の基本方針がそのまま引き継がれた。一方，オンが去った後の UMNO では，クダ州の王族トゥンク・アブドゥル・ラーマンが第 2 代総裁に就任した。IMP 設立の翌日にラーマンは，IMP に参加する者は党から除名すると宣言した（ST, May 18, 1951）。

2. クアラルンプール市評議会選挙と UMNO-MCA 連盟の誕生

IMP の設立をイギリスは歓迎した。かれらに活動の場を与えるため，イギリスは地方自治体[10]レベルでの選挙の実施に踏み切る（Khong 1984: 165）。選挙権は，マラヤに 3 年以上居住し，連邦市民権またはイギリス市民権をもつ者に与えられた。また，投票するには選挙人登録が必要とされた（Hawkins 1953: 156-157）。

マラヤ連邦における最初の選挙は，1951 年 12 月 1 日に実施されたペナンのジョージタウン市評議会選挙である[11]。この選挙ではもっぱらローカルな問題が争点となり，地元の新党・急進党（Radical Party）が 9 議席中 6 議席を獲得した。IMP はこの選挙に参加していない（ST, November 2, December 2, 1951）。

翌 1952 年 2 月 16 日に実施されたクアラルンプール市評議会選挙には，有

---

[10] マラヤの地方自治体はイギリスのカウンシル（評議会）制度をモデルとしており，議会の議長がすなわち首長であった。多くの場合，町を取り巻く郡の郡長（District Officer）が地方自治体の議長を兼任した（Norris 1980: 10-17）。
[11] ただし，1857 年から 1913 年までの間，ペナンのジョージタウンとマラッカでは制限選挙が実施されていた（Malaysia 1970: 14-15）。

力組織の IMP と UMNO，MCA が揃って参加した。この選挙を契機に，UMNO と MCA の協力関係が構築されることになる。

　この選挙では，当初 IMP が優勢とみられていた。IMP の指導部には，オン・ジャファール，タン・チェンロクら有力指導者が名を連ねていたからである。75名の連邦立法評議会議員のうち，30名が IMP に参加していた（Khong 1984: 170）。対して，UMNO のラーマン新総裁は党中央での活動経験がなく，さほど名の知れた存在ではなかった。党員拡大を図る IMP に対抗するため，ラーマンは各州を巡り，スルタンらに自己紹介して UMNO への支持を求めた（Miller 1959: 115）。

　MCA は，このクアラルンプール市評議会選挙に参加することによって政党としての第1歩を踏み出した。独自候補を擁立することを決断したのは，スランゴール支部長の H.S. リーであった。

　総裁のタン・チェンロクは，MCA のメンバーに IMP に加わるよう呼びかけていたが，指導層の大半は入党しなかった。MCA 指導者の間では，華人大衆は民族横断政党には投票しないだろうとの見方が支配的だったためである。MCA は，各地の中華商会など，旧来の組織の指導者が協力して設立したものであり，この時期にはまだ支部の名士に大きな裁量権があった。H.S. リーらスランゴール支部の指導者は，タン総裁による IMP 支持の決定を拒んだだけでなく，IMP に対抗するために UMNO と協力して選挙に参加することを決断した（Heng 1988: 139-140, 158-161）。

　クアラルンプール市評議会選挙において UMNO と MCA が連携するという戦術を編み出したのは，UMNO クアラルンプール支部で選挙委員長を務めたヤハヤ・アブドゥル・ラザクと，MCA スランゴール支部の幹部オン・ヨクリンである。かれらは市内のエリート中等教育機関ヴィクトリア・インスティチューションの同窓生であり，選挙対策について討議を重ねるうちに連盟結成という考えにいたったという。かれら2人と H.S. リーらは，両党の総裁と協議することなしに，支部レベルで UMNO-MCA 連盟を結成し統一候補を擁立することを決めた[12]（Heng 1988: 159; Roff 1965: 43; Tan 1979:

---

[12] ヤハヤにいたっては，クアラルンプール支部長にすら相談していなかった。UMNO クアラルンプール支部長のプテ・マリアは，ヤハヤとリーの共同声明が発表されるまで統一候補擁立の計画を知らなかった（*ST*, January 10, 1952）。

25-26)。

　1952年1月8日，H.S. リーとヤハヤは共同声明を発表する。その内容は，(1) 人種間の調和は良好な行政の必須条件である，(2) 効率的な評議会運営には全議員の緊密な連携が欠かせない，(3) 純粋にローカルな市の利益のためには政治活動は不要，というものであった。同時に，UMNO-MCA 連盟の統一候補が発表された（*ST*, January 9, 1952）。

　UMNO-MCA 連盟の結成は，タン・チェンロクを困難な立場に追い込んだ。オン・ジャファールは UMNO との協力について MCA 中央の見解をあきらかにする声明を求め，タンに H.S. リーへの対抗措置をとることを要求した。しかし，タンは大物のリーを非難できなかった。結局タンは，選挙戦の間クアラルンプールを離れ，MCA と IMP のどちらの選挙活動にも加わらなかった（Roff 1965: 43; Vasil 1971: 64-65）。

　この選挙では12議席をめぐって32人が争った。IMP と UMNO-MCA 連盟はそれぞれ12人の候補者を擁立した。登録有権者数は1万1005人，投票率は68％であった。結果は，UMNO-MCA 連盟が9議席を獲得（MCA 6人，UMNO 3人），IMP 候補が2人，無所属候補が1人当選した（*ST*, February 17, 1952）。

　IMP が惨敗を喫したのは，結党したばかりで組織力が弱く，候補者の知名度が低かったためだといわれる（Vasil 1971: 58-60）。一方，この選挙でUMNO-MCA 連盟が勝てたのは，票の共有の効果のためではない。MCA は華人地区に，UMNO はマレー人地区に候補を擁立し，それぞれが民族的なアピールと組織力によって票を獲得したのである。この選挙では四つの3人区が設定され，有権者は3人の候補に投票した（中選挙区完全連記制）。華人地区のプタリン選挙区とインビ選挙区では MCA が全候補を立て，UMNO はマレー人地区のセントゥル選挙区と，インド人の比率が高いバンサ選挙区を受けもった。華人地区とマレー人地区の全議席を MCA と UMNO がそれぞれ獲得した一方，インド人が多いバンサ選挙区では IMP と無所属のインド人候補が当選した（*ST*, February 17, 1952）。

　クアラルンプール市評議会選挙で敗北し，華人大衆からの支持獲得がむずかしいことがわかると，IMP の運営方針がぶれ始める。1952年9月，中央執行委員会は政党による宝くじ運営の禁止を求める決議を行なった。これは

MCA の資金集めを妨害することを目的としたものだった。その2日後，タン・チェンロクの息子で熱心な党員だったタン・シュウシンが IMP を離党する。翌年3月，オン・ジャファールが MCA に中国国民党関係者がいると指摘し，MCA と中華総商会が結託してマラヤを中国の 20 番目の州にしようとしていると発言するに及んで，IMP と MCA の離反は決定的になった（Means 1970: 139; Vasil 1971: 70-74, 78）。

　一方，UMNO と MCA の連携は強化された。両党は，1952 年 12 月に 6 都市で計 37 議席をめぐって争われた地方自治体選挙でも UMNO-MCA 連盟として統一候補を擁立し，26 議席を獲得した（Means 1970: 137）。ラーマンとタン・チェンロクは，全土で UMNO-MCA 連盟を組織化するための連盟円卓会議を 1953 年 2 月 3 日に開き，それぞれの州支部に連絡委員会を組織することを決めた。その後，同様の委員会が郡・村レベルの支部間でも形成された（Heng 1988: 169）。

　UMNO にとって，MCA との連携は資金面でメリットがあった。当時，ラーマンにとって最大の課題は資金調達だった（Rahman 1977: 40）。MCA は，選挙資金と組織運営の費用の大半を負担したほか，UMNO の拠点にモスクや学校を建てた（Heng 1988: 164-165, 177 note 86）。MCA にとっては，クアラルンプールやイポー，ジョージタウンなど華人が多数を占める大都市のほかでは，選挙に勝って執政に参画するには UMNO の協力が欠かせなかった。

　さらに，UMNO-MCA 連盟が強化された背景には，イギリスが民族間協力の確立を強く求め，それを独立付与の条件にしたという事情があった。1952 年 1 月，高等弁務官に就任したジェラルド・テンプラーに対し，オリバー・リトルトン植民地相は以下の文言を含む訓令を出した。「英政府の政策は，マラヤはいずれ完全自治国になるというものである。（中略）政府は，共産主義テロリズムが撃退され，真の安定した自治政府を実現しうる全民族の協力関係が確立されるまで，マラヤにおける責任を保持する」。これを受けてテンプラーは，連邦立法評議会において，この訓令を遵守し「この国の将来を担うマラヤ国民の形成に尽力する」と述べた（Purcell 1954: 86, 186）。またラーマンらも，民族間協力の確立が独立の条件だとリトルトン植民地相から直接聞かされていた。ラーマンによれば，「（上記のことをリトルトンから知らされた）その瞬間から，われわれが団結することができ，また団結するの

だということをかれらに見せてやろうと決意した」という（Stubbs 1979: 83）。

3. 連邦立法評議会選挙とパワーシェアリング政権の形成

一連の地方自治体選挙で大勝したUMNO-MCA連盟は，連邦議会選挙の早期実施をめざして動き始める。1953年4月の党総会でUMNOは，立法評議会の定数75のうち44を選挙議席とし，1954年中の選挙実施を求めることを決議した。この要求は，前月にMCAとまとめた合意にもとづくものである。出席者からは，政府がこの要求をのまないならUMNOとMCAに所属する現職の任命議員は辞任するとの発言も出た（*ST,* March 17, April 6, 8, 1953）。

3カ月後の1953年7月，政府は将来の選挙のあり方について検討する連邦選挙委員会（Federal Election Committee）の委員46名を任命する。翌月の第1回会合では，20名からなる作業部会が設置された。この委員会・作業部会には，IMPとUMNO-MCA連盟の双方の代表が参加した。両者は，おもに選挙の実施時期，選挙議席の割合，選挙人資格，立候補資格をめぐり，委員会の内外で論戦を繰り広げる。

各市の評議会選挙で惨敗したIMPは，自治権の早期拡大に消極的になっていた。同党は，7人の州首相らと主催した会議で，立法評議会選挙の実施は1956年後半以降とし，選挙議席は定数の半数未満とすることを提案した（Means 1970: 143; *ST,* September 28, 1953）。一方，UMNO-MCA連盟側は，1953年10月に主催した会議で，翌54年の選挙実施に加え，定数を81とし51議席を選挙議席とすること，投票権を連邦市民だけでなく，マラヤ生まれで選挙前の5年以上をマラヤに居住する者，ならびにシンガポール生まれの英国臣民で選挙前の7年以上をマラヤに居住する者にも与えることなどを提案した[13]。

連邦選挙委員会の報告書は，1954年2月1日に公開された。そのおもな内容は，(1) 選挙の実施時期は未定，(2) 定数92のうち44を選挙議席とする，(3) 投票権をもつのは連邦市民のみ，(4) 公務員の立候補を認めな

---

[13] Report on proposals for elections to the Federal Legislative Assembly and for reform of the Federal Executive Council prepared by the Special Committee of the National Convention (CO1022/191).

い[14]，という，IMP の主張に沿ったものであった（ST, February 1, 1954）。IMP 党員とかれらに近い州首相らが委員会の多数派を構成していたためである。

UMNO-MCA 連盟はこの委員会提案に強く反発し，高等弁務官とスルタンに前年10月の提案と同様の内容の請願書を送った。その結果，政府から妥協を引き出すことに成功し，(1) 定数99のうち過半数の52を選挙議席とする，(2) 下級公務員と退職間近の公務員の立候補を認める，(3) 1955年に選挙を実施する，という回答を得た（ST, April 27, 1954）。UMNO-MCA 連盟は，さらなる妥協を引き出そうとして政府職員のボイコットを実施し，任命議員の選定を多数党との協議のうえで実施するとの確約を得たが，選挙人資格の緩和などは実現できなかった（Means 1970: 148-150）。

この一連の協議・交渉のなかで，連邦議会選挙を1人区相対多数制（FPTP）のもとで行なうことも決まった。のちのパワーシェアリング政権の展開に強い影響を及ぼすことになるこの決定は，在地指導者，とりわけUMNO-MCA 連盟のイニシアティブでなされた。

連邦選挙委員会作業部会において，政府側委員のイギリス植民地官僚は，比例代表制（PR）と選択投票制（AV），中選挙区制限連記制（limited vote）を紹介して議論の俎上に載せた[15]。制限連記制は，具体的には，3人区で各有権者が2人の候補に投票できるというものが想定されていた。イギリス側がこれらの制度を導入しようとした背景には，FPTP は危険だという認識があった。その地区の民族的多数派が議席を独占することを懸念したのである[16]。しかし，マラヤ出身の委員は単純多数決制を望み，PR と AV については必要性が認められないとの結論を下した[17]。選挙区の定数については，農村部は1人区が適当だが都市部では複数人区が必要になる可能性があり，その場合には制限連記制を検討するとした。制限連記制を併用する案は，イ

---

14) UMNO党員の多くが公務員だったため，この規程はUMNOの組織力を著しく削ぐものであった。
15) First Report of the Working Party to the Committee (CO1022/86).
16) 1953年11月9日のテンプラー高等弁務官，ドナルド・マクギリヴレイ副高等弁務官らの会議議事録（Committee on Federal Elections in Malaya [CO1022/86]）。
17) Minutes of the Tenth Meeting of the Working Party of the Federal Elections Committee held in the Chief Secretary's Committee Room at 10.30 a.m. on Monday, the 14th December, 1953 (CO1022/86).

ギリス側の示唆にもとづくものである[18]。

　UMNO-MCA 連盟は，高等弁務官とスルタンに宛てた請願書のなかで，投票制度は単純多数決制とすべきであり，少数派代表は任命枠で選出されるから制限連記制を導入する必要はないと主張した。加えて，中選挙区制を併用するならば完全連記制にすべきだとした[19]。中選挙区完全連記制のもとで実施された一連の地方自治体選挙で，UMNO-MCA 連盟は圧勝していた。FPTP ならば，強者の UMNO-MCA 連盟がさらに有利になると予想された。これまでの選挙で優位に立っていた UMNO-MCA 連盟は，安定政権の確立に寄与する制度を望んだのである。

　政府側と UMNO-MCA 連盟との交渉において，選挙制度は主要な対立点ではなく，イギリス側は簡単に折れた。リトルトン植民地相は，選挙議員の比率などをめぐって連盟との対立が深まっていた時期に，全選挙区を1人区とすることをラーマンに伝えている[20]。

　有権者が連邦市民に限定されたため，来る立法評議会選挙ではマレー人票の行方が結果を決定的に左右することになった。実際，約160万人の有資格者（21歳以上の連邦市民）のうち128万人あまりが選挙人登録を行なったが，そのうちの84.2%はマレー人だった。華人の比率は11.2%，残る4.6%の大半はインド人という状況であった[21]。全52区のうち，ノン・マレー有権者が過半数を占めたのはわずかに2区であり，37の選挙区ではマレー人有権者の比率が75%以上に達していた（Smith 1955: 10-11）。

　マレー人票が決定的な重みをもつという状況は，政党の戦術に影響を与えた。IMP は，1954年2月に国家党に改名し，民族横断政党からマレー人政党に変貌した。国家党は連邦市民権をもたない者の入党を認めず，イスラム教の特別な地位を認めることやマレー語と英語のみを公用語とすること，移民を厳しく管理することを求めた（Vasil 1971: 82-86）。さらに，国家党は汎マ

---

18) 1953年12月12日付，マラヤ連邦高等弁務官から植民地相宛電報（CO1022/86）。
19) Petition to His Excellency The High Commissioner of the Federation of Malaya and to Their Highness The Rulers of the Malay States against some of the majority recommendations in the Report of the Committee appointed to examine the question of Elections to the Federal Legislative Council (CO1022/191).
20) 1954年5月18日付，リトルトン植民地相からラーマン UMNO 総裁宛の書簡（CO1030/310）。
21) 当時，連邦市民権をもつ華人・インド人のうち4分の3は有資格年齢に達していなかった（Smith 1955: 11）。

ラヤ・イスラム党（PAS）と選挙協力を行なうことを決めた（Means 1970: 160）。PAS は非常事態令で解体されたヒズブル・ムスリミンを前身とする政党で，宗教指導者とのネットワークをもつとともに，かつての MNP 指導者が参画していた（Funston 1980: 87-96）。オン・ジャファールは，UMNO 総裁時代に対立した急進的なマレー・ナショナリストと手を組むことになったのである。選挙に際し国家党は，マラヤ連邦においてマレー人が少数派とならないよう移民を管理することやマレー語を唯一の国語とすることを公約した。同党の 33 人の候補者のうち，32 人はマレー人であった（Vasil 1971: 87-89）。

　一方，UMNO-MCA 連盟側では，インド人政党の MIC をパートナーとして迎えることになった。MIC は，もともと IMP と行動をともにしていたが，一連の地方自治体選挙ではインド人が多数派を占めるわずかな選挙区でしか勝てなかった。そこで 1954 年に入ると，当時の総裁 K.L. デヴァサールが連盟への参加を企図する。MIC の参加申し入れを受けた連盟は，1954 年 12 月に実施されたクアラルンプールとジョージタウンの評議会選挙において，インド人有権者が多数を占める選挙区に MIC の候補者を立てて勝利を収めた。この結果を受け，翌 55 年 4 月に MIC が連盟に全面的に加わった（Ampalavanar 1981: 180-193）。

　UMNO-MCA-MIC 連盟は，単に「連盟」（Alliance）と自称した。メディアでは「連盟党」（Alliance Party）と呼ばれることもあった。正式名称は連盟であるが，この固有名詞と普通名詞とが判別しづらいので，本書では連盟党と呼ぶことにする。

　連邦立法評議会選挙の投票は，1955 年 7 月 27 日に行なわれた。結果は，組織力に勝る連盟党が 52 議席中 51 議席を獲得する圧勝を収めた。残る 1 議席を得たのは PAS であり，国家党指導者は地元のジョホールから出馬したオン・ジャファールを含めて全員が落選した（Smith 1955）。得票率でみても，連盟党の得票率は 79.6％であったのに対し，国家党は 7.6％，PAS は 3.9％にすぎなかった（Carnell 1955: 315）。

　この選挙結果を受けて，ラーマンを首席大臣（Chief Minister）とする内閣が誕生した。10 人で構成される連盟党内閣には，UMNO からラーマンを含めて 6 名が参加し，MCA から 3 名，MIC から 1 名が加わった（ST, August 2-3, 1955）。これがマレーシアにおけるパワーシェアリング政権の原型である。

4.「独立協約」と急進政党の登場

　連邦立法評議会選挙から半年後，ラーマンら連盟党の代表とスルタンの代理人がロンドンでアラン・レノックスボイド植民地相らと交渉し，1957 年 8 月に独立することへの同意を取りつけた（ST, February 9, 1956）。この交渉では，憲法案を起草するための委員会を設置することも決まった。常任上訴貴族（Lord of Appeal in Ordinary）のリード卿を長とするこの委員会には，イギリス，オーストラリア，インド，パキスタンの法律家が参加した（以下，リード委員会）。リード委員会は，マラヤの諸団体から集めた意見書を検討したうえで憲法草案をまとめた。なかでも重視されたのは，連邦立法評議会選挙に勝利した連盟党の意見書である。

　憲法起草にあたり主要な争点になったのは，市民権，マレー人の特権，言語，の 3 点であった。連盟党は，UMNO 代表 10 人，MCA 代表 9 人，MIC 代表 6 人からなる委員会を設置し，意見書をまとめた[22]（Heng 1988: 222）。市民権については，MCA が強く求めてきた出生地主義の採用を UMNO が受け入れ，以下の合意が成立した。(1) 独立の日以降にマラヤで生まれた者に対しては出生地主義にもとづいて自動的に市民権が付与される，(2) 独立の日以前にマラヤで生まれた者については，市民権申請に先立つ 7 年のうち 5 年，マラヤ外で生まれた者については 12 年のうち 8 年をマラヤに居住した者に市民権が与えられる（Fernando 2002: 219-220; Heng 1988: 225）。この合意は独立憲法に反映された（14 条，16 条，17 条）。

　マレー人の特権については，現行制度[23]の維持を求める UMNO に MCA と MIC が妥協した。連盟党は，土地と公務員ポスト，事業認可，奨学金の付与に関してマレー人が適正な割合を享受できるよう，それを保障する権限と義務を国王[24]に付与することを求めた（Heng 1988: 226）。意見書の草案段

---

22) 連盟党は，エスニック集団の利益にかかわる問題を討議する委員会に加えて，司法制度や中央・地方関係にかかわる制度など，政府の制度設計について討議する委員会を設置した。制度設計については，合意が困難な争点はなかった（Fernando 2002: 68）。

23) 1948 年のマラヤ連邦発足時にイギリスが各州スルタンと締結した合意（Federation of Malaya Agreement 1948）は，高等弁務官に対し，マレー人の特別な地位を保障する責任を課していた（19 条 1 項 d）。

24) 独立以前のマラヤ連邦に「国王」は存在しない。独立にあたり，9 州のスルタンが輪番で最高元首（Yang di-Pertuan Agong / Supreme head）を務める制度が設けられた（任期は 5 年）。

階では，マレー人の特別な地位は15年後に見直すとの文言が含まれていたが，最終的には期限を設定しないことになった（Fernando 2002: 86）。

　言語については，連盟党は統一要求をまとめることができず，二つの提案を行なった。ひとつは3党の一致した見解で，マレー語を国語とし，他の民族の言語と文化，ならびに学校と文化施設についてはこれを保護するというものであった。これとは別に，MCAとMICは，独立後少なくとも10年間は議会において議長の許可のもとに中国語とタミル語を使用できるようにすることを求めた（Heng 1988: 227）。

　リード委員会は1957年2月に報告書（Colonial Office 1957）を発表した。同委員会は大筋で連盟党の提案を受け入れており，報告書の作成にあたって連盟党案を重視したことはあきらかであった。しかしこの報告書には，いくつかの点で連盟党提案との相違が認められた。なかでも重要なものはマレー人の特権と言語についての修正であった。リード委員会報告は，草案段階での連盟党意見書と同様に，マレー人の特権については独立から15年後に再検討するものとした。加えて，マレー人の特権は漸次減らしていき，最終的にはなくすべきだとした。言語については，マレー語を国語とする一方で，英語を少なくとも10年間は公用語とし，同じく10年間はマレー語ないし英語を流暢に話すことのできない議員に対し「中国語かインドの言語」（Chinese or Indian language）の使用を認めるよう勧告した（Colonial Office 1957: 74-76）。

　リード委員会報告は，マレー人，華人双方における反対運動を惹起した。マレー人側では，前UMNO総裁のオン・ジャファール率いる国家党と元MNP幹部のブルハヌディン・アルヘルミが党首を務めるPASならびに左派政党の人民党が，リード委員会報告に抗議するために「第2回マレー人会議」を開催した。オンらは，この会議を1946年にオンが組織しUMNOの母体になった会議の復活と位置づけ，イスラム教を国教としマレー人の特権を無期限とすることなどを訴えた。華人側では，華人行業社団総会が中国語を公用語とすることを求めたほか，元MCAペラ支部長でペラ中華商会会長のラウ・パックアンらが，全市民の平等と多言語主義の採用を訴えるためにロンドンのレノックスボイド植民地相のもとへ直接交渉に赴いた（Fernando 2002: 158-159; Heng 1988: 223-224）。

　リード委員会報告を受けて，ドナルド・マクギリヴレイ高等弁務官は勧告

について協議するための作業部会（Working Party）を組織した。マクギリヴレイを議長とし，4名のスルタン代表と4名の連盟党代表を含むこの組織は，1957年2月から4月にかけて集中的に討議を行なった。その結果，中国語とタミル語は公用語とせず，マレー人の特権には見直し期限を設定しないこと，ならびにイスラム教を国教とする一方で信教の自由を保障することで合意が成立した（Fernando 2002: 149-175）。

こうして，エスニック集団の権利を規定する連盟党合意，すなわち，出生地主義にもとづく市民権付与（14条，16条，17条），マレー人の特別な地位の保障（153条），マレー語を国語とし少なくとも10年間は英語を公用語とすること（152条），イスラム教を国教とする一方で信教の自由を保障すること（3条，11条）が憲法に明記された。連盟党加盟政党の合意のうえに定められたこれらの条項は「独立協約」（Merdeka Compact）と呼ばれる。

憲法制定過程で連盟党に圧力をかけたグループは，後に自民族の利益をより強く主張する急進政党として台頭する。1959年の第1回総選挙では，イスラム政党のPASがUMNOの強力なライバルになった。PASは，1970年代半ばに連立政権に参加したことがあったが，この例外的な期間のほかでは今日までUMNOの主要な競合相手であり続けている。

華人，インド人社会では，独立協約への不満が根強く残った。MCAではUMNOに妥協した指導部が求心力を失う。1957年11月にペラ州イポーで実施された連邦立法評議会補欠選挙で，MCA所属候補が人民進歩党（PPP）を率いるインド系のD.R. シーニヴァサガムに敗れた。この補欠選挙を前に，地元のMCA指導者だったラウ・パックアンが離党してPPP支持に回っていた（Vasil 1971: 232-234）。PPPの勢力はイポー市周辺に限られていたものの，1969年の第3回総選挙まではMCAをしのぐ支持を誇った。

1958年のMCA総裁選挙では，現職の初代総裁タン・チェンロクがリム・チョンユーに敗れた。リムはその後，総選挙の議席配分をめぐってラーマンと対立して総裁を辞任，1962年に統一民主党（UDP）を設立する。1969年の第3回総選挙では，UDPの後身であるマレーシア人民運動党（グラカン）がペナン州政権を獲得した（第6章参照）。

さらに，初期のMCAにとってはマラヤ労働党が手強い競合相手となった。おもに華人によって構成される労働党は，マレー人の特権に強く反対し

た[25]。労働党は独立の日にマレー人左派政党の人民党と社会主義者戦線（SF）を結成したが，両党は民族問題に関して大きな立場の隔たりがあった。マレー人の人民党への支持は弱く，SF はもっぱら華人の多いペナンとスランゴールにおいて MCA のライバルになった。

1963 年のマレーシア結成と 2 年後のシンガポール分離独立を経て，1969 年選挙ではマレー人の特権に強く反対する民主行動党（DAP）が台頭した。以後，DAP は今日まで代表的なノン・マレー野党として存在感を示している。

小　括

本章では，イギリス統治の末期にマラヤでパワーシェアリング政権が誕生するまでの経緯を駆け足で概観した。

マラヤを間接統治したイギリスは，スルタン制を温存し，土地政策や公務員の登用などにあたりマレー人を優遇した。日本による占領を契機にイギリスが民族政策を抜本的に見直すと，これに反対するマレー人が UMNO を結成する。1948 年には共産党が武装闘争を開始し，反共作戦に協力するための組織として MCA が生まれる。UMNO と MCA は，1952 年のクアラルンプール市評議会選挙をきっかけに連携しはじめ，3 年後の連邦立法評議会選挙では MIC も加わってパワーシェアリング政権が誕生した。

この 3 党からなる連盟党は，討議を重ねて互いに譲歩し，民族間の基本的関係を定める憲法を制定し独立を果たした。ところが，この「独立協約」をまとめる過程でマレー人，非マレー人の双方から急進派が台頭する。マラヤのパワーシェアリング政権は，誕生の直後からアウトビッディングに晒されたのである。次章以降では，独立後のマラヤ／マレーシアにおいて本書の仮説が想定するメカニズムが機能したかどうかを順次確認していく。

---

[25]　労働党は，マレー人の特権の廃止を求める意見書をリード委員会に提出していた（Vasil 1971: 115-116）。

第 4 章

マレーシアにおける票の共有
―― 効果の検証 ――

はじめに

　本章から第 7 章にかけて，三つの仮説を検証していく。まず本章において，票の共有の有無を確かめ，効果を検証する。

　先行研究の検討から導いたリサーチ・クエスチョンのひとつは，「どのような場合に異民族政党間の票の共有が生じるのか」（**問い 1**）というものであった。第 2 章では，空間モデルを使った考察から以下の仮説を導出した。「異なる民族の政党が，選択投票制（AV）のもとで政策的に歩み寄ったとき，ないし 1 人区相対多数制（FPTP）のもとで統一候補を擁立するとき，民族混合選挙区の数が十分多ければ票の共有の効果が期待できる」（**仮説 1**）。この仮説が妥当なら，「選挙制度に FPTP を採用するマレーシアでは，有権者の自主的判断にもとづいて票の共有が生じる条件，すなわち（1）相対的穏健派の統一候補擁立，（2）多くの民族混合選挙区の存在，が揃っている」（**予測 1-1**），「票の共有が生じる条件が揃っているなら，マレーシアでは民族混合選挙区で相対的穏健派の与党が優位にある」（**予測 1-2**）という二つの予測が成り立つ。マレーシアでは異例に長くパワーシェアリングが続いており，政党指導者には連立を維持する強いインセンティブがあるはずだからである。

　本章では，まず**予測 1-1** と**予測 1-2** が実際に観察できるかどうかを確かめる（第 1 節，第 2 節）。その後，（1）選挙区の民族混合度と与党の得票率の関係は，**仮説 1** の妥当性を示唆するものなのか，それとも見かけ上の共変関係にすぎないのか，（2）マレーシアの政党指導者が票の共有の効果を認識していたのか否か，の 2 点を確認する（第 3 節，第 4 節）。

第1節　票の共有の前提条件は揃っているか

　まず，独立以来のマレーシアの選挙において，票の共有が生じるための前提条件が満たされていたのかどうかを確認しよう。マレーシアの執政制度は議院内閣制である。議会は二院制だが，下院だけが議員を選挙で選ぶ[1]。すなわち，マレーシアの国政選挙は下院選挙だけだ。だから下院選挙を戦ううえで票の共有が有利に働くなら，国の執政職をねらう政党の指導者には穏健路線をとるインセンティブがあることになる。その下院選挙はFPTPのもとで行なわれてきた。これらの基本的な政治制度は，独立のときから現在まで変わっていない。

　第2章でみたとおり，条件が揃えばFPTPのもとでも票の共有が生じる。もっとも重要な条件は，統一候補の擁立である。選挙区ごとに異民族の友党と候補者を一本化できなければ，FPTPのもとでは票の共有は実現しない。この条件は，マレーシアでは問題なく満たされている。マレーシアの与党連合（連盟党／国民戦線）は，独立前の1955年に実施された連邦立法評議会選挙から直近の第13回総選挙まで，常に統一候補を擁立してきた。

　与党連合としての取り決めに逆らう者は処分される。最大党派のUMNOは，その党規約において，党の決定に逆らって選挙に立候補した党員を除名処分にすると定めている（第20条10項）。候補者指名を得られなかったUMNO党員が選挙前に離党して出馬したり，除名を覚悟で立候補を強行したりすることもあるが，無所属候補が当選した例は少ない。2013年5月に実施された第13回総選挙では，とくに州議会選挙において党決定に逆らって立候補を強行した事例が多く，61人が除名処分を受けたが（*Star*, April 23, 2013），このなかから当選者は出なかった。

　統一候補の擁立に次いで重要なのが，複数の民族の住民が混在する選挙区の比率である。選挙制度がAVなのかFPTPなのかを問わず，単一民族で構成されている選挙区では票の共有は生じえない。票の共有の効果が望める民族混合区の比率が十分高いときに，政党の指導者は穏健路線をとる動機を

1）　上院議員は州議会で選出されるか，国王によって任命される。詳しくは第5章を参照されたい。

もつ。マレーシアの場合，マレー人政党の UMNO と華人，インド人主体の友党にとって，票の共有の効果を期待できるのはマレー半島部の選挙区に限られる。ボルネオ島のサバ州，サラワク州は半島部とは民族構成が異なり，有力な地方政党が存在するためである。それでも，半島部の選挙区は定数の約 4 分の 3 に及ぶから[2]，下院の過半数を制するには半島部で優位に立つことがきわめて重要だといえる。よって，半島部の選挙区のうち民族混合区が占める比率が高ければ，票の共有のための第 2 の条件がクリアされると考えられる。

便宜的に，登録有権者のうちマレー人が占める割合が 25% 未満の選挙区を「ノン・マレー区」，25% 以上 75% 未満の選挙区を「民族混合区」，75% 以上の選挙区を「マレー区」と定義する。表 4-1 は，民族混合区が半島部定数に占める割合の推移を示したものである（選挙区ごとの登録有権者の民族構成が公表されなかった 3 回分を除く）。時系列でみると民族混合区の比率には大きな変化はなく，1959 年の第 1 回総選挙から直近の第 13 回総選挙まで，55% 強から 59% 弱の間で推移している。第 1 回総選挙の区割りでは，意図的に混合区を増やす工夫はされておらず，混合区が過半数を占めたのは偶然の結果である[3]。

この数値をみると，民族混合区の比率は低くはないといえそうだ。しかし，政党指導者に穏健化のインセンティブを与えるほど高い比率といえるかどうかは，選挙結果とあわせて検討しないと判断できない。あとで改めて考えることにしよう。

統一候補の擁立と民族混合区の多さという二つの条件に加えて，競合政党のタイプと数も重要である。第 2 章でも言及したように，二つの民族からなる国で，それぞれの民族の政党が民族の垣根を越えて統一候補を立てた場合，その統一候補が自身と同じ民族の相手とだけ競合する場合と，競合相手が自

---

[2] 1965 年のシンガポール分離独立以後，マレー半島部の選挙区が下院の定数に占める比率は，72.2%（1969 年選挙時）から 75.0%（1999 年選挙時）の間で推移してきた。2004 年選挙以降は 74.3% である。

[3] 第 1 回総選挙の区割り（定数 104）は，1955 年の連邦立法評議会選挙（同 52）の各選挙区を二つに分けるものであった（Malaya 1958: 1）。55 年選挙の区割りで考慮されたのは，1 票の格差を小さくすることと農村の過小代表を防ぐこととのバランスだった（Malaya: 1954: 3, 35）。

表 4-1 マレー半島部下院選挙区の民族構成[1]と混合区の比率（1974年,1978年,1982年を除く）

	ノン・マレー区 マレー人比 25％未満	民族混合区 マレー人比 25％以上75％未満	マレー区 マレー人比 75％以上	半島部定数	混合区比率[2]
1959年	9	57	34	104	57.0％
1964年	14	56	31	104	55.4％
1969年	14	56	31	104	55.4％
1986年	15	76	41	132	57.6％
1990年	15	76	41	132	57.6％
1995年	15	81	48	144	56.3％
1999年	15	80	49	144	55.6％
2004年	15	97	53	165	58.8％
2008年	15	95	55	165	57.6％
2013年	15	93	57	165	56.4％

(注) 1) 各選挙区のマレー人有権者比率に関するデータの詳細と出典については巻末の付録に記載。
   2) 民族混合区の数を半島部定数で除した値。ただし民族構成比が不明の選挙区は定数から差し引いて算出した。
(出所) 巻末の付録に記載した資料をもとに作成。

民族と異民族の双方である場合とでは，票の共有の効果が大きく異なる。

モデルを少し振り返ってみよう（図4-1）。図4-1Aの薄い網掛け部分は，FPTP下で穏健政党間に選挙協力がなく，したがって票の共有が生じない場合に，アルファ民族の穏健政党 $m\alpha$ が得る票を表す。$m\alpha$ と $m\beta$ の間で選挙協力が成立し，どちらかがこの選挙区から退出すると票の共有が生じる。図4-1Bの濃い網掛け部分は，$m\beta$ が退出して3党競合になった場合に $m\alpha$ が追加的に得る票であり，これが票の共有の効果である。

図4-1は，左側の峰が高いことからわかるように，アルファ民族の有権者が過半数を占める選挙区を想定したものである。この選挙区では，ベータ民族の急進政党 $r\beta$ が勝つ見込みは薄い。政党が候補を立てるにはコストがかかるから，勝つ見込みのある選挙区に資源を集中的に投下し，勝ち目の薄い選挙区では候補の擁立を見送ることも想定できる。$r\beta$ が戦略的判断により退出し，$r\alpha$ と $m\alpha$ の2党での競合になれば，票の共有の効果は3党競合に比べてかなり大きくなる（図4-1C）。

第3章でみたとおり，マラヤでは植民地統治下の選挙を通じてマレー人政党の UMNO と華人政党 MCA，インド人政党 MIC との連携が生じ，第1回

第1節　票の共有の前提条件は揃っているか　105

図 4-1　FTPT 下の票の共有（競合政党数による効果の違い）

A. 4 党競合の場合（票の共有なし）

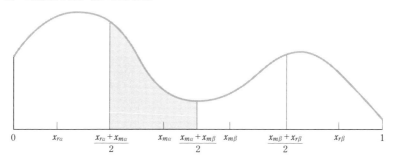

B. 3 党競合（mαとの選挙協力によりmβが退出）の場合

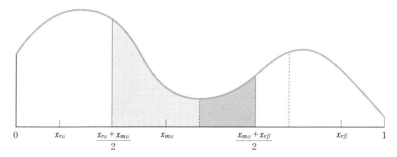

C. 2 党競合（選挙協力によりmβが退出，戦略的判断によりrβも退出）の場合

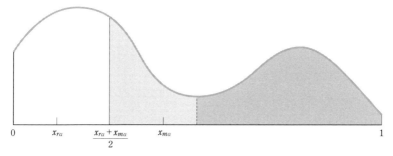

（注）濃い網掛けの部分が票の共有によって政党mαにもたらされる票。
（出所）筆者作成。

総選挙までに急進派の野党が台頭した。当時の主要民族は3民族ということになるが，政治的争点の多くはマレー人と非マレー人の利害対立というかたちになった。多数派のマレー人が先住民族としての特権を主張したのに対し，華人・インド人は結束し，文化的な自由と市民としての平等を訴えたためである。野党側では，華人とインド人が組む傾向が非常に強かった。よって，マラヤ／マレーシアの政党間競合は，マレー人の与野党，ならびにノン・マレーの与野党による競合と捉えることができる。

表4-2は，全13回の下院選挙における政党間競合のパターンを整理して示したものである（マレー半島部のみが対象）。相対的に穏健なマレー人政党UMNOを政党M，マレー人野党を政党M'，ノン・マレー政党のうちUMNOの友党を政党N，相対的に急進的な立場をとるノン・マレー野党を政党N'と分類する（各党がどの類型に入るかについては章末の補表にまとめた）。表4-2をみると，同一民族政党間競合（MM'間ないしNN'間の競合）の比率が一貫して高いことがわかる。1978年選挙と1982年選挙の値が例外的に低く，60%強にとどまっているが，その前後は少なくとも約70%に達し，1990年選挙以降は80%強から90%強の間で推移している。

同一民族政党間競合の比率の高さは，統一候補を擁立する与党連合に対して，票の共有による大きなメリットをもたらす。この状況が続いてきたのは，与野党ともに自民族の有権者が多い選挙区で候補を擁立する傾向が強いためだ。

表4-3は，マレー半島部における与党連合の選挙区配分と競合パターンとの関係を示したものである（1974年，78年，82年を除く）。まず与党連合の選挙区配分に目を向けると，マレー人の比率が50%以上の選挙区はUMNOに，50%未満の選挙区はMCAなどのノン・マレー政党に配分される傾向がはっきり見て取れる。マレー人が多い選挙区をマレー人政党に，華人が多い選挙区を華人政党に分配するのは，選挙を有利に戦うための当然の選択といえる。

ただし時系列の変化を詳しくみると，マレー人比率が50%以上の選挙区については，最初の3回の選挙ではそのほとんどがUMNOに配分されたが，1980年代以降はノン・マレー政党に配分される選挙区が増加していることがわかる。逆にマレー人比率が50%未満の選挙区は，最初の3回の選挙ではその4分の1がUMNOに配分されていたが，1980年代以降はUMNOに回される分がほとんどなくなった。この変化の背景として，1970年代以降，

表4-2 下院選挙における政党間競合のパターン[1]（マレー半島部選挙区のみが対象）

選挙年	1959	1964	1969	1974	1978[2]	1982	1986	1990	1995[2]	1999	2004	2008	2013[2]
定数 (A)	104	104	104	114	114	114	132	132	144	144	165	165	165
同一民族政党間競合 (B)	74	72	69	64	70	69	97	119	115	129	141	144	140
マレー人政党間競合 (MM' 型, MMM' 型等)	52	46	48	34	54	51	71	84	87	92	98	97	99
ノン・マレー政党間競合 (NN' 型, NN'N' 型等)	22	26	21	30	16	18	26	35	28	37	43	47	41
異民族政党間競合 (同一民族与野党間競合あり)	22	20	13	12	31	37	28	5	16	3	2	4	17
マレー人与党対野党 (MM'N' 型等)	11	11	4	6	12	18	10	0	3	0	0	2	5
ノン・マレー与党対野党 (NN'M' 型等)	11	9	9	6	19	19	18	5	13	3	2	2	12
異民族政党間競合 (同一民族与野党間競合なし)	5	10	13	6	7	4	5	8	10	12	20	16	7
マレー人与党対ノン・マレー野党 (MN' 型等)	4	8	10	5	3	2	3	1	0	0	3	3	2
ノン・マレー与党対マレー人野党 (NM' 型等)	1	2	3	1	4	2	2	7	10	12	17	13	5
無投票選挙区[3] (C)	3	2	9	32	5	4	2	0	2	0	2	1	0
同一民族政党間競合の比率 (B/(A−C)×100)	73.3%	70.6%	72.6%	78.0%	64.2%	62.7%	74.6%	90.2%	81.0%	89.6%	86.5%	87.8%	84.8%

（注）1) M はマレー人与党，M' はマレー人野党，N はノン・マレー与党，N' はノン・マレー野党を表す。各党がどの類型に入るかは章末の補表に記載した。無所属候補はエスニシティにもとづき無差別に M' 型または N' 型の候補に分類した。
2) 1978 年選挙と 1995 年選挙，2013 年選挙。与党がノン・マレー党が候補を立てなかった選挙区（各 1 選挙区）については類型別の合計から除外した。ただし定数（A）には含まれている。
3) 与党候補のみが立候補した選挙区。野党候補ないし無所属候補が 1 人だけ立候補して無投票となった例はない。
（出所）ECFM (1960) および ECM (various years) にもとづき作成。

表 4-3 与党連合の選挙区配分と政党間競合パターン[1]の関係（マレー半島部。1974 年選挙、1978 年選挙、1982 年選挙を除く）

選挙年	1959[2]	1964[3]	1969[3]	1986	1990	1995[4]	1999	2004	2008	2013[4]
マレー人有権者比率 50% 以上の選挙区 (A)	59	59	58	92	89	99	98	113	114	113
マレー与党に配分された選挙区	57	56	55	84	82	90	91	99	101	102
同一民族政党間競合 (MM' 型、MMM' 型等)	50	44	47	71	81	86	91	95	96	97
異民族政党間競合 (MMN' 型、MN' 型等)	5	10	3	11	1	3	0	2	4	5
無投票選挙区（与党候補のみ立候補）	2	2	5	2	0	1	0	2	1	0
ノン・マレー与党に配分された選挙区	2	3	3	8	7	9	7	14	13	11
同一民族政党間競合 (NN 型、NN'N 型等)	0	0	0	3	1	1	1	2	8	4
異民族政党間競合 (NN'M 型、NM' 型等)	2	3	3	5	6	8	6	12	5	7
無投票選挙区（与党候補のみ立候補）	0	0	0	0	0	0	0	0	0	0
マレー人有権者比率 50% 未満の選挙区 (B)	41	42	43	40	43	44	46	52	51	51
ノン・マレー与党に配分された選挙区	30	31	31	38	40	43	45	48	49	47
同一民族政党間競合 (NN 型、NN'N 型等)	20	23	19	23	34	27	36	41	39	37
異民族政党間競合 (NN'M 型、NM' 型等)	10	8	9	15	6	15	9	7	10	10
無投票選挙区（与党候補のみ立候補）	0	0	3	0	0	1	0	0	0	0
マレー人与党に配分された選挙区	11	11	12	2	3	1	1	4	2	4
同一民族政党間競合 (MM' 型、MMM' 型等)	1	3	1	0	3	1	1	3	1	2
異民族政党間競合 (MMN' 型、MN' 型等)	10	8	10	2	0	0	0	1	1	2
無投票選挙区（与党候補のみ立候補）	0	0	1	0	0	0	0	0	0	0
合計 (A+B)	100	101	101	132	132	143	144	165	165	164

(注) 1) M はマレー人与党、M' はマレー人野党または N' 型、N はノン・マレー与党、N' はノン・マレー野党を表す。各党がどの類型に入るかは章末の補表に記載した。無所属候補はエスニシティにもとづき無差別に M' 型または N' 型の候補に分類した。
2) 選挙区の民族構成が不明の 4 選挙区を計算から除外。
3) 選挙区の民族構成が不明の 3 選挙区を計算から除外。
4) 与党が候補を立てなかった 1 選挙区を計算から除外。

(出所) ECFM (1960), ECM (various years) ならびに巻末付録記載の資料をもとに作成。

マレー人が過半数を占める選挙区の比率が高まったことが挙げられる[4)]。従来どおりの配分基準を維持するとノン・マレー政党に割り振られる選挙区があまりにも少なくなるために，基準を変えたものと推察できる。

　次に，与党連合の選挙区配分と競合パターンの関係性を検討しよう。マレー人比率が50％以上の選挙区のうち，UMNOに配分された選挙区のほとんどは，マレー人野党だけが競合相手の同一民族政党間競合になっている。このことが意味するのは，マレー人の比率が高い選挙区では野党側もマレー人政党が候補を立て，ノン・マレー野党は候補者擁立を回避する傾向にあるということである。マレー人比率が50％未満の選挙区についても，同じ傾向が見られる。これらの選挙区のうち，ノン・マレー与党に配分されたところでは高い確率で同一民族政党間競合になっている。マレー人比率が低い，すなわちノン・マレー有権者が多い選挙区ではノン・マレー野党が積極的に候補を立てる一方，マレー人野党は候補者擁立を見送る傾向にあるからだ。

　このような傾向が生じるのは，民族政策面で与党より急進的な立場をとる野党にとって，自民族の有権者が多い選挙区では当選の可能性がある一方，異民族有権者の比率が高い選挙区では勝ち目が薄いからであろう。与野党がともに，勝てる見込みのある選挙区に重点的に資源を投入した結果，同一民族政党間競合の比率が高くなっているものと考えられる。

　以上のように，マレーシアでは，(1) マレー人与党とノン・マレー与党が統一候補を擁立しており，(2) 民族混合区が少なからず存在し，(3) 同一民族政党間競合の比率が高い。したがってマレーシアには，FPTPのもとで相対的に穏健な立場をとる政党が票の共有のメリットを享受するための条件が揃っているといえる。

第2節　民族混合区における与党の構造的優位

　では，FPTPのもとで統一候補を擁立してきたマレーシアの与党連合加盟政党は，実際に票の共有の恩恵を享受できたのだろうか。ここからは，それを検討していこう。

[4)] 未公開の選挙委員会資料を用いた分析を行なっている鳥居（2003: 52）によれば，マレー人が過半数を占める選挙区の数は，1974年選挙を境に半島部定数の半数を上回った。

あらためて確認しておくと，FPTPのもとでの票の共有とは，異民族の友党との選挙協力のために候補者擁立を見送った政党の潜在的支持票のうち，友党に流れる分を指す。第2章でモデルを使って詳しくみたとおり，FPTP下での3党間競合で発生する票の共有のサイズは，AV下での4党間競合におけるそれと同等である。もし，選挙区内の少数派を代弁する立場の急進政党が候補者擁立を見送り，当該選挙区の多数派を代表する政党間の競合（同一民族政党間競合）になれば，図4-1でみたように票の共有のサイズは大きくなる。表4-2と表4-3に示したとおり，マレーシアの下院選挙では同一民族政党間競合の比率が高かった。その結果，実際に与党が票の共有のメリットを享受しているのだとしたら，マレー区やノン・マレー区に比べて民族混合区において高い得票率と勝率を得ているはずである。

図4-2は，マレー半島部の下院選挙区におけるマレー人有権者の比率と，与党連合候補の得票率との関係を示したものである。散布図の横軸はマレー人有権者の比率を表し，縦軸は与党連合候補の得票率を表す。つまり，点の高さが高いほど与党候補の得票率が高く，その点が右寄りであるほど当該選挙区に占めるマレー人有権者の比率が高い。1959年選挙から2004年選挙まで，点が逆U字型に分布していることが一見してわかる。これは，民族混合区に出馬した与党連合候補が相対的に高い得票率を得ていることを意味する。1969年選挙については右肩上がりに近い分布になっているが，これは民族混合区のうちの8区で与党が無投票で勝利したためだ。これらの選挙区は，勝ち目がないと踏んだ野党が候補擁立を見送ったために無投票になったのであり，もし野党が候補を立てていれば与党候補が高い得票率を記録したはずである。仮にそうなっていたとしたら，点の分布はより逆U字型に近いかたちになる。

これに対して，2008年選挙と2013年選挙の点の分布はほぼ一直線に右肩上がりになっており，2008年選挙を境に長年続いた投票パターンが変化したことが見て取れる。この，投票行動の一大変化については第8章で扱うこととし，本章ではおもに1959年選挙から2004年選挙までを分析の対象とする。

1959年の第1回総選挙から2004年選挙まで，与党連合が民族混合区で相対的に高い得票率を得ていたことは確認できた。ではこの効果は，与党連合候補の勝率の向上をもたらすほど大きかったのだろうか。選挙区のマレー人

第 2 節　民族混合区における与党の構造的優位　111

図 4-2　マレー半島部における下院選挙区のマレー人有権者比率（横軸）と与党連合（連盟党／国民戦線）候補の得票率（縦軸）の関係（1974 年選挙，1978 年選挙，1982 年選挙を除く）

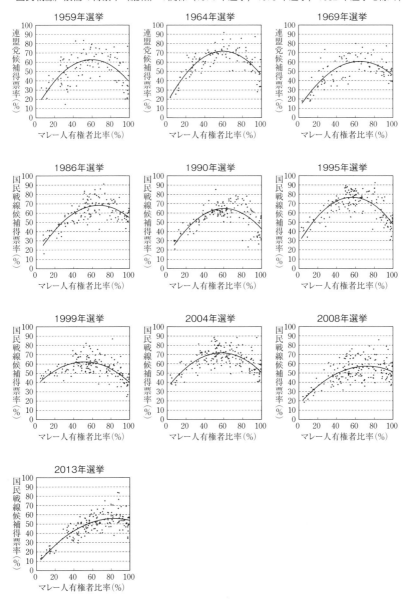

（出所）ECFM（1960），ECM（various years），マレーシア選挙委員会ウェブサイト，ならびに巻末付録に記載の資料をもとに作成。

有権者比率と与党連合の議席数・勝率との関係をみてみよう。

表4-4は，ノン・マレー区，民族混合区，マレー区のカテゴリーごとに，与党連合の議席数と勝率を整理したものである。1959年選挙から2004年選挙まで一貫して，与党連合は民族混合区できわめて高い勝率を記録してきた。その数値は，最低でも78.6％（1969年選挙）に達し，1964年選挙と2004年選挙では100％であった。表4-1で確認したとおり，民族混合区の半島部定数に占める割合は6割弱に及ぶため，ここで完勝できればそれだけで半島部議席の過半数を制することが可能だ。実際，1969年選挙だけが例外で，その他の選挙では与党連合が民族混合区で獲得した議席の数が半島部定数の過半数に達していた[5]。

一方，ノン・マレー区での戦績に目を向けると，与党連合が独立当初から一貫して厳しい戦いを強いられてきたことがわかる。ここでは2回に1回の頻度で与党が完敗している。マレー区については，与党連合の戦績は比較的良好だが，勝率は民族混合区の数値に及ばず，40％を割ったこともある（1999年選挙）。

投票パターンが変わった2008年選挙の結果と，それ以前の選挙のうち与党がマレー区とノン・マレー区の双方で苦戦した3度の選挙の結果を比べてみると，与党連合にとって民族混合区の存在がいかに重要だったかがはっきりわかる。2008年選挙では与党連合の勝率がかつてない規模で落ち込み，半島部占有率は51.5％にとどまった。この選挙で与党連合は，ノン・マレー区で完敗し，マレー区での勝率も60％強にとどまった。対して，1959年選挙と1969年選挙，1990年選挙の結果をみると，与党連合はノン・マレー区では2008年と同様に完敗し，マレー区での勝率も2008年と同水準である。2008年以降とそれ以前との違いは，民族混合区での勝率である。民族混合区での勝率が高かったがゆえに，与党連合の半島部占有率は，1959年選挙では7割強，1969年選挙では3分の2弱，1990年選挙では4分の3に達した。

このように，1959年から2004年までの間，与党連合は民族混合区で相対的に高い得票率を得てきただけでなく，非常に高い勝率を維持してきた。そ

---

[5] 選挙区の民族構成が公表されていない1974年選挙と1978年選挙，1982選挙については正確には検証できない。しかし，これらの選挙において与党連合の半島部占有率は8割以上に達していることから，民族混合区のみで過半数に達していたと考えられる。

表 4-4 選挙区の民族構成別にみる与党連合（連盟党／国民戦線）の下院選挙獲得議席数と勝率（マレー半島部のみ。1974 年，1978 年，1982 年選挙を除く）

	ノン・マレー区		民族混合区		マレー区		半島部与党占有率
	議席数	勝率	議席数	勝率	議席数	勝率	
1959 年	1(9)	11.1%	50(57)	87.7%	20(34)	58.8%	71.2%
1964 年	8(14)	57.1%	56(56)	100.0%	22(31)	71.0%	85.6%
1969 年	2(14)	14.3%	44(56)	78.6%	19(31)	61.3%	64.4%
1986 年	1(15)	6.7%	71(76)	93.4%	40(41)	97.6%	84.8%
1990 年	0(15)	0.0%	73(76)	96.1%	26(41)	63.4%	75.0%
1995 年	8(15)	53.3%	80(81)	98.8%	36(48)	75.0%	86.1%
1999 年	7(15)	46.7%	76(80)	95.0%	19(49)	38.8%	70.8%
2004 年	4(15)	26.7%	97(97)	100.0%	46(53)	86.8%	89.1%
2008 年	0(15)	0.0%	51(95)	53.7%	34(55)	61.8%	51.5%
2013 年	0(15)	0.0%	43(93)	46.2%	42(57)	73.7%	51.5%

(注) 括弧内は該当選挙区の数。1959 年，1964 年，1969 年については，民族構成がわからない選挙区を除外した。ただし半島部与党議席占有率はこれらの議席も含めて算出した。
(出所) ECFM（1960），ECM（various years），マレーシア選挙委員会ウェブサイト，ならびに巻末付録に記載の資料をもとに作成。

の結果，一度の例外を除けば，民族混合区だけで半島部定数の過半数を確保することができた。この，民族混合区における与党連合の構造的優位が票の共有の効果なのだとしたら，票の共有は与党連合加盟政党にきわめて大きな恩恵をもたらしてきたことになる。

　さて，ここまで下院選挙の結果を分析してきたが，続いて州議会選挙の結果を検討したい。なぜなら，マレー半島部では州議会選挙においても票の共有が生じているはずだからだ。マレーシアの各州の執政制度は議院内閣制で，選挙制度は FPTP である（第 5 章参照）。選挙に参加する主要政党も下院選挙と変わらない。つまり，マレーシアでは下院選挙だけでなく，マレー半島部の州議会選挙でも票の共有のための条件が揃っているのである。加えてマレー半島部の各州では，1964 年総選挙以降は下院選挙と同じ日に投票が実施されてきた。だから，下院選挙における民族混合区の構造的与党優位が票の共有の効果なのだとしたら，マレー半島部の州議会選挙でも同じように民族混合区での与党優位が観察されるはずだ。

　図 4-3 は，選挙区のマレー人有権者比率と与党連合・国民戦線の得票率と

図 4-3　州議会選挙と下院選挙における国民戦線候補得票率と

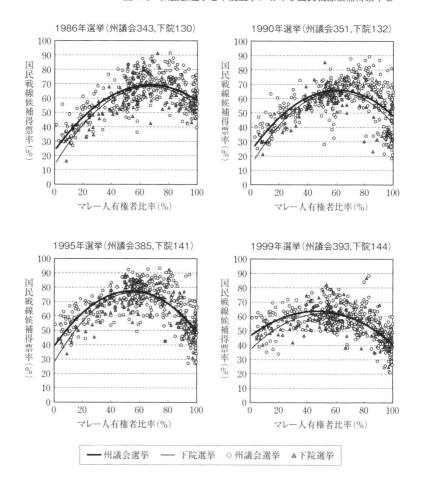

第 2 節　民族混合区における与党の構造的優位　115

マレー人有権者比率の関係（マレー半島部。1986 年-2013 年）

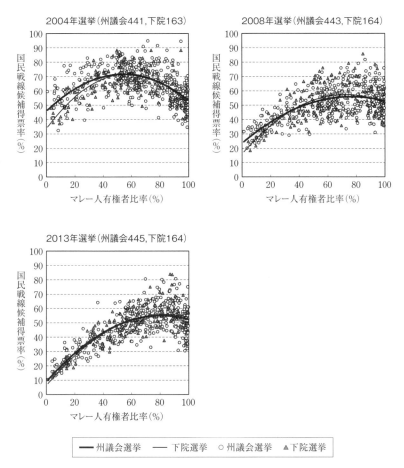

（出所）ECFM（1960），ECM（various years），マレーシア選挙委員会ウェブサイト，ならびに巻末付録に記載の資料をもとに作成。

表 4-5　選挙区の民族構成別にみる与党連合・国民戦線の州議会
　　　　選挙獲得議席数と勝率（マレー半島部のみ。1986 年～2013 年）

	ノン・マレー区		民族混合区		マレー区	
	議席数	勝率	議席数	勝率	議席数	勝率
1986 年	13(47)	27.7%	166(169)	98.2%	120(135)	88.9%
1990 年	10(48)	20.8%	149(162)	92.0%	94(141)	66.7%
1995 年	35(46)	76.1%	194(194)	100.0%	109(154)	70.8%
1999 年	34(44)	77.3%	186(195)	95.4%	61(155)	39.4%
2004 年	47(59)	79.7%	207(212)	97.6%	140(174)	80.5%
2008 年	0(58)	0.0%	132(208)	63.5%	116(179)	64.8%
2013 年	0(54)	0.0%	103(207)	49.8%	124(184)	67.4%

(注)　括弧内は該当選挙区の数。
(出所)　ECFM（1960），ECM（various years），マレーシア選挙委員会ウェブサイト，ならびに巻末付録に記載の資料をもとに作成。

の関係性について，下院選挙のデータと州議会選挙のデータを重ね合わせてみたものである（州議会選挙区の民族構成が公表されている1986年選挙以降が対象。マレー半島部のみ）。点の配置を代表する回帰曲線をみると，州議会選挙のそれ（太線）が若干高いが，各回の下院選挙結果と州議会選挙結果がほぼ同一の傾向にあることが一目でわかる。2004年選挙までは，州議会選挙の結果を表す点が下院選挙の点と同様に逆U字型に分布している。これは，州議会選挙においても民族混合区で国民戦線候補が優位にあったことを示している。

表4-5は，州議会選挙について，ノン・マレー区，民族混合区，マレー区のカテゴリーごとに国民戦線の議席数と勝率を整理したものである。ノン・マレー区の勝率は選挙ごとに大きく変動し，マレー区の勝率にも波があるのに対して，民族混合区については1986年選挙から2004年選挙まで一貫して国民戦線の勝率が9割を超えている。予想どおり，2004年選挙までは州議会選挙においても国民戦線が民族混合区で圧倒的な優位にあったことが確認できた。

第3節　票の共有効果の推定

本章ではまず，マレーシアではFPTPのもとで相対的に穏健な立場をと

る政党が票の共有のメリットを享受できる条件が揃っていることを確認した。次いで，もし実際に票の共有がかなりの規模で発生しているなら観察できるはずの現象，すなわち相対的に穏健な立場をとる与党の民族混合区での優位が，2004年選挙までの間，下院選挙と州議会選挙の双方で生じていたことを確認した。

ただし，民族混合区での与党優位は，何か別の理由によって生じたのかもしれない。その可能性は，ここまでの検証では排除されていない。もしそうだとすると，選挙区のマレー人有権者比率と与党候補得票率との逆U字型の関係は，見かけ上の共変関係にすぎないということになる。

与党候補の得票率に影響を与えうる現象は，票の共有のほかにも数多くある。たとえば，経済投票と呼ばれる現象がある。経済パフォーマンスを判断基準として投票先を決めるという行動は，さまざまな国で観察されており，マレーシアについても確認されている（中村2009）。民族混合区は，よそに比べて，経済状況が相対的に良好な地区なのかもしれない。あるいは，政府は何らかの理由で，民族混合区が多い地域に相対的に多くの公的資金を投入しているのかもしれない。

これらの現象の影響をコントロールして，なお民族混合区の与党優位が確認できれば，選挙区の民族構成が与党候補の得票率に与える効果を確認したことになる。しかし，データが不十分なうえ選挙区割りが行政区分と必ずしも一致しないこともあり，投票行動に影響を与えそうな社会経済的変数を多数組み込んだ重回帰分析を行なうのはむずかしい。

そこで，下院選挙区と州議会選挙区の関係性に着目して他の要因の統制を試みる。下院選挙区は州境をまたがないように設定され，かつ，州議会選挙の選挙区は下院選挙区の境界線をまたがないように区割りされている。つまり下院選挙区は，ひとつの州の，いくつかの州議会選挙区が組み合わさって成り立つ格好になっている。下院の各選挙区は，2から6の州議会選挙区で構成されている。

例として，2013年選挙時の下院Seremban選挙区（P128）をみてみよう。ヌグリスンビラン州に位置するSeremban選挙区は，六つの州議会選挙区に分かれている。Seremban選挙区の登録有権者に占めるマレー人の比率は39.2%だが，そのなかの六つの州議会選挙区の数値にはばらつきがある。

Lenggeng 選挙区（N9）は 72.6％，Nilai 選挙区（N10）は 25.1％，Lobak 選挙区（N11）は 4.7％，Temiang 選挙区（N12）は 25.3％，Sikamat 選挙区（N13）は 55.0％，Ampangan 選挙区（N14）は 55.8％となっている。

　ひとつの下院選挙区のなかにあるいくつかの州議会選挙区は，社会経済的特徴をかなりの程度共有している。だから，ある下院選挙区の内部に位置する州議会選挙区の間でマレー人比率にばらつきがあるなら，州議会選挙での与党得票率の違いは，もっぱら票の共有の効果の違いによってもたらされたものと考えられる。

　下院選挙区内の社会経済的条件は，もちろん，一様であるわけではない。Seremban 選挙区のなかの州議会選挙区の場合，登録有権者数にさほど大きな違いはないが，面積でみると Lenggeng と Nilai がほかの四つに比べかなり大きい。この二つが半農村（semi-rural）地区なのに対し，ほかの四つは州都スレンバンの都市部にある。

　しかし，都市部とその後背地は，通常，一体として経済圏を形成し，通勤などの日常的な人の行き来もある。だから，就業構造や所得水準などの点で差異があるとしても，経済投票の際のおもな判断材料となる成長率やインフレ率，失業率といったフローの経済状況については共通性が高いと考えられる。また連邦政府や州政府の公共事業は，もちろん，下院選挙区の領域内で一律に行なわれるわけではないが，どこかでなされた公共事業の恩恵は周辺にも波及する。だから下院選挙区の内部では，公共事業が投票行動に与える影響度にも共通性があるものと予想される。

　このような状況に鑑み，州議会選挙における国民戦線候補の得票率を従属変数とし，当該選挙区が特定の下院選挙区の内部にあれば 1，そうでなければ 0 の値をとるダミー変数を制御変数として組み込んだ以下のモデルで回帰分析を行なう。

$$bnvote = \beta_0 + \delta_0 morethan3 + \delta_1 p_2 + \cdots + \delta_{n-1} p_n + \beta_1 mratio + \beta_2 mratio^2 + \beta_3 turnout + u.$$

$bnvote$ は国民戦線候補の得票率（％），$morethan3$ は 3 人以上での競合の場合 1，2 人の競合の場合 0 の値をとるダミー変数，$p_2 \cdots p_n$ は下院選挙区

のダミー変数（n はマレー半島部における下院選挙区の数。ベースは P1 選挙区）を表す。たとえば，Seremban 下院選挙区のなかにあることを表すダミー変数 p_{128} は，Lenggeng, Nilai, Lobak, Temiang, Sikamat, Ampangan の 6 選挙区については 1，その他の選挙区については 0 となる。その他の変数は，mratio が当該選挙区のマレー人有権者の比率（％），$mratio^2$ はマレー人有権者比率の二乗項，turnout は投票率（％），β_0 は定数項，u は誤差項を表す。

OLS による推計の結果を表 4-6 にまとめた（下院選挙区ダミーについては多数にのぼるため省略した）。おもな関心対象である mratio と $mratio^2$ の係数は，7 回の選挙のすべてについて 1％水準で統計的に有意である。

では，民族混合区で国民戦線候補の得票率は高くなっているだろうか。国民戦線候補得票率の予測値 $\widehat{bnvote}$ を最大化するような mratio の値（$-\hat{\beta}_1/2\hat{\beta}_2$）は，1995 年，1999 年，2004 年の 3 回については 50 弱から 65 の間に収まっており，民族混合区で $\widehat{bnvote}$ が高い数値になることを示している。この 3 回については，下院選挙区ダミーによって諸要因を統制した後にもなお，マレー人有権者比率と国民戦線候補得票率との間に逆 U 字型の関係性が残っており，票の共有の効果を裏付ける結果だといえる。

1986 年選挙については，$\widehat{bnvote}$ を最大化する mratio が 76.18 とやや高く，先ほど定義した民族混合区の範囲から，わずかだが外れている。この選挙では，民族混合区において PAS 候補と DAP 候補がともに与党候補と競合する MM'N' 型ないし NN'M' 型の競合パターンが多かったから，その影響でマレー人比率がより高いところに $\widehat{bnvote}$ のピークが来たものと考えられる。MM'N' 型や NN'M' 型の競合では，MM' 型や NN' 型に比べて票の共有のサイズが小さくなるからである。しかし 3 党以上での競合なので，票の共有による上積みがあるなら，相対多数は確保しやすくなる。実際，表 4-5 でみたとおり，この選挙では民族混合区において国民戦線がほぼ完勝している。

1990 年選挙については，$\widehat{bnvote}$ を最大化する mratio の値はさらに高く，86.13％である。この選挙については，クランタン州とトレンガヌ州に位置する下院選挙区のダミー変数のインパクトが大きかった。両州ではマレー人が住民の大多数を占めることから，その下院選挙区ダミーの負のインパクトが強くなった結果，mratio がある程度以上高まると $\widehat{bnvote}$ が下がるという効果が弱く見積もられたのかもしれない。この選挙の前年に，当時のマハ

表 4-6　州議会選挙における票の共有効果の推定

従属変数：国民戦線候補得票率（bnvote）

独立変数：	1986 年	1990 年	1995 年	1999 年	2004 年	2008 年	2013 年
マレー人比率	1.2589**	0.9126**	1.0963**	0.5265**	0.7569**	0.7070**	0.8718**
($mratio$)	(0.0954)	(0.0828)	(0.0789)	(0.0622)	(0.0786)	(0.0739)	(0.0643)
マレー人比率^2	−0.0083**	−0.0053**	−0.0084**	−0.0055**	−0.0058**	−0.0035**	−0.0035**
($mratio^2$)	(0.0009)	(0.0008)	(0.0007)	(0.0006)	(0.0007)	(0.0007)	(0.0006)
投票率	−0.0700	0.0131	0.0737	0.3151**	−0.2475	−0.1488	−0.6115**
($turnout$)	(0.1534)	(0.1056)	(0.1272)	(0.1041)	(0.1435)	(0.1645)	(0.2076)
3 候補以上	−7.1875**	−2.4933	−4.1958**	−0.6361	−0.7679	−0.4761	−0.4471
($morethan3$)	(1.1585)	(1.3506)	(0.9965)	(1.3800)	(1.8026)	(1.8099)	(0.6864)
定数項	29.2705*	31.1508**	32.7411**	26.4413**	65.1630**	40.3234**	64.0349**
	(12.2733)	(8.3771)	(10.3379)	(8.4681)	(11.6642)	(13.1183)	(17.4142)
観測数	343	351	385	393	441	443	445
調整済み R^2	0.7759	0.8214	0.8258	0.8158	0.6714	0.7886	0.8681
$-\hat{\beta}_1/2\hat{\beta}_2$	76.18	86.13	65.09	48.21	64.79	100.13	123.49

(注)　** $p<0.01$，* $p<0.05$．括弧内は標準誤差．下院選挙区ダミーの係数（$\delta_1...\delta_{n-1}$）に関する報告は省略した．
(出所)　ECFM (1960)，ECM (various years)，マレーシア選挙委員会ウェブサイト，ならびに巻末付録に記載の資料にもとづき推計．

ティール総裁と対立したUMNO反主流派が46年精神党 (S46) を結成した（第7章参照）。当時のS46はクランタン州とトレンガヌ州で強い影響力をもっていたため，この選挙では両州の下院選挙区ダミーのインパクトが強く出たものと考えられる。

2008年と2013年については，$\widehat{bnvote}$ を最大化する$mratio$の値が100を超えている。$mratio$ と $\widehat{bnvote}$ との関係が逆U字ではなく右肩上がりになっているということだが，これは図4-3から予想されるとおりの結果である。

以上の分析結果は，1986年選挙から2004年選挙までについては票の共有の効果があったことを強く示唆する。選挙によっては，票の共有の効果が望めないマレー区でも与党候補の得票率が十分に高いことがあり，その場合にはマレー人与党すなわちUMNOにとって票の共有のメリットは薄れる。しかし，1999年選挙のように票の共有によってUMNOが救われたケースもあるから，UMNOもまた票の共有の恩恵に浴してきたのは間違いない。

しかし，2008年選挙と2013年選挙については，UMNOにとっての票の

共有の効果は完全に失われた。ここまでの推論が正しく，UMNO も含めた与党の民族混合区での優位が票の共有の効果なのだとすると，2008 年選挙を境に，それまで票の共有をもたらしてきた前提条件のうちの何かが損なわれたはずだ。この問題については第 8 章で考察する。

第 4 節　与党指導者の認識

　ここまでの作業を通じて，マレーシアでは最初の総選挙から半世紀にわたり，票の共有が与党に大きな恩恵をもたらしてきたことがデータで裏付けられた。ただし，票の共有が与党指導者に穏健化のインセンティブをもたらしたか否かを判断するには，もうひとつ確かめなければならないことがある。それは，当時の与党指導者の主観的認識である。政党指導者が，票の共有がいかなるメカニズムで生じるかを理解し，その効果を認識していない限り，票の共有は政党を穏健化する効果をもちえない。はたして与党連合の指導者は，第 1 回総選挙を実施する前から，票の共有のメリットについて認識していたのだろうか。

　もし，与党連合の指導者が票の共有の効果を認識していたとしたら，かれらにとって重要な人物を民族混合区から出馬させたはずだ。実際そうであったか確認してみよう。

　第 1 回総選挙については，ラーマン首相にとって重要な人物が民族混合区から出馬したかどうかを確認する必要がある。ラーマン個人が候補者認定を行なったからである。連盟党では，中央の意思決定機関である連盟全国評議会（Alliance National Council）に候補者指名の権限があったが，実質的な選定はラーマン首相の強い影響力のもとで行なわれた（Means 1970: Chap. 13; Ratnam & Milne 1967: Chap. 5）。とりわけ 1959 年の第 1 回総選挙では，与党連合加盟政党間の議席配分をめぐって当時の MCA 中央執行部とラーマン首相らが鋭く対立したのち，最終的に MCA 側が妥協を強いられ，ラーマン個人が候補者を選定することになった[6]。ラーマンと対立した MCA 急進派のリム・

---

[6] 1964 年選挙の際には，各党が地方支部からのボトムアップで候補者リストを作成し，連盟党の機関として設置された候補者選定委員会（Candidates Selection Committee）が調整を行なった（Ratnam & Milne 1967: 87-90）。

チョンユー第2代総裁[7]，トゥ・ジュンヒン幹事長（教育副大臣），ならびにかれらに協力したH.S.リー財務相は候補者に選ばれなかった。まもなくリムとトゥはMCA役員を辞し，リムは1962年に新党・統一民主党（UDP）を設立することになる。

このような展開を経て連盟党の候補者選定作業を取り仕切ることになったラーマンにとって，自身と近い関係にあるMCA内の穏健派幹部を当選させることがきわめて重要な課題であったはずだ。MCAの穏健派閥を統率していたのは，タン・チェンロク初代総裁の子でのちに第3代総裁[8]に就任するタン・シュウシン商工相と，1952年のクアラルンプール市評議会選挙でUMNOとMCAの連携を実現したオン・ヨクリン労働・社会福祉相である。ゆえにラーマンにとっては，この2人はかならず当選させなければならない人物であった。

表4-7は，独立当初にMCA所属閣僚が出馬した選挙区のマレー人比率を整理して示したものである。マラッカ出身のタン・シュウシンは，マレー人比率が67.8％にのぼるMalacca Tengah選挙区から下院選挙に出馬した。州都マラッカ市の選挙区（Bandar Malacca）はマレー人比率が20％未満のノン・マレー区だった。華人政党の指導者であるタンが，そこを避けてマレー人が過半数の選挙区から立候補したのである。これは，UMNOの動員力を用いてタン・シュウシンをなんとしても当選させようというラーマンの意向の現れであろう。

一方，クアラルンプール出身のオン・ヨクリンは，やはり華人が多数を占める市内の選挙区ではなく，同市を取り巻くスランゴール州内でMCAに配分された選挙区のうちマレー人比率がもっとも高いUlu Selangor選挙区から出馬している。1959年選挙以降1969年選挙までに正副大臣に任命されたその他のMCA幹部をみても，全員がマレー人比率30％超の，票の共有の効果が期待できる選挙区から出馬している。これらの事実は，ラーマンをは

---

[7] リム・チョンユーは，1958年の役員選挙で現職のタン・チェンロク初代総裁を破って第2代総裁の座についた。

[8] ラーマンとの対決に敗れたリム・チョンユー第2代総裁が1959年7月に辞任した後，1961年の年次党大会でタン・シュウシンが第3代総裁に選出されるまでの間，リム－トゥ派とタン－オン派のどちらにも所属していなかったチア・トゥンロクが総裁代行を務めた（MCAウェブサイト；Means 1970: 214-215）。

第4節　与党指導者の認識　123

表4-7　初期MCA所属閣僚（1955-69年）の選挙区と成績

氏　名	役　職	選挙区	マレー人比 （1959年）	得票率（％）		
				1959年	1964年	1969年
Tan Siew Sin	MCA総裁(1961-74)，商工相(1957-59)，財務相(1959-74)	Malacca Tengah	67.8%	74.5%	74.1%	52.2%
Ong Yoke Lin	郵政・通信相(1955-56)，運輸相(1956-57)，労働・社会福祉相(1957-59)，保健相(1959-62)，無任所相(1962-73)	Ulu Selangor	32.9%	56.1%	不出馬	不出馬
Khaw Kai Boh	住宅・地方政府相(1964-69)	Ulu Selangor	32.9%	不出馬	69.1%	55.1%
Lim Swee Aun	商工相(1962-69)	Larut Selatan	33.9%	54.1%	63.2%	34.3%[1]
Ng Kam Poh	財務副大臣(1965-68)，保健相(1968-69)	Telok Anson	30.1%	不出馬	57.1%	38.3%[1]
Lee Siok Lew	教育副大臣(1964-69)	Sepang	32.4%	46.8%[2]	63.5%	55.8%

（注）1) 落選。2) 相対多数で当選。
（出所）Morais ed. (various years)，ECFM (1960)，ECM (various years)，Vasil (1972: 97-110) にもとづき作成。

じめとする連盟党の幹部が，連立政権の最初期から票の共有の効果を認識していたことの証左と解釈できよう。

　ラーマンは，票の共有の効果を認識していただけでなく，それが生じるメカニズムをもよく理解していたようだ。前述したように，FPTPのもとでは，同一民族政党間競合（MM'型またはNN'型）の場合に比べ，異民族急進派も含めた競合（MM'N'型およびNN'M'型）の場合には票の共有の規模が小さくなる。ラーマンはそのことを知っており，1969年総選挙の際には，ノン・マレー有権者が多数を占める選挙区にPASが候補者を擁立したことを，マレー人に対する「重大な裏切り」と呼んで非難した。

　なぜそれが「裏切り」なのだろうか。ラーマンの理屈は次のようなものである。有力ノン・マレー野党の民主行動党（DAP）は，もともとシンガポールの人民行動党（PAP）の一部であり（第6章参照），依然としてPAPの影響下にある。連盟党政権の弱体化をもくろむPAPは，DAPを通じてPASに資金援助し，華人の多い選挙区にも候補者を擁立するよう仕向けている。シ

ンガポールの狙いは，MCAとDAPが競合する選挙区におけるマレー人の票をPASに誘導することにある。これらの選挙区ではPASに勝ち目はない。そのPASにマレー人票が流れれば，MCAとの競合においてDAPが有利になる（Vasil 1972: 28-29）。

　これをPASの裏切りと非難したラーマンは，マレー人有権者に対して，いわゆる戦略投票を行なうよう呼びかけているのである。この場合の戦略投票とは，選好順序1位の候補が当選する見込みが低いとき，選好順序では劣っても当選の見込みがより高い候補に投票する行為を指す。ノン・マレー有権者が多数を占める選挙区でMCAとDAP，PASとの競合（NN'M'型）になったケースであれば，PASをもっとも好むマレー人有権者が，PASには勝ち目がないために2番目に好ましいMCAに投票するのが戦略投票である。ラーマンは，FPTP下で票の共有が生じるメカニズムと弱点をよく理解していたに違いない。だからこそ，票の共有の効果が薄れる異民族3党間競合になった場合には戦略投票をするよう，有権者に訴えたのだろう。

　ただし，その成果は限定的なものだった。1969年選挙では，リム・スィアウン商工相がノン・マレー野党のマレーシア人民運動党（グラカン）の候補とPAS候補との三つ巴の戦いに敗れている。リムの得票数は10,774票，当選したグラカンのン・ホフンの得票数が15,641票，PAS候補の得票数が4,962票だったから，もしPASが候補を立てておらず，PASに流れた票がMCAのリムに向かっていたとしたら，リムが当選した勘定である。

　1970年代以降も，与党連合の指導者は，異民族3党間競合によって票の共有の効果が薄れるのを警戒した。とくに，PASとDAPが多数の候補を擁立してMM'N'型やNN'M'型の競合が多く発生した1978年選挙と1982年選挙（表4-2）では，与党側がPASとDAPとの関係性を「邪悪な同盟」（unholy alliance）と呼んで非難した（Crouch 1982: 46-47; Ismail 1978: 44-46）。NN'M'型競合においてマレー人がPASに投票すればDAPを利する結果になり，MM'N'型競合において華人やインド人がDAPに投票すればPASを利する結果になる。与党指導者は，これへの注意を喚起したのである。

　その後も与党連合は，選挙キャンペーンを通じて，野党は急進政党であり連立を組む与党は穏健派だという認識を有権者に植えつけ再生産しようとしてきた。1986年選挙の際の新聞広告は，そのことを端的に表している（写真

写真 4-1　1986年選挙の際の国民戦線の新聞広告

4-1)。写真中央の人物はマハティール首相，左に描かれているのは歴代首相のイラストである。その下には，マレー人，華人，インド人のほか，サバとサラワクの多様なエスニック集団の人びとが手を取り合って微笑む写真が配されている。連盟党・国民戦線はすべてのエスニック集団の代表であり続けてきたというメッセージであろう。「平和と穏健のために投票せよ。国民戦線に投票せよ」ということばとともに，「過激主義と狂信，人種差別を退けよ」との主張が添えられている。PASは狂信的な宗教政党，DAPはアンチ・ブミプトラのレイシストであり，野党はどちらも過激派なのだという認識を国民に植えつけようとする意図が読み取れる。

　その野党は，1999年選挙の際にPASとDAPが初めて直接手を組み，前年に逮捕されたアンワル・イブラヒム元副首相の支持者が結成した国民公正党などとともに野党連合・オルタナティブ戦線を形成した（第7章参照）。このときも与党は，野党側の政策の隔たりを強調し，野党連合は過激主義者の野合にすぎないと主張する宣伝をさかんに行なった。写真4-2はそうした新聞広告のひとつである。左の人物は当時のPAS党首ファジル・ノル，中央

写真 4-2　1999 年選挙時の広告

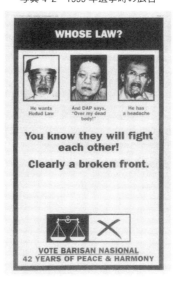

がDAPのリム・キッシャン書記長，右がアンワル・イブラヒム元副首相である。PASのファジル・ノルが，苛烈なイスラム刑法として知られるハッド刑（hudud law）を求めているのに対し，DAPのリム・キッシャンは「自分の目の黒いうちは絶対に許さない」と応じる。「頭が痛い」アンワル・イブラヒムは，「三段落ち」の落ちである[9]。この，アンワルを落ちに使ってPASとDAPの政策の隔たりを強調する広告はシリーズ化され，同じ内容のテレビ・コマーシャルもさかんに放映された。

　以上のように，与党連合の候補者擁立の仕方や指導者の発言からは，第1回総選挙の前から与党指導者が票の共有が生じるメカニズムとその効果を認識していたことがうかがえる。さらに，その後の情宣活動をみると，票の共有の前提となる認識，すなわち野党は民族的・宗教的急進派であり，与党が穏健派であるという認識を，選挙のたびに国民に再認識させようと努めてきたことがわかる。この情宣活動が功を奏した結果，半世紀近くにわたり民族混合区における与党優位が保たれてきたのだと考えられる。

---

[9]　1998年9月に投獄されたアンワルは，獄中で体調不良をきたし，食事にヒ素を盛られたと訴えていた。そのことに引っかけた落ちである。

小 括

　本章では，まず FPTP のもとで票の共有が生じるメカニズムを振り返った。そのうえで，マレーシアにおいてその必要条件，すなわち（1）穏健政党による統一候補の擁立，（2）高い民族混合区比率，の2点が揃っていることを確認した。加えて，マレーシアでは票の共有の高い効果が期待できる同一民族政党間競合の比率が高いことも確認した。

　票の共有が生じる条件が揃っていれば，民族混合区で相対的穏健派の与党候補の得票率が高くなるはずである。実際に 2004 年選挙までの間，下院選挙と州議会選挙の双方でこの現象が継続的に生じていた。また選挙区の民族混合度と与党得票率との関係が，経済成長や開発予算配分額など他の要因を反映した，単なる見かけ上の共変関係とは考えがたいことも確認できた。

　さらに，ラーマン初代首相らの発言などを振り返り，マレーシアの与党指導者が票の共有が生じるメカニズムを熟知していたと考えられることを示した。

　ただし，票の共有は 2008 年選挙を境に突然消失した。この問題については第8章で扱うこととし，次章からは残る二つの仮説の妥当性を検証する。

[補表] 表 4-2, 4-3 における政党の分類

政党 M	United Malays National Organisation (1959-2013), Parti Islam Se-Malaysia (1974).
政党 M'	Parti Islam Se-Malaysia (1959-1969, 1978-2013), Party Negara (1959-1964), Socialist Front (1959-1964) のマレー人候補, Party Rakyat (1969), Party Sosialis Rakyat Malaysia (1974-1986) のマレー人候補, Social Justice Party of Malaysia (1974-1982) のマレー人候補, Kesatuan Insaf Tanah Air (1974-1978) のマレー人候補, Parti Nasionalis Malaysia (1986) のマレー人候補, Semangat '46 (1990-1995), Parti Angkatan Keadilan Rakyat (1990), Parti Rakyat Malaysia (1990-1999), Parti Angkatan Keadilan Insan Malaysia (1995-1999), Parti Keadilan Nasional (1999), Parti Keadilan Rakyat のマレー人候補 (2004-2013), Barisan Jemaah Islamiah Se-Malaysia (2013), Parti Bersatu Sasa Malaysia (2013), Parti Kesejahteraan Insan Tanah Air (2013).
政党 N	Malaysian Chinese Association (1959-2013), Malaysian Indian Congress (1959-2013), Parti Gerakan Rakyat Malaysia (1974-2013), People's Progressive Party (1974, 2004-2013).

政党 N'	People's Progressive Party(1959-1969), Socialist Front(1959-1964)のノン・マレー候補, Malayan Party（1959）, United Democratic Party（1964）, People's Action Party（1964）, Parti Gerakan Rakyat Malaysia（1969）, Democratic Action Party（1969-2013）, Party Sosialis Rakyat Malaysia（1974-1986）のノン・マレー候補, Social Justice Party of Malaysia（1974-1982）のノン・マレー候補, Kesatuan Insaf Tanah Air（1974-1978）のノン・マレー候補, Independent People's Progressive Party（1974）, Socialist Democratic Party（1978-1986）, Workers Party（1978）, Parti Nasionalis Malaysia（1986）のノン・マレー候補, Parti Democratik Malaysia（1999-2004）, Parti Keadilan Rakyat のノン・マレー人候補（2004-2013）, Parti Cinta Malaysia（2013）.

(注) 括弧内は下院選挙に参加した年。無所属候補については候補者のエスニシティにしたがって M' か N' に割り振った。民族横断政党については，それが建前だけでなく実態としてノン・コミュナル政党と見なせる場合には，便宜的にそれぞれの候補者のエスニシティにしたがって M' か N' に割り振った。
(出所) 筆者作成。

第5章

パワーシェアリングの制度
——構造要因の効果——

はじめに

　本章と第6章，第7章では，残る二つの仮説，すなわち「多数派民族政党において，党首以外の党幹部ポストの価値が高いほど穏健政策が採用されやすい」(仮説2)，「多数派民族政党において，党首と対抗エリートのポストの価値の差が小さいほど穏健政策が採用されやすい」(仮説3) の妥当性を検証する。

　序章で述べたとおり，本書では党首ら党幹部ポストの価値を，(1) 政策決定への影響力，(2) 自己裁量で分配できる付帯利益，ならびにこれらの価値がともなう政治職を分配する権限，すなわち (3) 人事権，の3要素から構成されるものと定義する。党内のどのポストにこの3要素がどのくらい付随するかは，さまざまな政治制度によって大枠が規定されている。同時にそれは，景気変動にともなう政府支出の増減や選挙ごとの議席の増減によって変化する。

　ある党地方幹部職に就けば高い確率で下院議員になれるとしよう。そのポストに就いた人物が得る価値，すなわち，どのような領域でどの程度政策決定に影響力を行使でき，どのような政治職を差配でき，どの程度の付帯利益を享受できるかは，執政‐議会関係を定める制度や政府と与党の関係を定める制度，党内の意思決定制度などの諸制度によって大枠が定まっている。一方で，不況になれば予算が減り，影響力行使の対象と付帯利益が減る。

　ただし，ひとつひとつの政治制度は，それぞれが独立に党幹部ポストの価値を規定するのではない。さまざまな制度の組み合わせのうえに，全体としての党内価値配分システムが成り立っている。このシステムを取り巻く環境，

たとえば経済の状況が変わると，党内での価値配分に変化が生じることになる。

本章では，党内価値配分の構造的要因である政治制度について検討する。第2章で述べたように，パワーシェアリングが異例に長く続いたマレーシアの場合，**仮説2**から，次の現象が見られると予測できる。

「UMNOでは党首以外の幹部ポストの価値が高い」（**予測2-1**）。

加えて，票の共有の効果が広範に及ぶなら党公認候補となる地方幹部ポストの価値が高まるから，次の予測も成り立つ。

「UMNOには票の共有の恩恵を享受する幹部が多い」（**予測2-1補**）。

仮説3からは，次の現象が見られると予測される。

「UMNOでは党首と対抗エリートのポストの価値の差が小さい」（**予測3-1**）。

もし，党首の座の価値だけが著しく高く，対抗エリートやその他の幹部のポストの価値が低ければ，党首が幹部を懐柔するのは困難になる。よって，マレーシアの場合には**予測2-1**と**予測3-1**の双方か，少なくとも一方が観察されるはずである。

本書がそうであるように，因果的推論を行なうにあたって単一の事例しか使えない場合，二つの方法が有効とされる。観察対象期間のうちに変化が見られる事象については，事例内の通時的比較による推論が可能である（Gerring 2007: Chap. 6）。他方，変化しにくい制度や地理的，社会的条件などの構造要因の効果を推論するには，反実仮想事例との比較に頼ることになる（Fearon 1991）。以下では，本章で扱う政治制度の効果についてはおもに反実仮想によって，次章以降で扱う環境変化の影響については通時的比較によって検証する。

政治制度を扱う本章では，まず票の共有にかかわるさまざまな制度を検討し（第1節，第2節），次にUMNO党首とその他の幹部ポストの価値を規定する制度を概観する（第3節）。そのうえで，制度構成や社会条件が違っていたらいかなる帰結が予想されるかを検討して結論を導く（小括）。

第1節　UMNO幹部にとっての選挙協力のメリットとデメリット

多数派民族政党が国政の執政権を得るうえで，異民族政党との協力が有利

に働くとしても，選挙協力の恩恵にあずかることができる党幹部が少ないなら，党内には不満がたまるだろう。党内の不満が強ければ，政策面での少数派政党への歩み寄りは難しくなる。では，パワーシェアリングが長期間続いたマレーシアでは，自身が政治職を得るうえで票の共有が有利になるUMNO幹部が多かったのだろうか。

表5-1は，下院選挙と州議会選挙におけるUMNOの候補者数と獲得議席数，勝率を，民族混合区（マレー人有権者比率が25％以上75％未満の選挙区）とマレー区（同75％以上の選挙区）のそれぞれについてまとめたものである（マレー半島部のみ。下院の1978年選挙，1982年選挙については推定値[1]）。

まず下院選挙についてみると，2004年選挙までの民族混合区での勝率は90％前後から100％と著しく高い。マレー区での勝率も総じて高いが波がある。民族混合区での勝率が2004年まで一貫して非常に高かったのに対して，マレー区については，1970年代から80年代にかけてはかなりの高水準を保ったものの，その前後ではばらつきが生じている。2008年選挙からは民族混合区での勝率が大幅に落ち込み，2013年選挙では初めてマレー区での勝率が民族混合区での勝率を上回った。

UMNOに割り当てられた選挙区のうち民族混合区の占める割合をみると，1959年選挙から1990年選挙までは5割強，1995年選挙以降は5割弱で推移している。

州議会選挙については，選挙区の民族構成が公表されている1986年以降の7回の選挙を対象とした。下院選挙と同様に，民族混合区での勝率は2004年選挙までは一貫して著しく高く，2008年選挙以降は7割程度まで下がっている。マレー区での勝率も総じて高いが，常に民族混合区での勝率より低く，ばらつきも大きい。また，UMNO候補が出馬した選挙区のうち民

---

[1] 推定の根拠は以下のとおり。1978年選挙ではUMNO候補73人中落選したのは5人。1986年以降の選挙区割りから推測すると，落選した5人のうち4人がマレー区，1人が民族混合区から出馬したと考えられる。UMNOに割り当てられた選挙区のうち民族混合区が占める割合が1986年選挙と同一（52％）と仮定すると，1978年選挙において民族混合区で出馬したUMNO候補は38人，マレー区で出馬したのは35人。1978年選挙での民族混合区におけるUMNOの勝率は37÷38＝97.4％，マレー区での勝率は31÷35＝88.6％，となる。1982年選挙ではUMNO候補75人のうち落選したのは5人で，5人ともマレー区から出馬したと考えられる。1978年選挙と同じ方法で計算すると，民族混合区での勝率は39÷39＝100％，マレー区での勝率は31÷36＝86.1％，となる。

表 5-1 マレー半島部における民族混合区（マレー人有権者比率 25％以上 75％未満）とマレー区（同 75％以上）における UMNO の候補者数，獲得議席数，勝率

A. 下院選挙

	民族混合区[1]			マレー区		
	候補者数	議席数	勝率	候補者数	議席数	勝率
1959 年	35	32	91.4％	34	20	58.8％
1964 年	37	37	100.0％	31	22	71.0％
1969 年	37	33	89.2％	31	19	61.3％
1974 年[2]	n.a.	n.a.	100.0％	n.a.	n.a.	100.0％
1978 年[3]	38	37	97.4％	35	31	88.6％
1982 年[3]	39	39	100.0％	36	31	86.1％
1986 年	44	44	100.0％	41	40	97.6％
1990 年	44	44	100.0％	41	26	63.4％
1995 年	44	44	100.0％	48	36	75.0％
1999 年	43	41	95.3％	49	19	38.8％
2004 年	50	49	98.0％	53	46	86.8％
2008 年	48	31	64.6％	55	34	61.8％
2013 年	50	31	62.0％	56	42	75.0％

B. 州議会選挙（1986 年選挙から 2013 年選挙のみ）

	民族混合区			マレー区		
	候補者数	議席数	勝率	候補者数	議席数	勝率
1986 年	110	110	100.0％	134	120	89.6％
1990 年	105	103	98.1％	141	94	66.7％
1995 年	121	121	100.0％	154	109	70.8％
1999 年	120	115	95.8％	155	61	39.4％
2004 年	130	129	99.2％	174	140	80.5％
2008 年	128	93	72.7％	176	114	64.8％
2013 年	125	88	70.4％	182	122	67.0％

（注）1）1964 年選挙と 1969 年選挙についてはマレー人比率 25％未満の選挙区から出馬した候補（各1人）を含む。
　　2）1974 年選挙では PAS が国民戦線に加盟していたために UMNO 候補は全員当選した。
　　3）下院の 1978 年選挙，1982 年選挙については推定値。推定の根拠は本章注1に記載した。
（出所）ECFM（1960），ECM（various years），マレーシア選挙委員会ウェブサイト，ならびに巻末付録に記載の資料をもとに作成。

族混合区の占める割合は下院よりやや低く，4割台前半で推移している。

　これらの数値から何がいえるだろうか。マレーシアでは多くの UMNO 地方幹部が票の共有の恩恵に浴してきた，とはいえよう。しかし，票の共有の受益者がパワーシェアリングの維持に貢献するほどの数に達していたのかどうかを判断するには，表 5-1 から読み取れるデータだけでは材料が足りない。

票の共有の受益者が十分か否かのひとつの判断材料は，党首ポストをめぐる競争において，結果を左右する立場にある人物（ピボット）が票の共有の恩恵に浴す立場にあるのか否かである。どのような人物がピボットになるかは役員選挙のルールなどにも左右されるから，党内の権力構造を定めるルールなど選挙以外の諸制度をも検討した後でなければ，票の共有の受益者が十分かどうかについて判断できない。そこで，この問題に関する総合的な検討はのちに本章末で改めて行なうこととして，まずは下院選挙と州議会選挙での票の共有がどのような条件のもとで成立しているのかをさらに検討していこう。

　異民族政党との協調がUMNO幹部にもたらすメリットとデメリットを特定するには，UMNO候補の勝率や民族混合区の割合を調べるだけでは足りない。ほかにも，まず，UMNOが候補の擁立を見送った選挙区の性質を検討する必要がある。FPTP下での票の共有は統一候補の擁立を前提条件とするからだ。友党に譲った選挙区において自党の幹部がきわめて強い不満をもつようであれば，そもそも統一候補の擁立が頓挫しかねない。

　では，UMNOがMCAほかの友党に譲っているのはどのような選挙区か。前章の表4-3で示したように，ノン・マレーの友党に割り振られたのは，ほとんどがマレー人有権者比率50％未満の選挙区である。下院選挙においてマレー人有権者比率が50％未満の選挙区の割合は，1959年選挙から1969年選挙までは4割強，1986年選挙以降は3割強で推移してきた。鳥居（2003）によれば，マレー人が多数の選挙区の比率は1974年選挙を境に高まっているから，1974年から1982年にかけての3回の選挙についても1986年以降と同水準と考えられる。

　もしもノン・マレー政党との協力がなかったとしたら，UMNOが単独でこれらの選挙区で勝利するのは困難であろう。UMNOが友党に譲っているのは，ほとんどが譲ってもあまり惜しくない，党内から不満の出にくい選挙区なのである。さらに，1959年選挙から1969年選挙までは，マレー人有権者比率が50％未満の選挙区も，その4分の1程度がUMNOに割り当てられていた。つまり，UMNOにとってはノン・マレーの友党に選挙区を譲ることのデメリットは少なく，そのうえ最初の3回の選挙においては，単独では獲得が困難な選挙区でも友党との協力によって議席を得ることができていた。

　もしUMNOが民族的利益の追求に関してより急進的な立場をとり，単独

で選挙に臨んでいたとしたら，マレー区での獲得議席数は増えただろうが，少なからぬ民族混合区を失ったはずである。現実には民族混合区で完勝し，マレー区でもおおむね高い勝率を実現してきたから，単に中央の執政権を獲得するためだけでなく，UMNOの議席数を最大化するうえでも，ノン・マレー政党との協力は急進路線をとって単独で選挙に臨むよりもベターな選択なのだと考えられる。

さらに，ノン・マレー政党との協力は，友党に譲った選挙区においてもUMNOに便益をもたらしている。MCAやグラカンが議員を出している選挙区では，UMNOが陳情の窓口となり，その地区のマレー人住民やマレー系業界団体の利益代表者となっているからだ[2]。もしノン・マレー政党との協力関係がなければ，ノン・マレー住民が多数を占める地域ではUMNOが利益代表者として影響力をもつのはきわめて困難であろう。このような補完関係は，UMNOから議員が出ている場合にも成り立つ。すなわちMCAやグラカンは，UMNO議員とノン・マレー団体とをつなぐ陳情窓口としての影響力をもっている[3]。少数派政党にとって，このような選挙区レベルでの一種のパワーシェアリングは，多数派のUMNOに協力するインセンティブのひとつになっていると考えられる。

また，州議会選挙における選挙協力は，UMNO候補が議員ポストを得るのに寄与するだけでなく，多くの州で執政権を安定的に確保するのに必要な手段になっている。表5-2は，マレー半島部の各州における州議会の定数とマレー区の数，マレー区が州議会定数に占める割合，州議会選挙区のマレー人有権者比率の中央値，マレー人有権者比率50％未満の選挙区が定数に占める割合，を示したものである。1986年選挙時の数値と2013年選挙時の数値を比べると，四半世紀あまりの間にペナンとスランゴールの他ではマレー区の割合が高まったが，極端に大きな変動はない。

---

2) クダ州MCAスンガイプタニ支部での聞き取り（2001年6月），グラカン・スンガイプタニ事務所での聞き取り（同），ならびにスランゴール州議会議員ウォン・サイホウ氏（MCA所属。Kampung Tunku選挙区選出）秘書からの聞き取り（同）による。

3) 故マハズィール・モハメド・キール下院議員（教育政務官・当時）からの聞き取り（2001年1月）による。ただしインド人政党のMICは議員や行政とインド系住民・団体とを仲介する役割を十分果たしていないため，NGOがこれを代行しているとの指摘もある（MIC本部ならびに社会戦略財団［Yayasan Strategik Sosial］での聞き取り。2005年9月）。

表 5-2 州議会選挙におけるマレー区の数と比率，選挙区のマレー人有権者比率の中央値，マレー人比率 50％未満の選挙区が定数に占める割合（マレー半島部のみ）

1986 年

	定数（A）	マレー区の数（B）	マレー区の比率（B/A）	選挙区のマレー人比率の中央値	マレー人が50％未満の選挙区（％）
プルリス州	14	11	78.6％	87.6％	7.1％
クダ州	28	16	57.1％	82.3％	10.7％
クランタン州	39	37	94.9％	96.6％	2.6％
トレンガヌ州	32	30	93.8％	98.5％	0.0％
ペナン州	33	4	12.1％	41.2％	60.6％
ペラ州	46	4	8.7％	55.8％	39.1％
パハン州	33	13	39.4％	69.9％	18.2％
スランゴール州	42	6	14.3％	55.4％	38.1％
ヌグリスンビラン州	28	5	17.9％	57.8％	35.7％
マラッカ州	20	4	20.0％	54.4％	30.0％
ジョホール州	36	5	13.9％	58.2％	27.8％

2013 年

	定数（A）	マレー区の数（B）	マレー区の比率（B/A）	選挙区のマレー人比率の中央値	マレー人が50％未満の選挙区（％）
プルリス州	15	14	93.3％	85.8％	6.7％
クダ州	36	24	66.7％	86.0％	11.1％
クランタン州	45	43	95.6％	97.5％	0.0％
トレンガヌ州	32	31	96.9％	98.7％	0.0％
ペナン州	40	4	10.0％	27.9％	62.5％
ペラ州	59	11	18.6％	62.4％	37.3％
パハン州	42	22	52.4％	76.6％	16.7％
スランゴール州	56	7	12.5％	53.8％	39.3％
ヌグリスンビラン州	36	8	22.2％	62.1％	38.9％
マラッカ州	28	9	32.1％	62.7％	21.4％
ジョホール州	56	11	19.6％	55.7％	33.9％

(出所) ECFM（1960），ECM（various years），マレーシア選挙委員会ウェブサイト，ならびに巻末付録に記載の資料をもとに作成。

　プルリス州，クダ州，クランタン州，トレンガヌ州の北部 4 州は，マレー区が定数に占める割合が高く，マレー人比率 50％未満の選挙区の割合は非常に低い。これらの州で州政権を獲得・維持するには，マレー人からの得票を最大化する政策をとるのが有利である。

　しかし，残る 7 州の事情は大きく異なる。マレー区が州議会の定数に占める割合はいずれも低く，1986 年選挙時点では，パハン州以外の 6 州では 20％以下であった。マレー人比率 50％未満の選挙区が定数に占める割合をみると，ペナン州では 6 割を超す。その他の州でも 2 割から 4 割程度に及ぶ。もし UMNO が単独で選挙に臨むなら，ペナン州の執政職を得るのは不可能である。その他の 6 州についても，ノン・マレー政党と協力関係を結び，マ

表 5-3 マレー半島部州議会選挙における連盟党／国民戦線の勝敗
(○は過半数議席を得て勝利，△は半数以下（相対多数）での勝利，●は敗北)

	1959	1964	1969	1974	1978	1982	1986	1990	1995	1999	2004	2008	2013
プルリス州	○	○	○	○	○	○	○	○	○	○	○	○	○
クダ州	○	○	○	○	○	○	○	○	○	○	○	●	○
クランタン州[1]	●	●	●	○	○	○	○	●	●	●	○	●	●
トレンガヌ州[2]	●	○	○	○	○	○	○	●	○	●	○	○	○
ペナン州[3]	○	○	●	○	○	○	○	○	○	○	○	●	●
ペラ州[4]	○	○	△	○	○	○	○	○	○	○	○	●	○
パハン州	○	○	○	○	○	○	○	○	○	○	○	○	○
スランゴール州	○	○	△	○	○	○	○	○	○	○	○	●	●
ヌグリスンビラン州	○	○	○	○	○	○	○	○	○	○	○	○	○
マラッカ州	○	○	○	○	○	○	○	○	○	○	○	○	○
ジョホール州	○	○	○	○	○	○	○	○	○	○	○	○	○

(注) 1) 1974 年選挙当時は PAS が国民戦線に加盟していた（1977 年に離脱）。
2) 1959 年選挙で PAS 政権になったが，1961 年に PAS 議員の党籍変更により連盟党が政権掌握。
3) 1969 年選挙後にグラカン中心の州政権になったが，同党は 1972 年から連盟党と連携。
4) 2008 年選挙で人民連盟政権が誕生したが，同連盟所属 3 議員の離党により 2009 年に国民戦線が政権掌握。
(出所) ECFM (1960), ECM (various years), マレーシア選挙委員会ウェブサイトのデータをもとに作成。

レー人有権者比率の低い選挙区を友党に差し出すのと引き替えに民族混合区で票の共有の効果を期待する戦術の方が，州政権を安定的に確保するうえで得策である。

ノン・マレー政党と協力することで，仮に連立政権内の第 1 党の座を譲ることになったとしても，ペナンとマラッカを除く半島部では，州首相（Menteri Besar）のポストは UMNO が得る。スルタンを元首とするこれらの州では，「マレー人でイスラム教を信仰する者でない限り（unless he is of the Malay race and professes the Muslim Religion）」州首相には任命されないと州憲法で定められているからである[4]。

2008 年選挙で突如として票の共有の効果が失われるまで，ほとんどの州議会選挙で連盟党／国民戦線が勝利してきた（表 5-3）。連盟党／国民戦線が州議会選挙を制した場合，華人が人口の過半数を占めるペナン州のほかでは，UMNO の代表が州首相の座を得ている。住民のほとんどがマレー人で構成されているクランタン州とトレンガヌ州の事情は異なり，とりわけクランタン州は PAS の牙城となっている。それでも，UMNO が州レベルの執政ポス

---

4) クランタン州では，この適格条項が副首相（Deputy Menteri Besar）にも適用される（クランタン州憲法 12 条 (2)）。かつてイギリスの直轄植民地だったペナンとマラッカ（およびサバ，サラワク）ではノン・マレーの市民が州首席大臣（Chief Minister）になることができるが，これらの州でも移民 1 世（帰化によって国籍を得た者）は首席大臣になれない。

トを最大化するには，ノン・マレー政党と協力するのが急進路線をとって単独で選挙に臨むよりもベターな戦術であったのは間違いない。

　以上のように，UMNO にとってノン・マレー政党との選挙協力は，メリットが多くデメリットの少ない戦術である。国政の執政権を得るためだけでなく，連邦議会下院と州議会の議席を最大化するうえでも，また州レベルの執政ポストを最大化するうえでも，ノン・マレー政党と協力して票の共有の恩恵を享受する方が，PAS とのアウトビッディング合戦に興じるよりも有利な選択なのである。

　しかし，党にとって最良の選択ならばすべての党員に支持されるとは限らない。マレー区の UMNO 候補は PAS との競争においてしばしば苦戦を強いられてきた。独立当初，マレー区での勝率は 6 割程度にとどまっており，1970 年代から 80 年代にかけては完勝できたものの，1990 年以降は好不調の波が大きくなった。加えて，クランタン州では一貫して PAS への支持が強く，PAS が州政権を握る期間の方が長くなっている。PAS との競争において不利な立場におかれたマレー区の UMNO 幹部が，民族融和路線に強い不満を抱いたとしても不思議ではない。UMNO にとってノン・マレー政党との協調は，多くの地方幹部にメリットをもたらす一方で，一部の幹部には不都合をもたらすものだと考えられる。

第 2 節　票の共有なき選挙の不在

　第 4 章から前節にかけて，異民族政党との協調から生じる票の共有が，下院選挙と州議会選挙において多くの UMNO 地方幹部にメリットをもたらしてきたことを確認した。しかし，票の共有が生じない，あるいはわずかな恩恵しかもたらさないような選挙が存在したとしたら，どうなっていただろう。もしもそのような選挙があったとしたら，UMNO 内に，どの選挙を優先するかをめぐって対立が生じえたのではないか。

　マレーシアの連邦議会は二院制で，下院のほかに上院が存在する。また，州の下位には市などの地方自治体が存在する。上院議員や市長などの政治職をめぐる競争は，票の共有に支えられた異民族協調路線と矛盾をきたさないのだろうか。本節ではこの点を確認しておこう。

(1) 上院議員の選出方法

　上院については，話は比較的簡単である。上院議員の直接選挙は行なわれていないからだ。上院は，各州（および連邦領）を代表する議員と国王が任命する議員で構成される（憲法第45条および第7附則）。州選出枠（1州につき2名）の議員は，州議会が選出する。国王任命枠の議員には，「公務員として著しく貢献し，あるいは専門職，商業，工業，農業，文化活動あるいは社会事業等に著しく貢献し，あるいは少数民族を代表し，あるいは原住民〈aborigines〉の利益を代表しうる」[5]者が，内閣の助言にもとづいて選出される。

　上院議員の数は，独立後に段階的に増やされてきた。マラヤ連邦が独立した時点では，州選出議員が22人（11州×2人），任命議員が16人で，計38人であった。1963年にマレーシアが発足した際，シンガポールとサバ，サラワクの代表が加わるとともに，任命議員が22人に増員され，定数は50人になった。翌1964年には任命枠が32人に広げられ，定数60人のうち任命議員が過半数を占めるようになる（Ahmad 1969: 3）。その翌年にはシンガポールの分離独立によって2人減となるが，1978年にクアラルンプール連邦領の代表2人が追加されるとともに，任命枠が40人に拡大される。その後，サバ州沖のラブアン島と行政都市プトラジャヤが連邦領になったのにともなって1人ずつ代表が加わり，現在の定数は70人である。

　任期は，独立時点では6年だったが，1978年の定数増員の際に3年に短縮された。州選出議員，任命議員ともに，再任は妨げられていないが，継続的であるか否かを問わず3期以上務めることはできない[6]。

　このような制度は，上院が執政府の運営を困難にすることがないよう，リード憲法起草委員会（第3章参照）が配慮した結果，生まれたものである。リード委員会は，上院議員は「直接選挙で選ばれるべきではない」と主張し，過半数は州における間接選挙による選出，残りは国王による任命とするよう勧告した。その理由として同委員会は，(1)憲法改正を除き上院の立法権は下院と同等ではなく，修正する権限と遅延させる権限に限定される，(2)閣僚は上院で不信任決議を受けても職務を続ける，の2点を挙げた（Colonial

---

　5）　鳥居編（1996）における竹下秀邦の訳に倣った。
　6）　独立当初は，再任回数の上限は設けられていなかった。

Office 1957: 26)。上院は内閣が責任を負う対象ではなく，ゆえに議員は直接選挙で選ばれるべきではない，というロジックである。また，リード委員会が任命枠を設けたのは，少なくとも当面は「選挙に出馬する意思はなくとも連邦に著しい貢献をなす，あるいは特別な資格を有する人物」を上院議員に加えるのが望ましいとの認識があったことに加え，スルタンと連盟党の強い要望があったためである（Colonial Office 1957: 27）。

ただしリード委員会は，この制度が永続的に維持されるべきとは考えなかった。国王任命枠については，「それが望ましいと考えられるときがきたら」縮小ないし撤廃する権限を連邦議会に与えるよう勧告した。州選出枠についても，「将来，間接選挙のこのシステムが望ましからざるものになる」可能性を認め，各州の住民による直接選挙制を導入する権限を議会に付与することを勧告した。こうした留保の背景には，全議員を直接選挙で選出すべきだと主張する委員の存在があった。元オーストラリア総督のウィリアム・マッケル委員とパキスタン人判事のアブドゥル・ハミド委員は，議会制民主主義にそぐわないという理由で任命枠と間接選挙に強く反対した。かれらの見解は少数派意見として報告書に盛り込まれている（Colonial Office 1957: 34-36）。

上院に関するリード委員会の勧告は，丸ごと独立憲法に反映された。議会には，法律を制定して州選出議員の直接選挙を導入し，任命枠を削減・撤廃する権限があることも明記された（45条4項）。この規程は現在も維持されており，また過去には野党議員が直接選挙の導入を訴えたこともあった。1978年の憲法改正で国王任命枠が拡大された際，下院の審議で野党指導者（Leader of the Opposition）のリム・キッシャン議員（DAP書記長）が以下のように述べている。「上院議員が国民に尊敬される役割を担うよう望むなら，州選出の議員が国民によって選ばれるようにしなければならない。これはおかしな提案ではない。マレーシア憲法の父たちの思想のなかにみられる案なのである。この条項を実行すべきときがきたと私は考える」（DR8-12-1978: 3922）。

だが，野党の訴えは聞き入れられず，上院議員の直接選挙はいまだ実現していない。それどころか，1964年の増員の際には任命枠を定員の半数未満と定めたリード委員会の勧告が無視され，1978年の増員で任命議員の比率

がさらに高められた。現在，定数70人のうち，連邦領代表4人も含めると44人が国王によって任命された議員である。国王による任命は内閣の助言にもとづいて行なわれるから，任命議員は与党連合加盟政党の党員か与党に近い人物で占められている。ここに州選出議員のうち3人が加われば，定数の3分の2を上回る。したがって，上院において憲法改正に必要な3分の2の支持を得るのはたやすい。上院は，憲法改正に関しては下院と同等の権限を付与されたはずだったが，任命枠の拡大によって執政府からの独立性が失われ，憲法改正に歯止めをかけることすらできない形骸化した機関になった。

　上院議員の直接選挙は導入されず，任命枠が縮小・撤廃ではなく逆に拡大されたのは，それが連盟党／国民戦線政権の利益にかなう措置だからに違いない。もし，州代表議員が直接選挙で選ばれることになれば，その選挙では票の共有が十分に働かないかもしれない。任命枠を撤廃して全議員を選挙で選ぶとなると，そのリスクはさらに高まる。たとえば，州をひとつの選挙区として4人を選出し，有権者が4候補に投票できる制度（中選挙区完全連記制）になったとしよう。1963年まで実施されていた地方自治体選挙では，一部で中選挙区完全連記制がとられていたから，もし州代表を直接選挙で選ぶならこの制度が有力なオプションになったはずだ。この制度のもとでの直接選挙になれば，急進派の野党が議席を獲得する余地が広がる。一方，現行の間接選挙では，州議会の過半数を押さえればその州を代表する上院議員全員を連盟党／国民戦線から選べるから，州議会選挙を戦ううえで最適な戦略がすなわち上院議員の数を最大化する戦略ということになる。

　任命枠は，与党が上院議員の数を最大化するのに都合がいいだけでなく，中央の執政権を握る最高幹部にとっては自由裁量で分配できる政治的資源としての旨みもある。この資源の使い道のひとつに，政治的競争に敗れた党幹部への補償がある[7]。これまで，下院選挙で落選した，あるいは党内の派閥抗争に敗れた党幹部が，上院議員に任命された事例がいくつもある[8]。この現象についてDAPのリム・キッシャン書記長は，先に引用した下院審議で

7）テクノクラートや民間人を閣僚に登用する手段として上院の任命枠が用いられることもある。2004年にアブドラ首相によって第2財務相に任命された中央銀行出身のノル・モハムド・ヤコブや，2013年にナジブ首相によって首相府相に任命されたNGO代表のポール・ロウはその例である。

の発言のなかで，上院が選挙に負けた与党政治家を放り込む「ゴミ捨て場」と化していると皮肉った（DR 8-12-1978: 3922）。上院の任命枠は，競争に敗れた与党幹部が反主流派閥を形成することのないよう，かれらを慰撫し懐柔するための資源のひとつとして使われてきたといえる。

こうして形骸化された上院は，長年にわたり，法案を修正する権限を一切行使しなかった。若干の変化がみられたのは，2003年に第5代首相に就任したアブドラ・バダウィが議会の活性化に乗り出したときである。このときになって初めて，下院を通過した法案に上院が異を唱えた。2004年7月に改正農薬法案を審議した際，下院に法案を差し戻して修正を求めたのである（*NST*, July 27, 2004）。ただし，このとき上院が求めたのは小さな技術的修正にすぎず，執政府に難題を突きつけるものではなかった。むしろそれは，「民主的」な姿勢を国民にアピールしようとしていたアブドラ政権の思惑に沿ったパフォーマンスであった（中村 2007）。

(2) 廃止された地方自治体選挙

発足当初から直接選挙がなかった上院とは異なり，地方自治体では選挙が行なわれていた。第3章でみたように，それはイギリス統治末期に段階的な自治権付与の最初のステップとして導入され，1952年のクアラルンプール市評議会選挙は UMNO と MCA の協力関係が構築されるきっかけにもなった。ところが，地方自治体選挙は1965年に停止され，1976年の地方政府法（Local Government Act 1976）制定によって選挙のない制度が恒久化された。連盟党／国民戦線政権は，なぜ地方自治体選挙を廃止したのだろうか。もし地方自治体選挙が続けられていたとしたら，UMNO にどのような不利益をもたらしただろうか。

マラヤ／マレーシアの国土は，植民地期から今日にいたるまで，その全領域が地方自治体で覆われているわけではない。領域的には，各州は州政府が直接統括する郡（Daerah／District）に分かれており，郡のなかの都市部が

---

8) たとえば，のちに首相になるマハティール・モハマドが1969年選挙に落選し，その後ラーマン首相を批判して失脚した際には，ラーマンの後を継いだラザクがマハティールを上院議員に抜擢して中央政界に復帰させた。国民戦線が大きく議席を減らした2008年総選挙後に発足した内閣では，上院議員から正大臣3人と副大臣3人が登用されている。

地方自治体の統括する地域である[9]。

地方自治体はイギリスのカウンシル制度をモデルとしてつくられ,「議会が自治体という位置づけ」(齋藤 1998: 157) になっている。議会の議長は自治体の首長を兼ねる。ただし,植民地期は議員も議長も任命制であり,独立した後も多くの町では任命議員枠が残され,州の官僚が職権で議長を務めていた (Norris 1980: Chap. 2)。

独立直後のマラヤ／マレーシアには,さまざまな種類の地方自治体が存在した。それらは,1960年代初頭に行なわれた統一選挙の実施方法を基準にすると,(1) 比較的規模の大きな地方政府 (Local authority) と (2) 小規模な地方評議会 (Local council) に大別できる。地方政府には,規模の大きな順に特別市 (City),市 (Municipality),町 (Town) があり,加えて旧直轄植民地のペナンとマラッカには郡評議会 (District council) と地方郡評議会 (Rural district council) があった。地方評議会は1950年代になってから農村部に設置された規模の小さな自治組織で,多くは「新村」のものである。新村とは,イギリス統治末期に共産党対策として政府が不法占拠者を囲い込んだ地区である (第3章参照)。1948年に武装蜂起したマラヤ共産党は,ゲリラ闘争にあたってジャングルを拠点とし,周辺で農業を営む不法占拠者から食糧と資金,人材を得ていた。植民地政府は,ゲリラへの補給を断つべく,550あまりの新村を設置して,約50万人の不法占拠者を移住させた。新村への移住者の85％は華人であった (Malaysia 1970: 18-19)。

地方政府の統一選挙 (Local authority general elections) は,1961年と1963年の2度,地方評議会の統一選挙は1962年に1度だけ行なわれた。表5-4は,2度目にして最後となった1963年の地方政府統一選挙の結果をまとめたものである。この選挙は,47の議会の計580議席をめぐって争われた。連盟党は全体の70.9％に相当する411議席を得た。そのうち,UMNOが獲得したのは231議席で,連盟党議席の半数強,全体の4割にとどまっている。

州別にみると,人口に占めるマレー人の比率が高い北部4州では,計15の議会のすべてを連盟党が制した。ただし,UMNOが単独で過半数を獲得できたのは9議会にとどまる。北部4州においても,都市部では華人人口が

---

[9] 地方自治体が二つ以上の郡にまたがって形成されている例もある。郡は行政村 (Mukim) に分かれている。

表 5-4 1963年地方政府統一選挙結果

州	自治体名[1]	種別[2]	州都	定数	連盟党 UMNO	連盟党 総数	その他
Perlis	Kangsar	T	○	12	5	12	0
Kedah	Alor Setar	T	○	15	7	10	5
Kedah	Sungei Petani	T		14	7	9	5
Kedah	Kulim	T		12	3	8	4
Kelantan	Bachok	T		9	6	6	3
Kelantan	Machang	T		9	5	6	3
Kelantan	Kota Bharu	T	○	12	8	11	1
Kelantan	Pasir Mas	T		9	5	6	3
Kelantan	Pasir Puteh	T		9	3	5	4
Kelantan	Tumpat	T		9	8	9	0
Kelantan	Kuala Krai	T		9	6	9	0
Terengganu	Kuala Terengganu	T	○	12	6	8	4
Terengganu	Besut	T		11	7	7	4
Terengganu	Dungun	T		9	6	8	1
Terengganu	Kemaman	T		9	3	5	4
Penang	George Town	C	○	15	3	5	10
Penang	Penang Island	RD		15	6	11	4
Penang	Province Wellsley North	D		18	9	12	6
Penang	Province Wellsley Central	D		15	7	13	2
Penang	Province Wellsley South	D		9	2	4	5
Perak	Taiping	T		15	2	5	10
Perak	Ipoh	M	○	18	1	2	16
Perak	Kuala Kangsar	T		12	1	8	4
Perak	Kampar	T		12	1	12	0
Perak	Tapah	T		12	5	12	0
Perak	Tanjong Malim	T		12	4	8	4
Perak	Telok Anson	T		12	3	10	2
Pahang	Kuantan	T	○	15	7	15	0
Pahang	Temerloh / Mentekab	T		14	5	12	2
Pahang	Bentong	T		15	4	6	9
Pahang	Raub	T		12	3	12	0
Pahang	Kuala Lipis	T		12	5	11	1
Selangor[3]	Klang	T		12	3	7	5
Negri Sembilan	Kuala Pilah	T		9	3	8	1
Negri Sembilan	Seremban	T	○	15	1	5	10
Malacca	Town & Fort of Malacca	M	○	12	0	4	8
Malacca	Malacca Tengah	RD		19	11	19	0
Malacca	Alor Gajah	RD		19	14	19	0
Malacca	Jasin	RD		15	13	15	0
Johor	Johor Bahru	T	○	14	6	10	4
Johor	Bandar Maharani	T		12	7	10	2
Johor	Bandar Penggaram	T		12	2	4	8
Johor	Kluang	T		12	3	4	8
Johor	Segamat	T		9	4	7	2
Johor	Pontian	T		9	3	7	2
Johor	Kota Tinggi	T		9	3	6	3
Johor	Mersing	T		9	5	9	0
合計				580	231	411	169

(注) 1) 網掛け（　）は非連盟党政権になった自治体。
　　 2) C=City Council, M=Municipal Council, T=Town Council, D=District Council, RD=Rural District Coucil.
　　 3) Selangor の州都クアラルンプールの市評議会（City Council）は1960年連邦首都法で任命制になった。
(出所) ECM (1965b) および *Straits Times*, August 6-9, 1963 にもとづき作成。

相当の割合にのぼる。州議会選挙とは異なり，北部4州の地方政府選挙では民族混合区が多く，票の共有にもとづくパワーシェアリングによって連盟党が多数派になりえた。

　ところが，残る7州では大きく事情が異なる。ペナン，ペラ，ヌグリスンビラン，マラッカの州都を含む9都市で非連盟党が多数派を形成した（ECM 1965b; *ST*, Aug 6-7, 9, 1963）。連盟党に勝ったのはいずれも華人を支持母体とする政党である。最大勢力は社会主義者戦線（SF）で，ペナン州の州都ジョージタウン特別市とマラッカ州の州都マラッカ市，ジョホール州のクルアンを制した。SFはさらに，ヌグリスンビラン州の州都スレンバンとペラ州タイピン，パハン州ベントンの3都市で統一民主党（UDP）と連立を組み，ジョホール州バンダルプンガラム（バトゥパハの市街地）とペナン州プロビンスウェルズレイ南では無所属議員と提携して多数派を形成した。ペラ州の州都イポーでは人民進歩党（PPP）が過半数を制した。そして，スランゴール州の州都クアラルンプール特別市では，そもそも選挙がなかった。

　下院と州議会の選挙区に民族混合区が多い州の場合，市街地では華人の比率が高く，自治体選挙ではノン・マレー区が多くなる。UMNOにとっては，そもそも連盟党内における選挙区の割当が少ないうえ，ノン・マレー区ではMCAも弱かったため，規模の大きい重要な都市で議会内多数派に加わることができない。新村に重点的につくられた地方評議会の選挙は，UMNOにとってさらに不利なものであった。1962年に実施された地方評議会の統一選挙は計2419議席をめぐって争われたが，72.5％に相当する1754議席を華人が獲得している（Silcock 1963: 21）。UMNOにとって地方自治体選挙は，都市行政への参画を阻む障壁であった。

　こうした状況を背景に，地方自治体の選挙は廃止されることになった。その先駆けとなったのは，首都クアラルンプールである。1961年4月1日に連邦首都法（Federal Capital Act 1960）が施行され，クアラルンプール特別市評議会は完全な任命制に移行した。首都は無党派の評議員によって統治されるべきだ，というのがその表向きの理由だった（Rabushka 1973: 74）。

　1965年3月2日には，インドネシアとの紛争を理由に地方自治体選挙が全面的に停止された。インドネシアは，サバ，サラワクを含むマレーシアの形成に反対してマレーシアとの対決（Konfrontasi）を宣言し，ボルネオの国

境地帯での軍事行動を繰り返していた。1964年9月3日には，マレーシア全土に非常事態が宣言される。前日に，ジョホール州ラビスにインドネシア兵30人がパラシュートで侵入したためである（*ST*, Sep. 4, 1964）。非常事態勅令によって地方自治体選挙を停止することについて，ラーマン首相は，インドネシアに同調する「国内の敵」に騒乱をおこす機会を与えないためだと説明した（*ST*, Mar. 2-3, 1965）。

インドネシアとの紛争は，1965年10月のスカルノ大統領失脚によって沈静化に向かい，翌年5月には国交正常化がなされる。しかし，今度は自治体行政の機能不全を理由に，州政府が自治体の権限を奪って都市を管轄下におく例が相次ぐ。1965年7月から翌年9月までに，スレンバン，ジョージタウン，ジョホールバル，マラッカ，バンダルプンガラムが州の管轄下におかれた（Malaysia 1970: 27-28）。その後さらに，残りの州都とスランゴール州，パハン州，クランタン州の町が州政府の管理下に入った（Norris 1980: 23）。

非常事態勅令による選挙停止の4カ月後，地方自治体制度の抜本改革に向けた王立調査委員会が設立されている。上院議員のアティ・ナハパン[10]を委員長とする同委員会は，現地視察と関係機関・団体からの事情聴取を重ね，1969年1月30日に報告書を提出する（*ST*, Jan. 31, 1969）。この報告書でナハパン委員会は，地方自治体を市評議会と郡評議会の2種に再編して国土全域を自治体の管轄下におくことなどとともに，議員は直接選挙による選出とし，首長は議員のなかから，議会での投票によって選出するよう提言した（Malaysia 1970: Chap. IX）。

それから3カ月あまり後，クアラルンプールで暴動が発生し，連邦議会が1年9カ月にわたって停止されることになる（第6章参照）。1972年2月，議会再開を受けてようやく報告書が下院での討議に付される。野党議員はナハパン委員会の勧告どおり地方自治体選挙を実施するよう求めたが，アブドゥル・ラザク・フセイン首相は地方行政をまともに機能させることこそ重要だと反論した。ラザクはまた，国家レベルと州レベルで民主主義が行なわれていることに国民は満足していると述べ，地方自治体選挙の再開に否定的な見解を示した（Norris 1980: Chap. 6）。その4年後，地方政府法（Local Govern-

---

[10] ナハパンはジャーナリスト出身でMICの創設メンバーのひとり。当時，MICスランゴール支部長を務めていた（Morais ed. 1967: 213）。

ment Act 1976) が制定される。この法律によって，既存の自治体が特別市，市，郡評議会の3種に整理統合されるとともに，各評議会の議員と首長を任命制とする措置が恒久化された。議員と首長を任命するのは州政府である。

　1965年の非常事態勅令による選挙の停止から，地方政府法制定による恒久的な任命制の導入まで10年以上の隔たりがある。だが与党連合にとって，とりわけUMNOにとって，地方自治体選挙にメリットがないことには変わりなかった。1973年に連盟党が国民戦線に改組され，グラカンとPASが与党化したなかで，政府の脅威となりうるのはDAPのみであった。もし地方自治体選挙が再開されれば，それはDAPにとって，地方幹部に政治職を与えて組織を強化する絶好の機会になりえた。州政府権限を大幅に強化するかたちでの地方自治体改革には，ラザク首相の下院答弁のとおり行政の効率化という目的があったのだとしても，それが連立与党不安定化のリスクを排除するものだったことは間違いない。

第3節　UMNO幹部ポストの価値

　ここまで，票の共有を支える仕組みとその効果に焦点を絞って，異民族政党との協調がUMNO内のどのような立場の人物に利益をもたらすかを確認した。続いて，より広く，パワーシェアリング体制下におけるUMNO内の権力構造と利益配分について検討する。本書の仮説は，党首ポストの価値と対抗エリートのポストの価値との差が小さいとき，ならびに党首以外の党幹部のポストの価値が絶対的に高いときに，少数民族政党にも受け入れ可能な政策がとられやすいというものである。では，パワーシェアリングが長年続いたマレーシアは，いかなる状況にあったのだろうか。以下では，(1) 人事にかかわる制度，(2) 政策決定にかかわる制度，(3) UMNO地方幹部の付帯利益，の三つの側面を検討する。

(1) 人事にかかわる制度

　まず，連邦の執政府の構成から検討を始めよう。国王は自己の判断において，下院議員の過半数の信任を得そうな議員を，内閣を主宰する首相に任命する（憲法43条2項a）。したがって首班指名選挙はなく，これまでは最大党

派の連盟党／国民戦線の指導者，すなわち UMNO 総裁が自動的に首相に任命されてきた。その他の大臣の任免は，首相の助言にもとづき国王が行なう（同43条2項b，5項）。閣僚の実質的な任免権を握る首相は，内閣において「非同輩者の上に立つ第一人者」（サルトーリ 2000: 116）の立場にあり，その他の閣僚は部下に相当する。

　州の執政府も同様の制度のもとに構成されている。各州のスルタンないし知事[11]は，州議会議員の過半数の信任を得そうな議員を州首相ないし州首席大臣[12]（Menteri Besar／Chief Minister）に任命する。州政府の大臣にあたる執政評議会委員は，州首相・首席大臣の助言にもとづいてスルタンないし知事が任命する。連邦政府の首相と同様に，州首相・首席大臣は執政府において傑出した立場にある。ただし州議会においては，誰が「過半数の信任を得そうな議員」なのかは必ずしも自明ではない。のちにみるように，州レベルの党組織の自律性が低いからだ。そこで連盟党／国民戦線が州議会の過半数を占めた場合，その指導者である首相が州執政長官の選出に強い影響力を発揮してきた。

　次に，UMNO の権力構造をみる。図5-1は，2009年10月の改正前の党規約（UMNO 2006）にしたがって組織のあり方を示したものである。ここで図示した UMNO 組織の基本構造には，1960年の党規約改正以来ほとんど変化がない（Shafruddin 1987: Chap. 8）。最高評議会の評議員の増員など，細かな修正が施されてきただけだ。2009年に役員の選出方法を大幅に変更する規約改正がなされたが，これについては第8章で言及する。ここでは2009年の規約改正前の制度を検討しよう。

　最上位に位置する機関は，「党の最高権力」（kuasa tertinggi parti）とされる最高会議（Perhimpunan Agung）である。これは，全国の代議員らを集めて年に一度開催される党の総会である。党総裁らの要望に応じて特別総会が開催されることもある。最高会議は，党の方針を定め，総裁など党中央の役員を選出し監督する権限をもつ（UMNO 規約第8条1項～3項）。

---

11) 旧直轄植民地のペナン州とマラッカ州，ならびにボルネオのサバ州とサラワク州にはスルタン制度が存在しない。これらの州では，連邦政府が任命する州知事（Yang di-Pertua Negeri）が州元首の役割を担う。

12) 州執政長官の肩書きは，スルタン制のある州では Menteri Besar，スルタン制のない州では Chief Minister である。

図 5-1　UMNO 組織と中央政府，地方政府の関係（2009 年規約改正前）

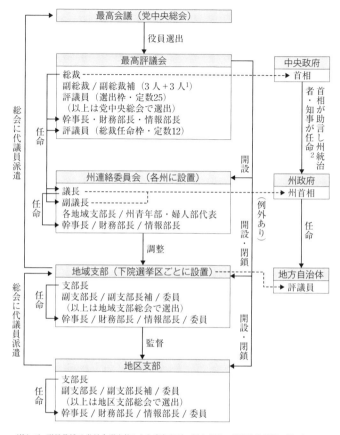

（注）1）副総裁補は党総会選出枠3人と青年部長，婦人部長，若年女性部長の計6人。
　　　2）首相が助言するのは国民戦線が州政権を握っている場合のみ。州統治者には首相の助言にしたがう法的義務はなく，首相の意向に反した決定を行なうこともある。
（出所）UMNO 党規約等にもとづき作成。

最高会議に出席するのは，議長・副議長のほか，中央執行機関である最高評議会（後述）の構成員，ならびに下院選挙区ごとに設置された地域支部（Bahagian / Division）の代表と，青年部，婦人部，若年女性部の代表である。地域支部の代表は，各支部の幹部6人（支部長，副支部長，副支部長補，青年部長，婦人部長，若年女性部長）と地域支部総会で選出される代議員7人で，1支部あたり計13人となる[13]（第8条4項）。2004年総選挙以降なら，地域支部の数は191だから[14]，地域支部代表は計2400人あまりである。青年部，婦人部，若年女性部の代表は，10人ずつがそれぞれの中央総会で選出される（同）。総計2500人あまりの最高会議出席者のほとんどを，地域支部代表が占めていることになる。

最高会議の監督下で経常的に党務を担うのは最高評議会（Majlis Tertinggi / Supreme Council）である。最高評議会の構成員のうち，総裁（Presiden / President. 1人）と副総裁（Timbalan Presiden / Deputy President. 1人），副総裁補（Naib Presiden / Vice President. 3人），評議員（Ahli / Member. 25人）は最高会議で選出される。これに，総裁任命枠の評議員12人と，総裁が任命する幹事長と財務部長，情報部長，ならびに副総裁補を兼ねる党青年部長，婦人部長，若年女性部長が加わる[15]（第9条2項～4項）。最高評議会構成員の任期は，1971年の規約改正前は1年間だったが，改正後は3年間になった（Shafruddin 1987: 290）。また1998年の規約改正によって，最高評議会の判断で党中央と支部の双方における役員選挙を最大18カ月延期することが可能になった（*NST*, Dec. 14, 1998）。

続いて地方組織についてみると，州レベルの党組織には独立した権限は与えられていない。各州におかれた連絡委員会（Badan Perhubungan / State Liaison Committee）は，州内の地域支部の活動を調整し，最高評議会の意向にし

---

13) 規約上は，地域支部総会で選出される代議員は党員500人につき1人で，1支部につき最大7人とされている。
14) 下院の定数は222だが，UMNOはサラワクには進出していない。
15) 最高評議会の構成と選出方法については，1955年から2009年までの間，ほとんど変更がなかった。2009年の規約改正前の制度と1955年規約にもとづく制度（Shafruddin 1987: 296）を比べると，両者の相違点は，最高会議で選出される評議員が15人から25人に増員され，総裁任命評議員が7人から12人に増員されたことと，若年女性部（Puteri UMNO）の部長が副総裁補の1人として加わったことのみである。若年女性部は2000年7月10日の最高評議会会合で提言され，同年10月16日の党総会で公式に設置された。

たがって支部で生じる問題の解決にあたる機関である（第12条13項）。

　地域支部と末端組織の地区支部（Cawangan / Branch）には自立性がある。どちらも支部総会で支部長らを選出し，支部長が幹事長らを任命する。地域支部総会は，域内にある地区支部の代表を集めて行なわれる。地区支部の数は，2009年時点で1万7000にのぼった（*Bernama*, October 15, 2009）。地域支部には，最高会議に代表を派遣する権利に加え，党の代表として地方自治体の評議員になる人物を指名する権限が与えられている（第15条12項1）。任命制になった地方自治体評議員のポストは，UMNO地域支部の執行部がその裁量で分配できる利権になったのである。

　一方で地域支部と地区支部は，最高評議会の直接的な統制のもとにおかれている。最高評議会は，2種の支部を開設・閉鎖する権限と，支部の役員を解任する権限をもつ（第10条8項，10項）。

　このように党内人事については，地域支部と地区支部に一定の自立性が与えられているものの，最高評議会，とりわけ総裁個人に幅広い裁量権が与えられている。最高評議会は，いま述べたとおり，党総会でかれらを選出する立場にある地域支部の役員を，自分たちの判断で解任できる。一方総裁は，最高評議会の構成員48人のうち，3割強にあたる15人を自身の裁量で任命する。さらに総裁は，州連絡委員会の議長と副議長を任命し罷免する権限をもつ（第12条5項）。

　公職の分配にかかわる権限も最高評議会に集中しており，その運用においては総裁個人が強い影響力をもつ。下院選挙と州議会選挙の公認候補については最高評議会に指名権があり，州連絡委員会の議長との協議のうえ候補を決める（第10条4項）。実際の選定作業では，首相である総裁らが官邸において各州の連絡委員会議長と個別に面談し，その後候補を決定するのが慣例になっている[16]。MCAなどの与党連合加盟政党の指導者も，候補者指名は国民戦線議長，すなわちUMNO総裁の専権事項であるとしばしば発言する。

---

[16] たとえば1999年選挙の場合，まず，UMNOの各地域支部が4人の候補を推挙するよう指示された（*Star*, Nov. 11, 1999）。議会解散の5日後にあたる11月15日から16日にかけて，マハティール総裁とアブドラ副総裁補，ナジブ副総裁補，カリル・ヤコブ幹事長，ダイム・ザイヌディン財務部長の5人が各州連絡委員会議長と会談し，地域支部作成のリストを検討した。党中央の意向に合わないリストを差し戻すなどの再調整の後，同月20日の立候補受付にあわせて党公認候補を決定した（*NST*, Nov. 16, 1999; *Star*, Nov. 16-17, 1999）。

選挙の公認候補者指名に関して強い影響力をもつことは，議会運営だけでなく，党運営に関してもUMNO総裁個人に有利に働く。選挙に出馬するのは，多くは地域支部の有力者だから，党総裁は候補者選定権を通じて地域支部に対して影響力を行使できる。

UMNO総裁は，議員だけでなく，州首相の選出にも強い影響力をもっている。州首相の任免権は各州のスルタンにあるが，UMNOが与党第1党の州では，ほとんどの場合，首相すなわちUMNO総裁が推薦した人物が就任する[17]。UMNO総裁がスルタンに推薦するのは，通常，自身が任命した州連絡委員会の議長または副議長である。また，州首相がUMNO総裁の意に沿わない行為をなした場合，総裁は総選挙の候補者指名権を用いてこの人物を下院選挙に転出させることもできる[18]。

かつて，独立前後の短い期間，州レベルに強い権限をもつ党機関が存在したことがあった（Shafruddin 1987: 277-285）。州執行委員会（State Executive Committee）と州代表者会議（State Delegates Conference）である。1955年から1960年まで存在した州執行委員会は，州議会選挙の候補者指名権をもっていた。下院選挙については，当時も最高評議会に最終的な指名権があったが，各州で開催される州代表者会議で採択された候補者リストのなかから指名することになっていた。したがって，党中央の意中の人物がリストに載っていなければ，最高評議会がこの人物を候補に指名することはできなかった。当時はまた，党総会の出席者の多くが州代表者会議で選出される代議員で占められていたから，地方の実力者と中央執行部の関係が悪化した場合，中央の現職の再選が危うくなる可能性もあった。

この制度のもとで派閥抗争が激化したため，ラーマン率いる当時の中央執行部が1960年の党総会で規約改正を提案し，多数決で採択した。それまで全員一致での決議が慣例となっていた最高会議で多数決となったのは，これが初めてであった（*ST*, Apr. 17-18, 1960）。この規約改正により，今日まで続

---

[17] 2008年選挙の後には，プルリス州とトレンガヌ州で州首相人事にスルタンが介入した。ただし，これは国民戦線が議席を大幅に減らすという環境の変化（第8章参照）があって初めて可能になったことだといえる。

[18] ヌグリスンビラン州首相を22年にわたり務めたモハムド・イサ・サマドは，2004年の総選挙でアブドラ首相によって下院選挙に転出させられた。翌年，イサは党役員選挙での票買いを理由に役員資格停止処分を受けた。

く UMNO 組織の基本構造がつくられた。

　今日でも，党公認候補選定過程では，州連絡委員会議長が地域支部の意向を踏まえて候補者リストを取り揃える。しかし地方組織が作成するリストに拘束力はなく，党中央の意に沿わない場合，中央から地方へ差し戻される[19]。

　現行制度のもとでは，州を単位に結束力の強い大派閥を形成するのはむずかしく，強力な地方ボスは生まれにくい。地域支部は党総会に代表を送って中央役員を選出する立場にあるものの，ひとつひとつは小組織であり，平時においては地域支部レベルの代表が現職総裁に反抗するのはむずかしい。

　2006年当時のアブドラ首相とマハティール前首相の対立は，そのことを端的に物語るエピソードである。対シンガポール政策などをめぐって後継者のアブドラと対立したマハティールは，党総会で持論を披露して支持を得ようともくろみ，地元の地域支部総会に出席して党総会代議員選挙に立候補した。ところが，マハティールは7人の代表枠に入ることができなかった (*NST*, September 10, 2006)。22年にわたり首相を務めた人物の権威をもってしても，現職の権力の前には，地元の地域支部を動かすことすらできなかったのである。

　このように UMNO の組織構造は中央集権的であり，とりわけ総裁個人に多くの人事権が集中している[20]。総裁ポストは他のポストに比べて価値の高いものであり，そのことは現職に代わりうる力をもつ対抗エリートにとって，現職に挑戦する誘因になると考えられる。

(2) 政策決定にかかわる制度

　続いて，政策決定における執政府と与党の関係を検討しよう。日本のそれをあらわす表現を用いると，マレーシアは「政高党低」の傾向が著しい。与

---

19) 本章註16参照。
20) 本書がここで指摘しているのは，広範な人事権が総裁ポストを他のポストに比べて価値の高いものにしているということであって，UMNO 総裁が他の党幹部の意向を無視して権限を行使できるということではない。むしろ総裁は，党幹部の支持をつなぎ止めておくために，かれらの意向や業績を踏まえたうえで適切に資源を配分する必要がある。鷲田 (2014) は，国民戦線政権が資源の浪費を防ぎつつ有力議員の支持を維持するために，開発予算を効率よく集票に結びつけた州に対して閣僚ポスト配分で優遇していることを，緻密な計量分析によってあきらかにした。

党の非閣僚議員が構成する国民戦線バックベンチャーズ・クラブ（BNBBC）の議長を 2004 年から 2006 年まで務めたシャフリル・アブドゥル・サマドによれば，一般の議員には政策立案段階での影響力はほとんどない[21]。

そもそも議院内閣制では，執政府と議会の権力が政党を介して融合している。執政長官と議員が別々の選挙で選ばれ，執政府と議会が取引的な関係にある大統領制に比べ，個々の議員の政策決定への影響力は弱くなる傾向にある。

1980 年代の日本がそうだったように，議院内閣制で一党優位制の場合にも「党高政低」状況がありえないわけではない。だが，当時の日本にそれをもたらした制度的条件をマレーシアは欠いている。まず，当時の自民党では中選挙区制のもとで派閥が強い力をもったが，先にみたとおり中央集権的なUMNOでは固定的な派閥は育たなかった。また自民党には，議員が政策に関する知識を蓄え，族議員として成長した後に影響力を行使する場として政務調査会がある（猪口・岩井 1987）のに対し，UMNOは政策部会をもたない。法案の与党審査も行なわれていない。

さらに，自民党政調会の部会が国会の委員会に対応するかたちで設置されているのに対し，そもそもマレーシアの議会には，政策を討議する常任委員会が存在しない。下院における常設の委員会は，決算委員会のほかは議院運営に関するものに限られる[22]（下院運営規則［Standing Orders］第 76 条～80 条）。下院は必要に応じて特別委員会（Special Select Committee）を設置できるが（下院運営規則 81 条），独立からマハティール政権期にかけて設置された特別委員会はわずか五つにすぎない（Ahmad 1969: 144; Zainah 2006）。アブドラ政権下の 2004 年 7 月，22 年ぶりの特別委員会となる，刑法と刑事訴訟法の改正案を審議するための委員会が設置された。ナジブ現政権のもとでも，選挙法

---

21) シャフリル・アブドゥル・サマドBNBBC議長（当時）からの聞き取り（2005 年 9 月 7 日）。以下，BNBBCに関する記述は，別に出典が明示されない場合，このインタビューに依拠している。

22) マレーシア下院の常任委員会は，会計検査院長官（Auditor-General）報告を検討する決算委員会（Public Accounts Committee）に加え，運営規則委員会（Standing Orders Committee），議院の設備とサービスを検討する議院委員会（House Committee），議院の権利にかかわる問題を扱う特権委員会（Committee of Privileges），各委員会の委員の選出にあたる選出委員会（Committee of Selection）の五つである。上院の委員会は，下院のそれから決算委員会を除いた四つである（上院運営規則第 70 条～74 条）。

改正のための特別委員会が設けられている。しかし，これらは依然として例外的なケースである。予算案を含むほとんどの法案は，本会議を委員会に見立てた全院委員会（Committee of the whole House / Committee of the whole Senate）で審議される[23]。

全院委員会は与野党議員が入り乱れて質疑を行なう場であり，その進行は議長の手に委ねられている。複数の議員が発言を求めた場合，議長は最初に目に留まった議員に発言させる（下院運営規則第35条（2）／上院運営規則第34条（2））。同一の会派からの発言が相次いだ場合，議長はこの規定を利用し，その会派が陣取る方向に目を向けないことによって議事進行をコントロールできる[24]（Ahmad 1969: 57）。このような場で，一般議員が自らの望む方向に法案を修正するのはむずかしい。

採決で常に党議拘束下にあることも，議員の影響力を削いでいる。与党連合内の共通了解として，与党議員は明示的な指示がない場合にも政府法案を支持しなければならないという不文律がある（NST, Jan. 6, 2006）。2006年5月には，これを改めて確認する出来事があった。BNBBCが，院内総務の指示がない場合に自由意思での投票を認めるよう求めたのに対し，アブドラ首相がこれを拒否したのである[25]（NST, May 9, 2006）。

それでも，議会軽視の姿勢が著しかったマハティール政権期と比べれば，その後，与党議員の議会内活動は活性化した。2005年にBNBBCは，経済，国際関係，法務，保健など政策分野別の16の委員会を組織した。その目的は，議員の専門性を高めることによって，議会における答弁の質を上げるとともに，閣僚，官僚との意見交換を通じて政策策定により実質的に関与すること

---

23) マレーシア議会は三読会制をとっている。法案を上程する第1読会と，瑕疵を修正したうえで採決する第3読会は，いずれも形式的なものである。第2読会では法案の骨子が審議され，その後の全院委員会（ないし特別委員会）で細目が審議される（下院運営規則第48条，53条～60条，上院運営規則第47条，52条～60条）。

24) ただし，2004年10月に死去するまで22年あまりにわたって下院議長を務めたモハムド・ザヒールによれば，議長は全議員を見渡すことができるため，「最初に目に留まった者」との規定に縛られることなく発言者を選んでいたという（Mohamed 1986: 6-7）。いずれにせよ，誰に発言させるかの判断は議長に委ねられている。

25) これに先立つ2005年12月，連邦領イスラム家族法改正にあたり，国民戦線に所属する12人の女性上院議員が法案に反対の意向を表明し，自由意思での投票を認めるよう求めた。ナズリ・アジズ国民戦線院内副総務（議会担当首相府相）はこれを認めず，結局，議員は採決にあたり賛成の意思を表明した（NST, Jan. 6, 2006）。

にあった。だが，BNBBC の存在感が高まる前に，この動きを主導したシャフリル議長が辞任に追い込まれ[26]，議員の影響力向上は実現していない。

構造的な「政高党低」のもと，中央政府の政策策定に強い影響力をもつのは正副首相と閣僚である。省庁をまたがる案件については，随時，正副首相のどちらかを委員長とする閣僚委員会が組織される。州政府でも同様に，内閣にあたる執政評議会，とりわけ州首相ら少数からなる運営委員会 (Steering committee) が強い影響力をもつ (Shamsul 1986: 193-194)。

執政府の外部において UMNO 幹部が政策策定に深く関与しうる場としては，最高評議会がある。ただし，最高評議会の会合が開かれるのは 2 カ月に 1 度であり (UMNO 規約第 9 条 13 項)，ここは日常的に政策を討議する場ではない。しかも，22 年に及んだマハティール政権は，その最初期から UMNO 最高評議会での合意形成を回避して重要政策を決定した（第 7 章参照）。

以上のように，中央政府の政策決定においては首相＝UMNO 総裁，副首相＝同副総裁と閣僚の影響力が強く，州政府では州首相ほか執政評議会メンバーが強い権限をもつ一方，一般の UMNO 議員の影響力は相対的に小さい。

(3) UMNO 地方幹部の付帯利益

政治職の人事権は党総裁に集中し，政策決定は連邦政府，州政府ともに内閣主導で行なわれるなか，一般の UMNO 議員やそれ以下の地方幹部には，いかなる便益があるのだろうか。

UMNO 地方幹部が，そのポストにまつわるさまざまな付帯利益を得ていることは，村落政治研究において繰り返し指摘されてきた。かれらがもつ利権を体系的に把握するのは，ことの性質上困難である。しかし，既存研究の知見や過去の首相発言によれば，UMNO の地方幹部職は，相当の付帯利益がある魅力的なポストであるようだ。

マレーシア村落政治研究の第一人者であるシャムスルによれば，1960 年

---

26) シャフリルは，2006 年 5 月 4 日に DAP のリム・キッシャン議員が提出した動議に賛成した後，BNBBC 議長を辞任した。リムの動議は，議員の汚職への関与をほのめかす税務当局者の発言を『ニュー・ストレイツ・タイムズ』が掲載したことをめぐり，調査のために同紙の発行元を喚問するよう求めるものであった。与党院内総務を務めるナジブ副首相がシャフリルの行動を規律違反と見なしたため，シャフリルは BNBBC 議長を辞任した (*NST*, May 5-6, 2006)。

代にはすでに，企業家を志す，あるいは単に金持ちになりたいと願う若いマレー人にとって，政治家になるのがそのための近道だと認識されていたという（Shamsul 1997: 248-249）。企業家の UMNO 党員は農村産業開発庁（RIDA）の資金援助を受け，非企業家の党員は，ゴムの植え替え支援の申請などをめぐって郡役所から便益を受けた。多くの地方官僚もまた UMNO 党員であったから，党員は党地方幹部を通じてかれらに接近できたのである。UMNO を通じて行政官とのコネを得た者が，村の実業家として成り上がっていった（Shamsul 1986: 90-94, 155-156）。農村部における開発資金の配分においては，郡開発委員会のメンバーである州議会議員が強い影響力をもった（Rogers 1993: 77, fn. 22）。PAS が州政権を握っていたクランタン州でさえ，農村開発省の地方部局や首相府から派遣された州開発官を通じて連邦政府が建設などの開発事業を実施してきたから，UMNO 地方幹部はその配分に影響力を行使できた（Beaglehole 1976: 88-92）。

　1970 年代に入って新経済政策（第 6 章参照）が始まると同時に，地方開発推進のために郡レベルの行政組織が整備され，政治家の利権も拡大する。各郡に新たに設置されたのは，行動委員会，開発委員会，企画委員会，土地委員会の 4 機関である。このうちもっとも重要なのは，開発計画の立案，調整，実施に関して幅広い権限をもつ行動委員会で，ここには当該地区で選出された下院議員と州議会議員が参加する。また，官僚を含む委員の多くは国民戦線加盟政党の党員であり，4 委員会は実質的に，「"政府"の衣装をまとった国民戦線ないし UMNO の郡開発委員会」（Shamsul 1987: 31-32）であった。党内の立場は行政官より議員が上であるため，実質的な決定権は議員の手にあった（Shamsul 1986: 194-201）[27]。さらに，新経済政策の開始にともなって，国民戦線に所属する州議会議員と下院議員には自身の裁量で使途を決定できる 10 万リンギ程度の予算枠が与えられた[28]。

---

[27] 開発 4 委員会において議員が強い影響力をもったもうひとつの理由として，すべての決定，提案が州議会の承認を必要としたという事情がある（堀井 1998: 275）。

[28] Shamsul（1986: 195-196）によれば，このポークバレルの額は，州議会議員は 12 万リンギ，下院議員は 10 万リンギだという。一方，堀井（1998: 276）の調査地（クランタン州パシールマス郡）の場合，1981 年時点では 1 議員につき 9 万リンギ，1982 年には 14 万リンギであった。その後，下院議員については増額があった模様で，1995 年から 2008 年まで 3 期にわたりペナン州議会議員を務めたトー・キンウンによれば，下院議員のポークバレルは 50 万リンギ，ペナン州議会議員のそれは約 14 万リンギであった（Toh 2003: 154）。

地方開発に与党議員が深く関与するなか，議員の選挙区内の業者が開発事業の多くを受注した（堀井1998: 276）。ただし，建設業においては華人企業が支配的な地位にある。公共事業を落札したUMNO関係者は，事業を華人企業へ下請けに出し，ほとんど何もせぬまま利益を得た（Shamsul 1997: 248）。

1980年代半ば以降は，新経済政策の重点が地方開発から企業家育成へとシフトするが，ブミプトラ企業が政府から得たライセンスや契約をノン・ブミプトラの他社に売り渡して利ざやを稼ぐ行為は続いている。2005年には，アブドラ首相自身がこれを「レントシーキング中毒」，「仲介人文化」と呼び，UMNOに蔓延するこの悪弊を一掃しなければならないと訴えたほどである（*NST*, May 6, 2006; Abdullah 2005）。独立まもない時期から今日にいたるまで，議員の職やUMNOの地方幹部ポストには，多大な「旨み」があると考えて間違いないだろう。

小　括

本章では，**仮説2と仮説3**から予測される現象，すなわち，「UMNOでは党首以外の幹部ポストの価値が高い」（**予測2-1**），「UMNOには票の共有の恩恵を享受する幹部が多い」（**予測2-1補**），「UMNOでは党首と対抗エリートのポストの価値の差が小さい」（**予測3-1**）の3点が実際に観察されるか否かを確認すべく，マレーシアの政治制度を概観した。

まず，「UMNOには票の共有の恩恵を享受する幹部が多い」（**予測2-1補**）について改めて考えよう。連邦政府・州政府ともに執政制度は議院内閣制，選挙制度はFPTPで，ノン・マレー政党と協力すれば票の共有の恩恵を期待できる民族混合区が多い。1959年選挙から2004年選挙までの間，下院選挙において民族混合区から出馬したUMNO候補は，マレー半島部の同党候補の半数前後で，かれらの大半は当選した。州議会選挙（1986年〜2004年）については，民族混合区から出馬する候補は全体の4割強で，そのほとんどが当選を果たした。ノン・マレー政党との選挙協力で票の共有の効果を期待する戦術は，連邦政府の執政権獲得のみならず，連邦議会下院の議席を最大化し，できるだけ多くの州政権を安定的に確保し，かつ州議会の議席を最大化するうえでも，急進政策をとって単独で選挙に臨むより適切な戦術であっ

たと評価できる。

　票の共有の恩恵を享受する地方幹部の数は，役員選挙のルールと照らし合わせると，平時においてはパワーシェアリングを維持していくのに十分な水準にあったと考えられる。党首選挙で投票が行なわれた場合に結果を左右する立場にある人物（ピボット）は，下院選挙区ごとに設置された地域支部の代表のうちの誰かである。投票人の大半は，地域支部代表で占められているからだ。党首が再選されるには，かれらの過半数から支持を取りつける必要がある。多くの場合，下院議員と州議会議員は当該支部の指導者でもあり，かれら自身と取り巻きの多くが票の共有の恩恵に浴している。また，ノン・マレーの友党に譲った選挙区，すなわちマレー人が少ないために元来UMNOの勝ち目が薄く，もし急進路線をとれば勝つ確率がさらに下がるような選挙区の幹部は，連立抜きには得られない便益を享受している。これらの事実を勘案すれば，ピボットは票の共有の恩恵を享受する支部の代表である可能性が高いと考えられる。

　もしも，執政制度や議会制度，地方制度といった政治制度，ならびにエスニック集団の地理的分布という社会的条件が異なっていたら，票の共有の受益者はもっと少なかったはずだ。Horowitz（1991）は大統領選挙においても票の共有が生じうると主張したが，大統領選挙で票の共有の恩恵を受けるのは大統領候補ただ一人である。逆に，大統領制のもとで，議会選挙で票の共有が働く条件があるとしても，大統領選挙において票の共有の効果がないなら，そもそも異民族政党間の選挙協力が成り立たないだろう。マレーシアのように，執政長官の選出と議員の選出がひとつの選挙で行なわれ，そこで票の共有が働く場合に，中央政府の執政権獲得をめざす党首と議員の座をめざすその他の党幹部との利害が一致する。

　地方政府についても同じことがいえる。州政府の制度は連邦政府の制度とよく似ているうえに，やはり民族混合区が多い。マレー人の比率が高い北部4州では票の共有はほとんど発生しないが，半島部の残る7州では高い効果を期待できる。連邦政府の縮小コピーとでもいうべき州政府の制度は，票の共有の受益者を増やすには最適な制度だといえよう。

　また，票の共有が働かない選挙が存在しないことも重要だ。もしそのような選挙があれば，貴重な政治職が野党に奪われ，党地方幹部職の価値が下が

るからだ。マレーシアの場合，上院には直接選挙がなく，UMNO にメリットをもたらさない地方自治体選挙は早々に打ち切られた。任命制への移行によって，自治体評議員ポストは UMNO 地域支部が分配できることとなり，地方幹部の付帯利益が増大した。

　しかし，マレーシアの政治制度が票の共有の受益者を増やすのに適した制度であったとしても，もし UMNO 役員選挙のルールが異なり，一般党員にも投票権があったとすれば，パワーシェアリングの維持は困難になったに違いない。一般党員に投票権があるなら，党首選挙のピボットはかれらのうちの誰かである。そして一般党員は，自身が票の共有の恩恵を受けているわけではなく，さしたる付帯利益も得ていない。現職に反逆しても失うものはないのだから，現職が弱腰と見れば対抗馬に投票するに違いない。ピボットが付帯利益に浴する立場にあればこそ，対抗エリートとピボットの間に利害対立や「反逆者のジレンマ」が生じる余地ができるのである。

　一方，「UMNO では党首と対抗エリートのポストの価値の差が小さい」（予測 3-1）と評価するのは妥当でない。マレーシアの執政制度はイギリス型の宰相システムであり，執政府において首相＝UMNO 総裁が強い権限をもつ。加えて党内の人事でも，総裁が広範な裁量権を握っている。政策決定については，対抗エリートになりうる副首相や閣僚にはポストに相応の影響力があり，州政府では州首相が強い権限をもつ。だが人事権に裏打ちされた首相の影響力は，政策決定においても抜きん出ている（具体的な事例については第 7 章で言及する）。したがって，対抗エリートには党首に挑戦する強い動機があると考えられる。

　ただし，相対的にみれば総裁の力が突出しているとはいえ，「UMNO では党首以外の幹部ポストの価値が高い」（予測 2-1）のは間違いない。かれらは，「金持ちになるには政治家になるのが近道」という社会通念が広まるほど多大な付帯利益を享受しているからだ。下院議員や州議会議員である場合，利権の分配にかかわる党地方幹部の影響力はさらに高まる。票の共有の恩恵が，直接的には議員自身に，間接的にはその取り巻きにまで及んでいることと，その他の多くの地方幹部が多大な付帯利益を得ていることをあわせて考えれば，平時において党役員選挙のピボットは「現状維持を望む」タイプであろうという推測が成り立つ。

総裁職の価値が相対的に突出する一方，ピボットである地方幹部の付帯利益も「金持ちになる近道」と認識されるほど大きいということは，地方幹部の付帯利益が減少すれば，現職への挑戦にあたって対抗エリートとピボットの間のジレンマが解消されうることを意味する。このような状況はパワーシェアリングの運営を困難にすると予測できる。次章以降では，外部環境の変化が党内価値配分システムの挙動にいかなる影響を与えたかを検証する。

第6章

パワーシェアリング下の暴動
―― 制度の限界 ――

はじめに

　前章では，マレーシアの多数派民族与党 UMNO における価値配分を規定する制度を検討した。その結果，**仮説 2**「多数派民族政党において，党首以外の党幹部ポストの価値が高いほど穏健政策が採用されやすい」から予測される二つの現象，すなわち「UMNO では党首以外の党幹部ポストの価値が高い」（**予測 2-1**），「UMNO には票の共有の恩恵を享受する幹部が多い」（**予測 2-1 補**）が観察された。一方で，**仮説 3**「多数派民族政党において，党首と対抗エリートのポストの価値の差が小さいほど穏健政策が採用されやすい」から予想される，「UMNO では党首と対抗エリートのポストの価値の差が小さい」（**予測 3-1**）という現象は観察されなかった。

　すなわちマレーシアでは，相対的には UMNO 総裁ポストの価値が著しく高いから，現職の座の安定性は，その他の幹部ポストの価値を高く保てるか否かにかかっている。党幹部ポストの価値を高めるには，選挙でなるべく多くの議席を確保することとともに，付帯利益の分配が有効な手段になる。

　しかし，選挙は本質的に不確実性をはらむものであり，前章で確認したとおり，マレー区での UMNO の勝率には揺らぎが生じてきた。また，景気が悪化すれば党幹部職の付帯利益は減少する可能性が高い。不況の際には，景気てこ入れ策としての公共投資に対する需要が高まるにもかかわらず，供給はしばしば削減されるからだ。こうした環境の悪化によって，党幹部ポストの価値は低下する。

　実際には，マレーシアのパワーシェアリングは環境の変化によく耐えてきた。環境悪化を受けて UMNO が急進政策をとり，その結果ノン・マレー政

党が連立を離脱するという事態は生じていない。しかし**仮説2**と**仮説3**が妥当ならば，環境が悪化した際には，パワーシェアリングの解体にはいたらずとも，その運営を困難にするような事態がおきるにちがいない。すなわち，「UMNOにおいて，党首以外の党幹部ポストの価値が低下すると連立政権の運営が困難になる」（**予測2-2**），「UMNOの議席が減ると連立政権の運営が困難になる」（**予測2-2補**），「UMNOにおいて，党首と対抗エリートのポストの価値の差が開くと連立政権の運営が困難になる」（**予測3-2**）と予想される。本章と次章では，実際にそのような出来事があったかどうかを確かめる。

UMNOが改選前より議席を大きく減らしたのは，1969年と1990年，1999年，2008年の計4回の選挙である（前章の表5-1参照）。

一方，独立以来の経済状況の変化を振り返ってみると，マレーシアは長期にわたる不況を経験したことがない（図6-1）。各5カ年計画期間における年平均GDP成長率の変遷をみると，独立当初から第6次5カ年計画期（1991-95年）までは常に5％を上回っている。1996年に始まった第7次5カ年計画期以降，年平均成長率は4％台で推移しているものの，雇用面では完全雇用に

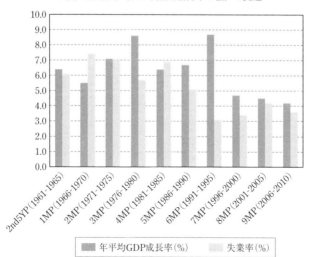

図6-1　GDP成長率（各5カ年計画期間中の年平均値）と失業率（5カ年計画最終年の値）の変遷

（注）2nd5YPは第2次マラヤ計画，MPは各マレーシア計画（5カ年計画）を指す。
（出所）各5カ年計画書（Malaysia[various years]）をもとに作成。

近い状態が維持されてきた。

　それでも，短期間ではあったが深刻な不況が，1980年代の半ばと90年代末，2000年代末に生じた。1985年のGDP成長率はマイナス1.0％で，翌86年の数値はプラスに転じたものの1.2％にとどまった（DOS 2013: 7）。1998年には，前年7月に始まった金融危機の影響が実物経済に及び，GDP成長率はマイナス7.4％に落ち込んだ。1980年代半ばには財政赤字削減のため，90年代末の金融危機の際には通貨防衛のために，政府は財政支出の削減を迫られた。2009年には，前年の9月に始まった世界規模の金融不安，いわゆるリーマン・ショックの影響を受けた。第4四半期には回復に向かったものの，通年のGDP成長率はマイナス1.6％であった。

　以下では，時間軸に沿って，(1) 1969年選挙での不振，(2) 1980年代半ばの不況と1990年選挙での不振，(3) 1998年の不況と1999年選挙での不振，(4) 2008年選挙での不振と2009年の不況，の四つのイベントを振り返り，それがパワーシェアリング政権の運営に困難をもたらしたか否かを確認する。本章では1969年選挙後の政治動向を振り返ることとし，残る三つの期間については次章でまとめて扱う。

　1969年選挙とその後の展開を詳しく扱うのは，この選挙を契機にマレーシアのパワーシェアリングは破綻したと見なす文献が存在するためである。この選挙では民族問題が主要な争点になり，投票から3日後の5月13日にクアラルンプールとその近郊で暴動（5.13事件）が発生した。事件発生の翌日に全土で非常事態が宣言され，その後1年9カ月にわたり議会が停止される。暴動後まもなく，UMNOではMCAの内閣からの追放とラーマン首相の辞職を求める声があがり，ラーマンは70年9月に退任した。議会再開の直後には市民的自由の制限が強化され，マレー人を優遇する新経済政策（New Economic Policy），いわゆるブミプトラ政策が始まった。

　こうした事態の展開を，民主主義下のパワーシェアリングが破綻し，支配的なエスニック集団が他の集団をコントロールすることで政治的安定を確保する体制（Lustick 1979）に移行したと解釈する文献がある。アウトビッディングについて体系的に論じたRabushka & Shepsle（1972: 125-127）は，マレーシアをアウトビッディングによって民主主義が破綻した事例のひとつに挙げた。Snyder（2000: 275）は，スリランカで深刻な民族紛争が生じ，5.13事件

以降のマレーシアが安定しているのは，民主主義のタイプが違うからではなく程度が違うからだと論じた。

1969年選挙後にパワーシェアリング政権の運営が困難になったのは間違いない。問題は，1969年選挙以降，権威主義体制のもとでマレー人指導者が華人，インド人の政治活動を統制して政治的安定を維持してきたという見方の妥当性である。この解釈が正しければ，華人，インド人の政治家はUMNOに操られる存在であって権力がなく，したがってマレーシアのパワーシェアリングは事実上1969年の時点で終わっていたということになる。

このような解釈は妥当だろうか。本章では，当時の報道や関係者による事後の記録などにもとづいて，1969年選挙前後の政治状況を振り返る。この作業を通じて，(1) 1969年選挙では急進政党の台頭によって連立政権が敗北の危機に瀕したのか（第1節），(2) 選挙後にUMNOで急進派が台頭してラーマンを首相の座から引きずり下ろしたのか（第2節），(3) 新経済政策はUMNO指導者が連立パートナーの意向を無視して導入したものだったのか（第3節），の3点を検証する。

第1節　1969年選挙：民族問題の争点化とその帰結

まずは1960年代半ばに民族問題が政治争点化する経緯から，事態の展開をみていこう。1969年選挙は，政党間の争いによって民族対立が煽られた選挙だといわれる。のちにみるように，暴動の直接の原因については政府と野党などの間に見解の相違がある一方で，民族問題が選挙の主要争点だったという認識は広く共有されている。暴動はラザク副首相派によるクーデターの一環として仕組まれたと主張する論者でさえ，この選挙では「PMIP（PASの英語略称）が，UMNOはマレー人を華人に売り渡しイスラムを裏切ったと非難し，DAPは，MCAがノン・マレーの権利をUMNOに売ったと非難した」と述べている（Kua 2007: 32. 括弧内は引用者による補足）。連盟党は，マレー人野党とノン・マレー野党の双方からのアウトビッディングに直面していたのである。

1969年選挙を扱った文献[1]は，民族問題が争点化するおもな契機として，シンガポール統合の影響と言語問題を挙げている。順にみていこう。

第1節 1969年選挙

　1963年9月16日，マラヤ連邦にシンガポールとサバ，サラワクが加わってマレーシアが発足する。この記念すべき日に，連邦の与党連合・連盟党とシンガポールの人民行動党（PAP）はライバルとして争っていた。4日前の9月12日にシンガポール議会選挙が公示され，選挙戦が繰り広げられていたのである。投票は，マレーシア結成から5日後の9月21日に行なわれた。PAPは，全51議席のうち37議席を獲得して政権を維持する。一方の連盟党は，42選挙区で候補を擁立したものの1人も当選させることができなかった（ST, September 13, 22, 1963）。

　連盟党が完敗したことについて，ラーマン首相はショックを受けたと述べる一方で，マレー人の支持者には自制を求めた。しかし地元のUMNO指導者たちは，PAPの勝利集会で挑発的な行為があったと抗議の声をあげた（ST, September 27, 1963）。

　翌64年4月に実施された第2回総選挙では，逆にPAPが初めてマレー半島部で候補者を擁立する。マレーシアに加わったばかりの3州が対象外とされたこの選挙において，PAPの主たる政敵はMCAであった。MCAとの競合にあたり，民主社会主義を標榜するPAPの指導者は，MCAは富裕層の政党であり，そのために華人大衆の支持を失ったと繰り返し主張した。MCA総裁のタン・シュウシン財務相は，この状況に強い危機感を抱く。タンは，マレーシア結成後まもなく開かれた年次党総会で，金持ち政党とのレッテルを貼られたMCAは結党以来もっとも深刻な脅威に直面していると述べた（ST, November 10, 1963; Polomoka 1964）。

　マレーシア結成当時，PAPを率いるリー・クアンユーは，段階的に党勢を拡大してMCAを追い落とし，UMNOと連立を組むという構想をもっていた[2]。しかし，PAPが第2回総選挙への参戦を決めると，ラーマンはPAPとの協調を拒否し，MCAと浮沈をともにすると言明する（ST, March 15, 29, 1964）。PAPは下院選挙に11人，州議会選挙に15人の候補を擁立したが，下院の1議席を得ただけに終わった（ECM 1965a）。

---

1) 1969年選挙に関する代表的な文献はVasil（1972）である。Von Vorys（1976）と長井（1978）も，1969年選挙前後の政治動向に多くの紙幅を割いている。いずれの文献も，この選挙の争点を定めた要因としてシンガポール統合と言語問題を重視している。投票結果を細かく分析した文献には，Ratnam & Milne（1970）とRudner（1970）がある。

1965年に入ると，PAPはノン・マレー主体のその他の野党と連携し，連盟党との対決姿勢を強める。野党連携にあたって共通目標に掲げられたのが「マレーシア人のマレーシア」(Malaysian Malaysia) の実現であった。5月9日にPAPと統一民主党 (UDP)，人民進歩党 (PPP)，サラワクのマチンダ党，サラワク統一人民党 (SUPP) の5党がマレーシア連帯会議 (Malaysian Solidarity Convention) を結成し，共同声明を発表する。この声明で，「マレーシア人のマレーシア」は以下のように定義された。

> マレーシア人のマレーシアとは，国民と国家が，特定のコミュニティないし人種の優位，福祉，利益と同一視されないことを意味する。マレーシア人のマレーシアは，マレー人のマレーシア，華人のマレーシア，ダヤクのマレーシア，インド人のマレーシア，カダザンのマレーシアなどに対するアンチテーゼである。それぞれのコミュニティの特殊利益の保障と促進は，全人種の集団的な権利と利益，責任の枠内においてなされなければならない。[3]

「マレーシア人のマレーシア」というスローガンが，マレー人の特権を強調するUMNOへの批判を込めたものであることは，共同声明発表に先立って行なわれたリー・クアンユーの説明にはっきり表れている。リーはまず，暗にUMNO指導者を指して，「かれらは特定の人種が政界を牛耳ることができ，その他のコミュニティはビジネスで儲けることだけで満足しなければならないといまだに信じている」と揶揄する。そのうえで，多くのマレー人が住む農村部における生活水準の向上が問題の核心だと認めつつ，特権付与は一握りのマレー人を資本家にするのに役立つだけで問題解決に繋がらない

---

[2] マレーシア結成の直前，リー・クアンユーは次のように述べている。「われわれがUMNOと組むことをMCAはおそれている。都市部で消滅することになるからだ。だからかれらは，トゥンク（ラーマンを指す：引用者），トゥン・アブドゥル・ラザクとわれわれを仲違いさせようとしている」，「トゥンクとトゥン・アブドゥル・ラザクは，われわれと協働することになると私は信じている。すぐさまとか来月ということではないが，数年のうちに」(*ST*, September 10, 1963)。

[3] DAP (1969: 1-5) 所収の共同宣言文 (*Joint Declaration by Opposition Parties from Sabah, Sarawak, Malaya and Singapore, Convenors of the Malaysian Solidarity Convention, on 9th May, 1965*) より抜粋。

と述べ，連邦政府の政策を批判した (ST, April 29, 1965)。

　リー・クアンユーの発言は，UMNO の強い反発を招いた。UMNO 側は，リーが憲法で保障されたマレー人の特別な地位を否定したと解釈したのである。ラーマンは回顧録で次のように述べている。「(統合後) リー氏は，かつて憲法を支持すると約束したにもかかわらず，憲法に定められたマレー人への譲歩は理不尽だとほのめかすようになった。のちにかれはこの線を押し進め，『マレーシア人のマレーシア』をスローガンに掲げ，(マレー人に) 保障されたすべての権利を廃止するよう要求した」(Rahman 1977: 112. 括弧内は引用者による補足)。

　UMNO 側からみれば，リー・クアンユー発言は独立協約 (第3章参照) の否定であり，決して容認できないものだった。ラーマンは当初，シンガポールに高度の自治権を付与し，引き替えに連邦レベルでの政治から手を引かせることを検討した。しかし，PAP と連盟党との対立が急激に進行したため，シンガポールの分離へと考えが傾く (Rahman 1977: Chap. 16-18)。水面下での準備が素早く進められ，1965年8月9日にシンガポールの分離独立が発表された。

　シンガポールの分離後，リー・クアンユーがまいた種はマレーシアに根付き，大きく育つことになる。PAP から下院選に出馬し当選したデヴァン・ナイールらは，党名を民主行動党 (DAP) に変えてマレーシアでの政治活動を続けた[4]。DAP は，「マレーシア人のマレーシア」のスローガンを引き継ぎ，1969年選挙では連盟党にとって最大のライバルになる。

　マレーシアに加わっていたわずか2年の間に，シンガポールの PAP は，華人，インド人の権利意識を大いに刺激するとともに，マレー人の対抗心に火をつけた。PAP 指導部が意図したのは，実はエスノナショナリズムの扇動ではなく，社会主義イデオロギーを通じてマレー人大衆に直接接近し，支持を獲得することであった (Vasil 1972: 10-11)。しかし結果的には，民族間の政治的対立を深めただけに終わった。

---

[4] PAP は，1965年9月9日にマレーシアでの政党登録を抹消された。翌日，ナイールは PAP Malaysia として改めて政党登録を申請するが，結社登録官が同じ党名での登録を拒否したため，10月に DAP に改称して再申請する。翌66年3月19日に政党登録が認められ，チェン・マンヒンを議長，ナイールを書記長として DAP が正式に発足した (ST, September 10, 11, October 10, 1965; March 20, 1966)。

PAPがもたらした民族意識の昂揚を背景に，1965年から67年にかけて言語問題が政治争点化する。華人が中国語を公用語に認定するよう要求する一方，マレー人はマレー語を唯一の公用語とすることを求めたのである。1957年に制定された連邦憲法では，マレー語が国語とされる一方で，独立の日から10年間は英語を公用語として用いることが認められた（152条）。連邦議会と州議会での英語使用が認められたのに加え，法律は英語で作成し，裁判所の手続きも英語で行なうことが明記された。また，10年間が経過した後についても，「別途議会が定めるまで」は英語を公用語とするとの留保があり，公用語としての英語の位置づけを維持することは妨げられていなかった。

　リー・クアンユーが「マレーシア人のマレーシア」を唱え始めた頃，教育省の外局である言語出版庁のサイド・ナシール・イスマイル長官は，マレー語を唯一の公用語にするための準備を進めるよう政府に呼びかけていた（ST, April 25, 1965）。英語を公用語とする経過措置期間は，2年あまり後の1967年9月1日に終了する。サイド・ナシールは，この日からすべての公務をマレー語で行なうべく，準備を進めるよう政府に要求したのである。かれは「国語月間」運動の主催者でもあり，この運動を通じてマレー語教員や公務員の支持を獲得し，UMNO最高評議会の評議員にもなっていた（Von Vorys 1976: 201）。同じく若手評議員のマハティール・モハマド，党幹事長のサイド・ジャファール・アルバールとともに，UMNO内の代表的な急進派として知られた人物である。

　対して華人社会では，上記のサイド・ナシール発言の2カ月後に行なわれた華人行業社団総会の代表者会議において，トゥ・ジュンヒン元MCA幹事長が中国語を公用語にすることを求める決議の採択を提案し物議を醸した（ST, June 21, 1965）。トゥは，第1回総選挙の議席配分などをめぐってラーマンと対立し，リム・チョンユー第2代総裁とともに離党した人物である（第4章参照）。

　中国語の公用語化を求める動きに，MCA中央執行部は同調しなかった。中国語を公用語にするには改憲が必要であり，改憲には議会の3分の2の賛成が必要であるため，実現の可能性がなかった。加えて，中国語を公用語にするよう要求することは独立協約からの逸脱であり，UMNOとの深刻な対

立が予想された（*ST*, August 2, 5, 1965）。

ところが，党青年部には，中央執行部の決定を無視して中国語の公用語化を求める人物がいた。青年部副部長補（Vice president）で華校教師会総会の会長を務めるシム・モウユーである（*ST*, August 23, 1965）。シムらの要求を受けて，MCA は政府機関における中国語のより自由な使用を求める方針をとる。ラーマンがこれに理解を示し，中国語使用のあり方について連盟党内で協議すると決まったことで，この問題はいったん沈静化する（*ST*, September 14, October 11）。

だが翌年，MCA 青年部指導者らは再び言語問題を争点化した。1966 年 9 月 26 日，スランゴール州支部が党中央に対し，中国語のより自由な使用を認めるよう政府に働きかけるため，総会を開催することを要求する。翌月にはペラ州支部がこれに同調し，さらには青年部が全国各地で支持者の集会を開催すると発表した（*ST*, September 27, October 5, 10, 1966）。この動きはマレー人側の不興を買う。モハムド・キール・ジョハリ教育相とラーマン首相は，相次いで不快感を表明した。言語出版庁のサイド・ナシールにいたっては，タン財務相の政治秘書が事務所の看板に中国語を記載していることを取り上げて，これは国語であるマレー語を軽んじる行為だと主張した。この混乱を受けて，MCA 中央執行部は 10 月 18 日にシムの解任を決議する（*ST*, October 8, 13, 16, 19, 1966）。

マレー人と華人の急進派の間で板挟みになった連盟党幹部は，この問題をどちらか一方の完全な敗北というかたちで終わらせるのを避けたかった。ラーマンは，「皆が自身の意思で受け入れることを望む」と述べ，強引な決着を避けた（Roff 1967: 325）。1967 年 2 月 27 日，ラーマンは国語法案を議会に上程する。この法案は，国語，すなわちマレー語のみを公用語に認定する一方で，英語の継続使用と，公文書のその他の言語への翻訳を公認するものであった。この法案は，マレー人と非マレー人の野党議員から挟撃され，どちらからも民族を裏切るものと非難された。とりわけマレー人側の反発は強かったが，連盟党の院内規律は保たれ，同法案は翌月 3 日に下院を通過した（Von Vorys 1976: 207-210）。

こうして公用語問題は，穏当なかたちでの決着をみた。しかし，マレー人社会と華人，インド人社会の双方に強い不満が残った。UMNO 党員を含む

マレー人社会の反発はとくに強く，一部ではラーマンの辞任を求める声すら出た (Roff 1967: 327)。一方，ノン・マレーの側では，DAP が 1967 年 7 月に党綱領（スタパック宣言）を発表し，「市民を『ブミプトラ』と『ノン・ブミプトラ』に区分し，公的部門の採用や昇進において差別すること」に反対する方針を打ち出した (DAP 1969: 19)。これは当時，憲法で保障されたマレー人の特別な地位に対するあからさまな攻撃と見なされた (Vasil 1972: 16)。

連盟党の中道政策が，両極に位置する急進派から攻撃されるというコンテクストのなかで，1969 年総選挙は実施された。マレー半島部での投票は，下院の 1 区を除き 5 月 10 日に実施され [5]，サバ州では 5 月 10 日から 25 日にかけて，サラワク州では同じく 5 月 10 日から 6 月 7 日にかけて投票が行なわれる予定であった (ECM 1972: 37)。しかし 5 月 13 日に暴動が発生したため，投票が済んでいなかった選挙区では選挙が延期された。

マレー半島部の下院 103 選挙区と州議会選挙については，投票の翌朝に結果が判明する (ST, May 12, 1969)。下院選での連盟党の獲得議席数は 66 で，連立を組むサバ州の統一サバ国民組織（USNO）が無投票で 10 議席を得ていたため，この時点で与党議席が定数 144 の過半数に達し，政権維持が確定した。

連盟党が下院の半島部議席 104 のうち 3 分の 2 に満たない 66 しか獲れなかったという事実は，当時，「もっとも悲観的な予想をも下回る」（1969 年 5 月 12 日付 *Straits Times* 社説）結果と受け止められた。この認識が，13 日の暴動の背景になっていく。

しかし，こうして歴史を振り返ってみると，この選挙について異なる解釈が成り立つことがわかる。1969 年選挙こそ，マレーシアのパワーシェアリングの頑健性を示したものだといえるのだ。民族間関係が悪化し，中道政策が両極から批判されるなかで実施されたこの選挙でさえ，連盟党は半島部で 6 割を超す議席を確保できたからだ。それを可能にしたのは票の共有であった。第 4 章の表 4-4 で示したとおり，この選挙でも民族混合区における連盟党の勝率はほぼ 8 割に達していた。サラワク州ではサラワク連盟党の苦戦が

---

5) マラッカ州の Melaka Selatan 選挙区での投票は，5 月 30 日に予定されていた。候補者の死去にともない，立候補受付が再度行なわれたため，投票日が延期されたのである。同選挙区での投票も，5 月 13 日事件の余波で延期され，1971 年 1 月 30 日に実施された (ECM 1972: 45-46)。

予想されたものの，サバ州では友党の完勝が見込めたため，下院における与党連合の議席占有率が6割を超えるのは確実であった。これは安定政権といえる水準であり，「敗北」と呼ぶにはふさわしくない選挙結果である。

ところが，与野党ともに当時の受け止め方は違った。DAPのリム・キッシャン（後の書記長）は「マレーシア人のマレーシア」の勝利だと宣言し（ST, May 12, 1969），支持者は祝勝パレードを行なった。一方，前回総選挙から下院選挙で8議席，州議会選挙で28議席減らしたUMNOからは，ラーマンの責任を問う声があがる（Von Vorys 1976: 317）。下院選挙と同日実施となった州議会選挙で連盟党は，クランタン州政権の奪還に失敗したのに加え，ペナン州政権を失っていた。さらにペラ州での獲得議席が半数に満たず，スランゴール州では与野党同数になった。ペラ州は，野党連合さえ成立すれば政権交代が実現する状況であった[6]。スランゴールでは野党側の当選者にマレー人がいなかったため，政権交代の芽はなかったものの，野党は選挙のやり直しを要求していた。UMNO支持者が不満と不安を募らせるなか，13日に暴動が始まる。

第2節　5.13事件とラーマンの退任

1969年5月13日夜，クアラルンプール各所と近隣の都市で暴動が始まる。暴行，放火，略奪，発砲が相次ぎ，社会秩序が完全に失われた。その日のうちにスランゴール州の非常事態が宣言され，翌14日，国王が全土の非常事態を宣言する。だが騒乱は続き，16日になってようやく沈静化した（ST, May 14-17, 1969）。政府発表によれば，暴動による死者は196人，銃などの武器による負傷者は439人，7月31日時点での行方不明者は39人にのぼる[7]。

---

[6] ペラ州議会選挙の結果は，連盟党が19議席（UMNOが18議席，MCAが1議席），PPPが12議席，DAPが6議席，グラカンが2議席，PASが1議席であった（ECM 1972）。PPPのS.P.シーニヴァサガム総裁は，DAPとグラカンとの連立政権樹立を目指すが，すぐ後に述べるように，12日夜にグラカンが他党と連携しないことを決めたため，多数派形成は果たせなかった。20日には現職のアフマド・サイド（UMNO所属）を首班とする少数派政権が成立する。PPPとDAPはグラカンの「裏切り」を非難した（ST, May 12-14, 21-22, 1969）。

[7] 死者はもっと多かったとする説がある。Slimming（1969: 47-48）によれば，控えめな見積もりで800人以上，外国人記者らの説では1000人以上で，これはありうるが，2500人以上とする市中の噂は過剰だという。

死者の7割強，負傷者の6割は華人であった（NOC 1969: 88-90, 96）。

　5.13事件を扱った文献は，首都での緊張の背景として，スランゴール州政権の先行きが不透明だったことを重視している（金子2001; Goh 1971; Von Vorys 1976）。与野党議席が同数になったことで，スランゴール州首相の座が華人の手に渡ってしまうかもしれないという懸念がマレー人社会に広がったのである。

　この懸念は，誤解にもとづく杞憂であった。第5章で述べたとおり，スルタン制度のある州では，州首相はマレー人でなければならないと各州の憲法で定められているからである。州憲法には，スルタンは自身が必要と判断すれば他の条項の制約に縛られることなく州首相を任命できるとの条文もある（スランゴール州憲法53条4項）。だが，一方でスルタンはマレー人の特別な地位を守る責任を負っている（同91条1項）。ゆえにこの場合に適用除外になるのは，議会の過半数の信任を得られそうな議員を州首相に任命するとの規定（同53条1項）の方であって，スルタンが華人を州首相に任命することは考えられなかった。現職のハルン・イドリスは，12日には「どんなに弱い政府であっても試してみるつもりだ」と述べ，17日に組閣すると発表していた[8]（*ST*, May 13, 1969）。

　しかし，マレー人の懸念は故なきことではなかった。DAPのゴー・ホックグアン書記長が，非マレー人がスランゴールの州首相になるのを妨げる法律はないと発言していたのだ[9]（Vasil 1987: 127）。当時グラカンの幹事長を務めていたタン・チークーンによれば，ゴーは自分が組閣すると吹聴して回っていたという。ゴーは13日午前にタンの自宅を訪れ，DAPとグラカンとの連立を提案した。自身が州首相になり，タンを副首相に据えるという話で

---

[8]　スランゴール州議会選挙の結果は，連盟党が14議席（UMNOが12議席，MCAとMICが1議席ずつ），DAPが9議席，グラカンが4議席，無所属（華人）が1議席であった（ECM 1972）。ハルンはまず，無所属議員に連立参加を働きかけるが，この議員はDAPに入ってしまう。そこでグラカンに連立参加を呼びかけるが，これも拒否される。そのため少数派政権の樹立を決意する。再選挙については，新政権が成立し議会が解散されて初めて選挙になるとし，新政権成立の前に再選挙を要求することはできないと主張した（*UM*, May 12, 1969: *ST*, May 13, 1969）。

[9]　州憲法の規定のためマレー人しか州首相になれないことは，タン・チークーンら当事者には知られていたものの（Vasil 1987: 129），報道では取り上げられておらず，一般にはあまり知られていなかった。

あった。しかしグラカンは，12日夜にはいずれの政党とも連携しないことを決めており，タンはゴーの提案を蹴った（*ST*, May 14, 1969; Vasil 1987: 128-130）。

では，州政権をめぐる駆け引きが大規模暴動に発展したのはなぜか。関係者の証言は一致しない。政府白書（NOC 1969）やラーマンの著作（Rahman 1969）などによれば，DAPとグラカンの祝勝パレードの参加者が，「マレー人に死を」「マレー人は田舎へ帰れ」などと挑発したという。また両党の支持者は，スランゴール州首相公邸前で，ハルンに公邸を明け渡すよう求めたとされる（Goh 1971: 20）。しかしDAPのチェン・マンヒン議長やグラカンのタン・チークーン幹事長は，パレードは整然と平和的に行なわれたと主張している（*ST*, September 25-26, 1969; Vasil 1987: 129）。

13日の昼，UMNO側もパレードを行なうことを決める。すると夕方，スランゴール州首相公邸があるマレー人地区にすでに集まっていたUMNO支持者と，通りがかった華人との間で衝突が発生，暴動が市内各所に飛び火していった（*ST*, May 14, 1969; NOC 1969: 51）。

暴動発生から2日後，ラーマンはラザク副首相を議長とする国家作戦評議会（National Operations Council: NOC）の設立を発表する。ラザクはNOC議長として，ラーマンの監督のもと，非常事態宣言下の行政の全責任を負うことになった（*ST*, May 16, 1969）。ラザクは17日に評議員を発表し，19日に第1回会合を開く。評議員には，国軍参謀総長，警視総監ら治安機関の代表者に加え，タン・シュウシンMCA総裁，V.T.サンバンサンMIC総裁，イスマイル・アブドゥル・ラーマン元内相，ガザリ・シャフィ外務次官らが名を連ねた。20日に発表された新内閣では，ラザク副首相が国防相と財務相代行を兼任するのに加え，イスマイルが内相に復帰し，タン・シュウシンが特任相，サンバンサンが土木・郵政・通信相，ハムザ・アブ・サマが情報相というかたちで，NOCの非公務員メンバーがみな大臣になった（*ST*, May 18, 20-21）。

こうして5.13事件を境に，執政の主導権がラザクの手に移った。6月に入ると，ラーマンは眼の手術を受けるために入院してしまう（*ST*, June 7, 1969）。同じ時期，下院選挙で落選したマハティール・モハマドらがラーマンに圧力をかけ始めた。

6月初頭，マハティールとサイド・ナシール，サイド・ジャファールの3人は，MCAが内閣に参加しないよう要求した（UM, June 6, 1969）。これには伏線となった出来事がある。5月13日の午後，暴動が始まる前の時点で，MCAが連邦政府と州政府の両レベルにおいて閣僚を出さないことを発表していたのだ。MCAの目的は，同党が政策決定に参加しなければどうなるかを華人有権者に知らしめることにあった。ラーマンは一時的な便法としてこれを了承したものの，連盟党体制を解体する意思はなかった（Von Vorys 1976: 310-311, 324-325）。また民族暴動が発生したことで，各地の中華商会からはMCAの内閣復帰を求める声が挙がっていた（*ST*, May 16, June 3, 1969）。UMNOの3人は，支持回復を狙ったMCAの戦術を逆手にとって，同党の閣外への追放を要求したのである。

ラーマン宛の書簡でマハティールは，声明を出したのは「マレー人の政府に対する憎悪の増幅と，華人がマレー人の自尊心をさらに貶めるという事態の発生を防ぐため」[10]だと述べている。かれはこの書簡で，ラーマンの妥協的な姿勢のために華人が増長し，マレー人を侮辱するまでになったため，マレー人は憎しみの対象を殺害するほど荒れ狂ったのだと主張した。つまり，暴動の責任は弱腰なラーマンにあると主張したのである。マハティールはさらに，マレー人はもはやラーマンに敬意など抱いていないと述べ，首相とUMNO総裁の座から退くよう直言した。この書簡は，複製が市中に出回り，多くの人に読まれた。

だがマハティールの挑戦は，簡単に退けられた。権力の中枢にいるNOC議長のラザクやイスマイル内相が同調しなかったからだ。マハティールは，7月12日にUMNO最高評議会評議員の座を剥奪される。ラーマン宛の書簡を公開したことが重大な党規律違反と見なされたためである。2日後，イスマイル内相は国内治安法を適用してマハティール書簡の配布を禁じる命令を発する。18日には，ラザクがラーマンを支えるよう呼びかける声明を出した（*ST*, July 13, 15, 19, 1969）。その後，マラヤ大学でラーマンの辞任を求める

---

[10] ラーマン宛のマハティールの書簡（1969年6月17日付）。すぐ後で述べるとおり，この書簡は当時，政府によって配布が禁じられた。事件から40年を経た2010年，書簡があるブログに掲載され，他のサイトにも転載されている。次の記事を参照されたい。http://www.malaysiawaves.com/2010/05/peristiwa-13-mei-surat-dr-mahathir-pada.html

集会が繰り返されると，NOCは集会の阻止に乗り出す。8月2日には内相が実力行使も辞さないと警告し，9月2日にはNOCが公開の場でラーマンの辞任を要求する行為を禁じた（*ST*, August 8, September 3, 1969; Weiss 2011: 148-150）。

　こうしてラーマン辞職要求は封じられた。しかし一方で，ラーマンは政治的な役割を終えつつあった。暴動のさなかに治安回復を担う機関として設置されたNOCが，その機能を拡張していったためである。7月1日にラザクNOC議長は，国民統合局（DNU）の設置を発表する。その際ラザクは，国民統合のために政府主導で開発を進める方針を示し，DNUを，民族問題を掘り下げて研究する機関と位置づけた。のちにDNUは，新経済政策の策定過程で重要な役割を果たすことになる。10月8日，5.13事件に関する白書を公表したラザクは，これと同時に，国民統合に関する問題を「十分にかつ忌憚なく話し合う」場として国家諮問評議会（NCC）を設立することを発表する（*ST*, July 2, October 9, 1969）。NOCはもはや目の前の治安の危機に対処するための機関ではなく，暴動の背景となった社会経済構造を変革すべく，幅広い分野で政策策定を主導する総合的な執政機関になっていた。翌70年9月21日，甥であるクダ州スルタンが国王に就任する日の朝に，ラーマンは退任した（*ST*, September 22, 1970）。

　5.13事件を機にラーマンからラザクへ執政の実権が移ったことから，暴動の発生をも含めて，一連の事件をラザク一派によるクーデターとみる向きもある。Kua（2007: 60）は，新たに公開されたイギリスの外交文書を用いて5.13事件の展開を検証し，「暴動から1週間足らずのうちに，権力が実質的に当時副首相のラザクに渡ったことは，クーデターの策略があったことを示唆する」と述べている。しかし，決定的な証拠と呼べるような資料は示していない。

　ラーマン本人の発言からは，ラザクに追い落とされたという認識は見出せない。そもそも，ラーマンには長く首相を務める意思はなかったようだ。1968年の時点で，甥が国王になるときには引退するとの意思を周囲に明かしていたという（Rahman 1977: 193）。1969年総選挙の前にも，これが最後の選挙になると言明した（Reece 1969a）。ラーマンは，公の場でラザクを疑い，憎むような発言は残していない。むしろラーマンは，事件当時も，ラザクの

死後に公表した回顧録においても,ラザクに対する信頼を繰り返し表明している。マハティールら UMNO 内の若手急進派を厳しく叱責したのとは対照的である[11]。

暴動発生当時,ラザク副首相は国防相と内相も兼任していたから,かれが治安回復を担う NOC の長になるのは自然ななりゆきだったといえる[12]。ラーマン本人も,自身は眼の疾病もあって重責に堪えがたく,またラザクは治安問題については自分より詳しいのでラザクに任せたと語っている (ST, July 4, 1969)。

選挙での不振と,首都での暴動という予期せぬ国難が,UMNO におけるラーマンの権威を失墜させ,かれが政治の表舞台から去る時期を早めたのは確かだ。しかしラーマンは,党内急進派との権力闘争に敗れたわけではなく,これをクーデターとみるのは無理がある。混乱のさなかではあったが,ラザクは穏当なかたちで執政の主導権を譲り受けた。その後ラザクは,他者との協調を図りながら自身の政策を押し進めていくことになる。

第 3 節　独立協約の凍結と新経済政策の導入

ラーマンから権力を譲り受けたラザクは,政権を安定させるために三つの対策を打った。それは,(1) 独立協約の「凍結」,(2) 新経済政策の導入,(3) 与党連合の拡大,の 3 点である。これらの実施にあたり,ラザクは合意形成を重視した。独立協約の凍結は,1970 年 1 月に発足した NCC での主要議題

---

[11] 事件当時ラーマンは,マハティールの行為を,「17 年にわたる私の国への奉仕を台無しにした」と非難した (ST, July 21, 1969)。亡くなる 2 年前 (1988 年) のインタビューでも,当時首相を務めていたマハティールへの恨み節を語っている。対照的にラザクについては,自分はラザクに助けられたが,ラザクは有能な右腕をもたなかった点で自分より不運だったと述べた (Kua ed. 2002: 111, 124)。

[12] 『ファー・イースタン・エコノミック・レビュー』記者のボブ・リースによれば,非常事態宣言と NOC 設置を主導したのは,ラザク副首相,イスマイル元内相,ガザリ外務次官,イブラヒム・イスマイル中将 (NOC の執行長官 [Chief Executive Officer] に就任) の 4 人だと考えられるという。それでもリースは,一連の出来事は「ドラマチックなクーデターどころか,宮廷革命とすらいえない」とし,ラーマンが自発的にラザクの権力掌握を認めたとみている (Reece 1969b: 664)。Ooi (2006: 191) によれば,5 月 14 日にラーマンは政府首脳と軍・警察のトップの会議を招集し,戒厳令の布告を提案したという。しかし,軍に権力を委譲すれば正常化するのは困難になるとの忠告を受け撤回したとされる。

に位置づけられ，社会各層の合意が図られた。新経済政策の導入も，マレー人政治家・官僚の独断で進められたのではなく，パワーシェアリング内閣を通じた調整がなされた。与党連合の拡大は，政策策定過程での合意当事者を恒常的に増やすための制度改革にほかならない。それぞれについて，簡潔に言及しておきたい。

ここでいう独立協約の凍結とは，民族間の基本的関係を規定した憲法条項（第3章参照）について公の場で議論することを禁止し，かつこれらの条項を改廃できないようにした措置を指す。凍結されたのは，市民権（憲法第3部），国語（152条），ブミプトラの特別な地位（153条），スルタンの宗主権（181条）の4点を規定した条項である。

NOCは，すでに1969年10月発表の白書において，国語，ブミプトラの地位，スルタンの地位にかかわる条項を，スルタンが構成する統治者会議の同意なしには改正・破棄できないようにするための憲法改正を提言していた（NOC 1969: 86-87）。「（これらの憲法条項に対する）無理解と，無責任で不遜な扱いこそ，1969年5月13日の騒乱の主因のひとつ」とみていたためである（NOC 1969: 85. 括弧内は引用者の補足）。

独立協約を凍結するにあたり政府は，これに疑義を唱えることを禁じる措置への社会的合意をまず形成し，そのうえで憲法を改正するという手順を踏んだ。具体的には，NCCで独立協約凍結に関する基本合意を形成して扇動法を改正し，この地ならしが済んだ後に議会を再開して憲法改正へと進んだ。

NCCは，「5月13日の悲劇の再発を予防し，不断の平和と安定を実現すべく，人種問題の恒久的解決策を探るのに寄与する」ために設置された機関である（1970年1月12日ラザク発言）。評議員には，与野党の代表[13]とともに，州政府，宗教団体，労組，経営者団体，専門職団体，教員組合，報道機関など，社会各層を代表する67人が選出され，1970年1月に第1回会合が開かれた（*ST*, January 13, 20, 28, 1970）。

同年6月の会合でNCCは，国語とマレー人の特別な地位，ならびに市民権にかかわる憲法条項に関し，これらに疑義を呈し破棄を唱える討論を禁止

---

13) ただし，DAPはNCCに代表を送らなかった。政府は2名の代表を出すことを同党に要請したが，DAP側は拘留中のリム・キッシャン書記長を代表の1人に指名し，政府がこれを拒んだ。その結果，DAPからは1人も参加しないことになった（*ST*, January 13, 1970）。

するために扇動法を改正することで大筋合意に達した。これを受けて政府は，翌月には非常事態勅令を発して法改正を実施する (*ST*, June 19, Aug 1, 1970)。この改正により，「憲法第3部の条項と152条，153条，181条により定められ保護された権利，身分，地位，特権，宗主権，大権に疑問を唱えること」が扇動行為の定義に加えられた（扇動法3条1項f）。

　前述のように，国語やマレー人の特別な地位を定めた憲法規定に関する議論を封じる政府方針は，すでに1969年10月発表の5.13事件白書で明示されていた。しかし，NCCは政府の既定方針にただしたがっただけではない。「暴動勃発の責任を基本的に華人のコミュナルな態度に帰し」た政府白書（金子 2001: 291）は，マレー人の権利保護を唱えるのみで，ノン・マレーにとって死活的に重要な市民権条項を討論禁止の対象に含めていなかった。NCCの討議を経て市民権条項が保護対象に加えられ，扇動法の改正が一方的なマレー人権益の保護ではなく，マレー人と非マレー人双方の基本的権利を定めた独立協約を保護する内容になったのである。

　翌71年2月に議会が再開されると，すぐさま独立協約を凍結するための憲法改正がなされる。その過程を詳述し分析した鈴木（2010: 3章）は，非マレー人を抑圧するものとみられがちなこの憲法改正に，かれらの権利を保障する側面があったことを強調する。とりわけ，言論の自由に例外規定を設ける10条の改正にあたり，政策の実施面（implementation）に関する議論は合憲とされたことは，その後の政治の展開に大きなインパクトを与えることになる（第7章参照）。

　ブミプトラ支援を強化する新経済政策の導入も，やはり交渉と合意の産物であった。

　新経済政策は，1971年7月に発表された第2次マレーシア計画（5ヵ年計画）において，二つの目標をもつ政策と定められた。それらは，(1)「人種にかかわりなくすべてのマレーシア人の所得水準を引き上げ，雇用機会を増やすことにより，貧困を削減し最終的には解消する」，(2)「人種と経済機能との一致を緩和し，最終的には解消できるように，経済的不均衡を是正するためのマレーシア社会の再編過程を加速する」，の2点である（Malaysia 1971: 1）。1973年11月発表の第2次マレーシア計画中間報告では，1990年までの総合展望計画（Outline Perspective Plan: OPP）が提示され，貧困解消と社会再編を

20年間で達成するとの期限目標が設定された。またOPPでは，株式資本のうちマレー人が所有する分の比率を1970年の1.9%から1990年には30.1%に高めるなど，具体的な数値目標が掲げられた[14]。ただし，目標達成のための努力は，「その過程において特定の集団が損害を被ったり，疎外感を感じたりすることのないよう」配慮して行なうものとされた（Malaysia 1971: 1; 1973: 1）。

　新経済政策の立ち上げを主導したのは，前述したDNUである。局長に就任したガザリ・シャフィ外務事務次官（のちに人種問題担当特任相）は，1969年7月のDNU設置にあたり，国民統合の観点から経済・社会政策を評価し，各省に対するガイドラインを作成するとの方針を示した（*ST*, July 18, 1969）。同年11月にDNUは，「人種間の不平等と経済開発」と題した文書を各省に配布する。ハーバード大学の経済顧問団長J.ファーランドが著したこの文書は，経済成長よりも人種間の均衡を重視すべきこと，経済の近代的部門における人種間の参加の均衡を重視すべきこと，人種間の均衡のとれた開発を推進するために政府の権力を活用することなどを唱えるものだった（Faaland et. al 1990: Document B）。

　翌70年3月，DNUは，第2次5カ年計画策定のためのガイドラインとして「新経済政策」を全省庁に通達する。この政策文書は，基本目標として3点を掲げていた。それは，(1) 人種間の経済的不平等の縮小，(2) 雇用機会の創出，(3) 全体的な経済成長の促進である。この文書は，三つの目標の優先順位を，人種間の経済的均衡が第1，雇用が第2，成長は第3と位置づけていた（Faaland et. al 1990: Document C）。この時点の新経済政策は，第2次5カ年計画で公表されたものに比べ，マレー人支援により重点を置き，成長よりも民族間の均衡を優先すべきと唱える急進的な性格のものだったのである。

　では，この政策文書が回付された1970年3月から翌年7月の第2次5カ

---

[14] 1970年時点での半島部における民族別株式資本保有率は，マレー人1.9%のほか，非マレー人（華人・インド人）37.4%，非居住者（外国人）60.7%であった。OPPでは，20年間で非居住者の持ち分を29.8%まで削減し，非マレー人の持ち分を減らすことなくマレー人の持ち分を増やす方針が提示された（Malaysia 1973: 86-87）。またOPPでは，雇用構造改革についても数値目標が設定された。1970年時点（半島部）では，製造業従事者のうちマレー人の比率は28.9%，鉱業・採石業では24.8%，建設業では21.7%，商業では23.5%だったが，1970年にはそれぞれ50.0%，50.3%，50.0%，48.0%に引き上げることが目標とされた（Malaysia 1973: 77, 79）。

年計画公表までの間に，新経済政策がより穏当なものに変わったのはなぜだろうか。立案に深く関与したファーランドらの著作によれば，マレー人支援に積極的なDNUに対し，首相府経済計画局（EPU）は慎重な態度をとった。はじめはDNU主導で議論が進んだが，この新組織には仕事を継続する能力がなかったため，1970年末以降，主導権がEPUに移ったという（Faaland et. al 1990: 37）。EPUのトン・ヨウホン局長は，華人財界に深刻な打撃をもたらしかねないDNUの文書を修正し，第2次5カ年計画に「特定の集団が損害を被ったり，疎外感を感じたりすることのないよう」配慮するとの文言を挿入した（Heng 1997: 265-266）。

当時，財務省の代表としてEPUで5カ年計画の策定にかかわっていた経済官僚R.V.ナヴァラトナムは，新経済政策の策定過程でタン・シュウシンMCA総裁が重要な役割を果たしたことを回顧録であきらかにしている。タンは，1970年9月に発足したラザク新内閣で財務相に復帰した。ナヴァラトナムは，当時議論されていた政策が急進的すぎて華人やインド人には受け入れられないと考えており，タンがその詳細を知らされていないのではないかと危惧した。そこでナヴァラトナムはタンと面会し状況を報告する。その後，新経済政策に関する議論が穏健化したという（Navaratnam 2005: 102-104）。

この顛末についてナヴァラトナムは，かれが提供したデータについてタンがラザクと協議し，その結果，より慎重で現実的な対応をとるよう指示が下ったのではないかと述べている。ナヴァラトナムによれば，タンが決意を固めたときには首相のラザクですらそれを覆すのは難しかったという（Navaratnam 2005: 103-105）。タン自身，全国の華人団体の指導者を集めて1971年2月に開かれた大規模会議で，自分が認めない政策は閣内合意できないと言明している（Morais ed. 1972: 221）。タンの政治的介入が，ノン・マレー官僚による巻き返しを可能にしたのだと考えられる。

そしてタンが介入できたのは，ラザクがタンを財務相に復帰させたからである。ラザクが華人社会の意向を無視してでも大胆なマレー人支援策を進めたかったのだとしたら，マハティールらが主張したとおり，MCAを閣外に放逐すればよかった。しかしラザクは，あえてパワーシェアリングの維持を選択したのである。

ラザクは少数派を排除するのではなく，逆に与党連合に取り込んで政権の

第 3 節　独立協約の凍結と新経済政策の導入　181

安定化を図った。まずは 1970 年 7 月に再開されたサラワク州での選挙を契機に，華人が主体の有力野党・サラワク統一人民党（SUPP）とサラワク連盟党との連立州政権が形成される。SUPP 幹部は州政権に参加しただけでなく，連邦政府の内閣にも加わった。次いで 1972 年 2 月にペナン州議会で，同州では野党だった連盟党と与党グラカンとの連立が成立する。1969 年総選挙でペナン州首席大臣に就任したグラカンのリム・チョンユー副党首は，非常事態宣言下で連邦政府と協力関係を築いていた。そこへ党内の内紛が生じ，サイド・フセイン・アラタス党首やタン・チークーン幹事長ら主要幹部が離党したことにより，リムは連盟党への依存を深めて連立にいたったのである。連盟党がペナン州議会でグラカンを支えるのと引き替えに，グラカンは連邦議会で連盟党を支持することになった。まもなくペラ州政権に PPP が加わり，1973 年 1 月 1 日には PAS も与党連合に参加して国民戦線が発足する[15]（Mauzy 1983: Chap. 2）。

　では，ラザクはなぜ，パワーシェアリングの継続を選択したのか。鈴木（2010: 109-110）は，この時期に UMNO がノン・マレー政党に妥協した要因を 2 点挙げている。ひとつは，経済成長の実現と工業部門でのマレー人の雇用促進のために華人企業家の協力が必要だったこと。もうひとつは，ブミプトラ議員だけでは憲法改正に必要な下院の 3 分の 2 に満たなかったことである。確かにこれらの事情は，ラザクの意思決定に影響を与えたことであろう。

　しかし，これらの事情を考慮するより先に，ラザク自身の権力維持が保障されていなければならなかったはずだ。Mauzy（1983: 46）によれば，議会の再開と連盟党統治への復帰が決まるまでの間，次のような別の選択肢が取りざたされたという。(1) 民主主義の廃止と NOC 統治の永続化，(2) マレー人のみの政権による統治，(3) 軍政への移行，(4) 既存政党の廃止とマレー人主導の単一政党による支配[16]。

　もし，競争的選挙のもとでパワーシェアリングを維持するための二つの必要条件，すなわち選挙での勝利と党幹部の懐柔の 2 点をクリアできる見込み

---

15) PAS は 1977 年に国民戦線を離脱した。したがって同党が国民戦線の一員として参加した総選挙は 1974 年選挙だけである。

16) ただし Mauzy（1983）は，これらの選択肢がいつ，誰によって検討されたのかはあきらかにしていない。軍政案については，本章註 12 を参照されたい。

が薄いようなら，ラザクはこれらの選択肢のうちのどれかを選んだかもしれない。しかし，ラザクにはそうする必要はなかった。票の共有は1969年選挙でも効果を発揮し，その頑健性が証明されていた。また新経済政策を実施すれば，それが華人やインド人には受け入れられないほど急進的なものでなくとも，UMNO幹部を懐柔するのは容易になる。これらの条件が整っていたからこそ，代議制にもとづくパワーシェアリングへの復帰がスムースに進んだのだといえよう。

小　括

　本章では，1969年選挙前後の政治状況を概観した。1969年選挙でUMNOが議席を大きく減らした直後，民族暴動が発生し，ラーマンは党内急進派による退任要求に直面することになった。選挙後に連立政権の運営が困難になったのは間違いない。

　ただし，この選挙を契機にマレーシアのパワーシェアリングが破綻し，その後は権威主義体制のもとでマレー人指導者が華人，インド人を統制して政治的安定を維持したという見方は一面的すぎる。まず，1969年選挙においても票の共有は効力を発揮し，サバとサラワクでの投票が完了する前に連盟党の政権維持は決まっていた。5.13事件の後，マハティールらUMNO内の急進派がラーマンの辞任を要求したが，対抗エリートであるラザク副首相は同調せず，急進派の挑戦は退けられた。また，ラザクが執政の実権を握り，翌年に首相に昇格するという展開は，ラーマンの意思に反したものではなかった。ラザク政権下ではマレー人の社会経済的な地位の向上を目的とする新経済政策が始まるが，これは華人，インド人の意向を無視したものではなかった。外国人経済顧問とマレー人官僚が用意した急進的なプランは，財務相に復帰したタン・シュウシンMCA総裁の介入によって修正された。

　5.13事件は，パワーシェアリングが機能しなかったために生じたとみるより，この制度の限界を示すものとみるのが妥当であろう。主要なエスニック集団の代表が執政府に参加し利害調整に努めても，必ずしも暴力的な紛争が防げるわけではないということだ。

　5.13事件の後，扇動法と憲法の改正によって言論の自由が制限された。そ

のため，これ以降の政治体制を完全な民主主義と見なす論者はほとんどいない。しかし，序章でも述べたように，選挙の競争性は保たれ，多元主義的な政治過程に対する制限の度合いは比較的低い。政策決定過程ではノン・マレー政党にも一定の影響力があり，マレー人が華人とインド人を一方的に支配する体制ではない。暴動後，このような体制にすみやかに復帰できたのは，第4章と第5章でみたような，パワーシェアリングを支える制度があったためであろう。

第 7 章

パワーシェアリング下の党内抗争
——変動要因の効果——

はじめに

本章では前章に引き続き,**仮説 2** と**仮説 3** から予測される現象,すなわち「UMNO において,党首以外の党幹部ポストの価値が低下すると連立政権の運営が困難になる」(予測 2-2),「UMNO の議席が減ると連立政権の運営が困難になる」(予測 2-2 補),「UMNO において,党首と対抗エリートのポストの価値の差が開くと連立政権の運営が困難になる」(予測 3-2) が実際に生じていたかどうか確かめる。

以下では,1980 年代半ばの不況と 1990 年選挙での不振(第 1 節),1990 年代末の不況と 1999 年選挙での不振(第 2 節),2008 年選挙での不振と翌年の不況(第 3 節)の三つのイベントと,その後の政治状況を概観する。時間軸に沿って出来事の展開を追ったあと,仮説から予測される現象が生じていたと解釈できるかどうか確認する(小括)。

第 1 節　1980 年代半ばの不況と UMNO の分裂

1. 重工業化政策のツケ

1985 年,外需に依存する東アジア諸国は軒並み不況に見舞われた。工業製品のおもな輸出先であるアメリカの景気後退に,一次産品の国際価格の低迷が重なったためである。韓国,台湾の経済成長は鈍化し,フィリピンとマレーシア,シンガポール,香港はマイナス成長となった(アジア経済研究所編 1988: 18-19)。マレーシアの GDP 成長率はマイナス 1.0%であった(DOS 2013: 6)。マイナス成長は,マレーシア独立以降初めての経験である。

図7-1 連邦政府開発支出,GDP成長率,財政赤字(名目GDP比)の推移(1976-90年)

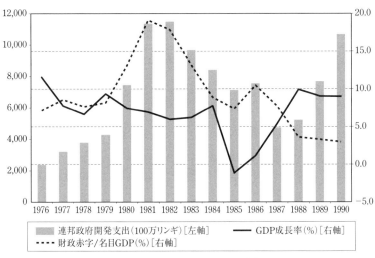

(出所) DOS (2013) ならびにMOF (various years) をもとに作成。

　韓国と台湾は翌年にはV字回復を遂げたが,マレーシアの不況は長引き,翌86年の成長率もわずか1.2%にとどまった。マレーシア経済の回復が遅れたのは,先進国の景気後退と一次産品の国際市況悪化の双方の影響を強く受けたためである。マレーシア経済は外需への依存度が高く,当時の輸出額はGDPの6割程度であった。製造業輸出の51.8%(1984年)を占める電子・電気機器のおもな輸出先はアメリカをはじめとする先進国だったから,これらの国々の景気低迷の影響を強く受けた。加えて,主要輸出品目の原油,パーム油,ゴム,錫の国際価格は,いずれも1985年から86年にかけて落ち込んだ(MOF 1985/86; 1986/87)。

　不況の際には,財政出動によって需要を喚起し,景気を下支えするのがオーソドックスな政策である。しかし当時,マレーシア政府は支出を控えざるを得ない状況にあった。財政赤字と累積債務が深刻化していたのである。

　マレーシアの財政赤字は,1980年から81年にかけて急激に拡大した(図7-1)。財政赤字の名目GDP比は,1979年の8.2%から,2年後の1981年には19.1%にまで増大した。連邦政府の開発支出[1]は,1979年の42.8億リン

---

1) 多くの開発途上国と同様に,マレーシア政府の予算は経常予算と開発予算の二本立てになっている。インフラ整備や公企業への貸付などは開発予算で賄われる。

ギから1981年には2.7倍の114.9億リンギに増えた。この時期に政府が財政支出を大幅に増やしたのは，第2次オイルショックによる世界経済の低迷のなかで景気を下支えするためであった（Jomo 1987: 124-125）。

政府は，1983年には開発支出の引き締めに転じる。しかし，政府と公社・公企業の債務はその後も増え続けた。連邦政府保障付借入を含む公的債務の累積額は，1980年の264.7億リンギから，1985年には2.7倍の724.3億リンギに膨らんでいる。この間，とくに増えたのは対外債務である。1980年時点の公的累積債務のうち対外債務の割合は27.4％だったが，1985年には42.7％にまで拡大した[2]。借りた金は返さなければならない。連邦政府の債務返済額は，1980年の15.5億リンギ（経常支出の11.4％）から，1986年には3.4倍の52.4億リンギ（同26％）にまで膨らんだ。そのため，開発支出を絞っても経常支出は増え続けた（MOF 1983/84; 1988/89）。

このように，第2次オイルショック時の景気対策としてなされた大盤振る舞いと，その後も続いた政府と公社・公企業の借入が財政を圧迫し，1985年から87年前半にかけての不況にあたって支出する余力を政府から奪っていたのである。

1980年代前半に公的債務が増大したおもな原因のひとつは，この時期に始まった重工業化政策である。連邦政府は1980年にマレーシア重工業公社（HICOM）を設立する。それから4年ほどの間に，HICOMは製鉄会社プルワジャ・トレンガヌ社，自動車メーカー・プロトン社，セメント製造会社クダ・セメント社，二輪車エンジン製造会社HICOMヤマハ，HICOMホンダ，HICOMスズキなどを次々と設立する（鳥居1990; Hj. Mohd. Saufi 1986）。第4次5カ年計画期間中（1981-85年）の公社・公企業による開発支出は，公共部門[3]による開発支出総額の35.4％にあたる277.4億リンギに及んだ。このうち50.1％は，商工業部門での支出であった（Malaysia 1981: 240-243, Table

---

[2] Jomo（1987: 126-127）記載のデータから算出した。
[3] 公共部門（Public sector）は，連邦政府と州政府のほか，四つの地方政府と，電力公社，港湾公社などの公的機関（Public authorities）の総称である。第4次5カ年計画書までは，公的機関に位置づけられたのは10の公社と4地方政府であった。第5次5カ年計画書からは，公的機関の定義が変更され，公社・公企業のうち，政府が50％以上の資本を保有し年間歳入が500万リンギを超える非金融系公企業（Non-financial public enterprises: NFPE）が公的機関に含まれることになった。この時点では，35のNFPEが公的機関とされた（Malaysia 1986: 223-225）。

13-1, 1986: 226-227, Table 7-2)。

　重工業化政策のイニシアティブをとったのは，1981年7月に首相に就任したマハティール・モハマドである。前任のフセイン・オンは，白血病により急死したラザクの後を継いで1976年1月に第3代首相に就任したが，自身も健康不安を抱えており，心臓手術の予後が悪かったために退任を決めた。マハティールは，ラザク政権下の1973年に上院議員に任命され，翌年には教育相に登用された。ラザクからフセインへの後継にともない副首相の座を射止め，フセインの早期退任により，政界復帰から8年で首相まで登りつめた。

　マハティールは回顧録で，重工業化路線を選択し，製鉄，自動車製造，セメント製造などを選定したのは自分だと述べている（Mahathir 2011: 328-329）。これら公企業の母体となったHICOMも，マハティールが副首相兼商工相だった1980年に設立されたものである[4]。マハティールは，東アジアに学べと唱えたルックイースト政策や，日本株式会社に倣ったマレーシア株式会社構想を打ち出し，官民協力による産業発展を目指した（Khoo 1995; Mahathir 1983）。

　製鉄や自動車製造は軌道に乗れば基幹産業になりうるが，莫大な初期投資を必要とするうえ，操業までに時間がかかる。クダ・セメントの操業開始は1984年末，プルワジャとプロトンの生産が始まったのは不況のただ中の1985年であった。1985/86年度決算ではいずれも多額の損失を計上し，HICOMグループの税引前損失は1億5855万リンギに達した（*NST*, November 21, 1986）。

　深刻な不況にもかかわらず財政支出を抑制せざるを得ないという状況に直面したマハティール政権は，景気対策として投資規制緩和策を次々に実施した。外国企業の出資規制については，1985年7月に製品の輸出比率に応じた規制緩和を実施し，翌86年10月には条件付きで外資の100％資本保有[5]

---

[4] マハティールは回顧録で，首相代行を務めていた期間（1981年1-3月）にHICOMを立ち上げたと述べている（Mahathir 2011: 326）。HICOMが設立されたのは1980年11月だが，マハティールが首相代行だった翌81年2月に最初の事業であるクダ・セメントの設立調印式が行われた（*NST*, February 20, 1981）。

[5] 製品の50％以上を輸出する（自由貿易区域または保税倉庫に供給するケースを含む）または300人以上のマレーシア人を常勤雇用する場合に外資の100％保有が認められた。9月30日にマハティールがニューヨークでの投資セミナーで発表し，翌日実施。

を認めた (*NST*, July 9, 1985, October 1, 1986)。地場企業にかかわるものとしては，工業調整法の適用免除対象を2度にわたって拡大した。

1975年に制定された工業調整法は，製造業を行なうすべての者に政府が発行するライセンスの取得を義務づけた法律である。この法律は，ブミプトラが保有する株式資本の比率を30％に引き上げる，商工業部門でのブミプトラの雇用を拡大するといった新経済政策の手段として導入され，外国企業のみならず，国内の華人企業の活動にも強い制約を課すものであった[6]。従来，この法律の適用が免除されるのは，資本金25万リンギ以下または雇用者25人以下の小企業だけであった。それが，1985年12月に資本金100万リンギ以下または雇用者50名以下に対象が広げられ，翌86年には資本金250万リンギ以下にまで拡大された。安田（1988: 171）によれば，これらの措置によって工業調整法の規制対象企業は従来の3分の1程度の約1000社に減少した。

独立以来最悪の不況と，その際にとった政策によって，UMNO幹部のマハティールへの信認は揺らぎ始めた。

巨大な財政負担をもたらした重工業化政策を進めるにあたり，マハティールはUMNO内の合意形成を怠った。1984年5月のインタビューで，ハルン元スランゴール州首相は次のように述べている。「マハティールは独裁者になるだろう。最高評議会はおろか，政治局ですら議論しないままほとんどの政策を実施しているのだから」(*FEER*, May 3, 1984: 19)。性急な重工業化政策が裏目に出て，政府は景気対策の公共投資を十分になしえない状況に陥った。その責任が，重工業化の主導者と自他ともに認めるマハティールにあるのはあきらかだった。さらに，民間企業の活力に頼らざるを得ないなかで実施した工業調整法の適用免除拡大などの投資規制緩和は，ブミプトラ政策の後退にほかならず，UMNO幹部が享受するレントの削減を意味した。

---

[6] 工業調整法には，規制の具体的内容を別途定めた法定条件がある。この法定条件では，まず固定投資50万リンギ以上の事業の場合，会社は株式の一定割合を留保し，留保株の配分にあたっては事前に商工省（のちの国際貿易産業省）と協議しなければならないとされた。既存事業についても，新経済政策に沿って株式構成再編に努めるものとされた。これらの規定により，商工省の指導下で株式がブミプトラ企業に配分されることになった。また雇用については，会社は管理職までの全職階に人口の民族構成を反映させるよう，マレーシア人の雇用・訓練に努めねばならないとされた。さらに，国内流通業者の選定にあたってもブミプトラ企業を指定することが望ましいとされた（原 1976: 414-416, 1978: 396-397）。

不況と開発支出の抑制，ならびに民間企業の経済活動に対する規制の緩和は，党幹部ポストの付帯利益を縮小させるものと解釈できる。加えて，独断専行ともいわれた政治スタイルは，政策決定をめぐる党首と対抗エリートの影響力の差を広げたと見なせる。このような環境のもとで，マハティールは1987年のUMNO役員選挙に臨み，対抗エリートの挑戦を受けることになる。

2. 1987年の役員選挙とUMNOの分裂

1987年4月11日，トゥンク・ラザレイ・ハムザ商工相が同月24日に実施されるUMNO役員選挙において総裁選に出馬する旨を発表した。ラザレイは，マハティールと同じく1975年の役員選挙で党内第3位の副総裁補に選ばれ，翌76年に財務相に抜擢された。首相交代の直前に実施された党役員選挙で，ラザレイは副総裁選挙に出馬してムサ・ヒタムに敗れたが，政府では引き続き財務相の座にとどまる。1984年に再び副総裁選挙に挑戦して敗れると，その後の内閣改造でマハティールにより商工相に転出させられていた。

それまでUMNOの総裁選挙は，現職が無投票で再選されるのがほぼ慣例になっていた。独立後は，1978年の役員選挙でスライマン・パレスティンが現職のフセイン総裁に挑戦した例があったが，スライマンは最高評議会の評議員に選ばれた経験すらない弱小候補だった[7]。強力な対立候補が現職総裁に挑戦するのは，1987年の役員選挙が初めてのことであった。

1987年の役員選挙は，以前に比べて総裁選挙に挑戦しやすい環境があった。ひとつは先に述べた不況である。ラザレイの挑戦が確定する以前から，レントの縮小は現職の優位を薄めると指摘されていた（Suhaini 1987）。その背景には，UMNOの地方組織における企業家の急速な台頭があった。1970年代までは，党地方幹部には教員が多く，1981年の役員選挙のときには投票人

---

[7] 1978年の総裁選挙では，現職のフセインが898票を得たのに対し，スライマンの獲得票数は250票であった（*UM*, September 16, 1978）。独立前には，UMNO総裁選挙で投票が行なわれた例が2回ある。最初の例は，現職の初代総裁オンがトゥンク・マームド・マフユディンの挑戦を受けた1950年の役員選挙で，このときはオンが66票対3票の大差で勝利した（Ramlah 1992: 150）。もうひとつの例は，1951年8月のオン離党にともなう総裁選挙である。この選挙では，ラーマン（57票）がC.M. ユスフ（11票）とアフマド・フアド・ハッサン（7票）を退けて第2代総裁に就任した（*ST*, August 27, 1951）。

の40％が教員であった。しかし教員の比率は1984年の役員選挙では32％，1987年には19％と急速に低下する。入れ替わりに台頭したのが企業家で，1987年の役員選挙では25％を占めた。その他の投票人は，官僚（23％），連邦議会議員・州議会議員（19％）などであった（Shamsul 1988: 180）。地方幹部に企業家が増えたことによって，党中央執行部の役員選挙では経済運営の成否という争点の重要性が高まったと考えられる。

　もうひとつは，中央執行部内の深刻な亀裂である。副首相のムサ・ヒタムが，マハティールとの確執を理由に1986年3月に辞任したのである[8]。ムサは，マハティールからの信任の欠如を辞任の理由に挙げた。マハティールは，「後継を待てない者がマハティールは汚職に手を染めているとか独裁者だなどと批判している」と最高評議会会合の場で発言したという。この会合でマハティールは，最高評議会のメンバーに対して改めて自身に忠誠を誓うよう要求した（Suhaini 1986）。マハティールは，1984年の役員選挙を機に党内実績のないダイム・ザイヌディンを財務相に抜擢し，自身が入党させたマレーシア・イスラム青年団（ABIM）指導者のアンワル・イブラヒムを入閣させるなどしたため，キッチン・キャビネットで政策を決めていると批判されていた。最高評議会に忠誠を表明させたのは，こうした批判を力で封じるためだったのだろうが，亀裂はかえって深まった。ムサは党副総裁の座にはとどまったから，正副総裁が反目し合う異例の事態になった。

　マハティールと対立したムサは，かつて2度にわたって副総裁の座を争ったラザレイと組んだ。ムサ自身が総裁選に出なかったのは，権力欲が強いという批判を裏打ちする格好になるのを避けるためだったという（Jayasankaran 1987a）。ムサが総裁選への挑戦を回避するとなると，マハティールに対抗しうる人物はラザレイしかいない。1987年2月11日にムサが副総裁選への出馬を表明すると，2日後にはラザレイが，どのポストを狙うかは言及しなかったものの，役員選挙に挑む意向を示した（*NST*, February 12, 14, 1987）。ムサとラザレイの同盟は，当人たちは否定したものの，この頃には

8）　ムサは1986年2月26日付のマハティール宛書簡で副首相兼内相と党副総裁を辞任する意思を表明し，即座にメッカ巡礼に旅立った。党最高評議会はムサに近い評議員をメッカに派遣して協議し，その結果，ムサは党副総裁の座にはとどまることになった（*NST*, March 1, 15, 1986）。副首相のポストはしばらく空席となり，5月7日に党副総裁補のガファール・ババが就任した。

党内で既成事実と見なされていた[9]（Suhaini 1987）。

　一方マハティールは，ムサに代わって副首相に就任したガファール・ババが党副総裁になることを望むと公言した（Jayasankaran 1987a）。ガファールが副総裁選に立候補することを公式に表明すると，その翌日にマハティールは，落選してもガファールを副首相にとどめると述べて信頼関係をアピールした（*NST*, April 5, 1987）。

　ラザレイ，ムサともに党内に閣僚を含む多くの支持者をもち[10]，党内合意形成を軽んじるマハティールへの反発も強かったことから，その他のポストをめぐる争いでも少なからぬ候補者がラザレイ－ムサ派についた。とくに3人枠の副総裁補選は，マハティール派の3候補，すなわちワン・モクタル・アフマド（現職・トレンガヌ州首相），ラムリ・ガ・タリブ（ペラ州首相），アンワル・イブラヒム（教育相）と，ラザレイ－ムサ派のアブドラ・アフマド・バダウィ（現職・国防相），ライス・ヤティム（外相），ハルン・イドリス（元スランゴール州首相）が対決する構図になった。

　投票結果は，総裁選，副総裁選のどちらも接戦になった。総裁選では現職のマハティール（761票）がラザレイ（718票）を僅差でかわし，副総裁選ではガファール（739票）が現職のムサ（699票）を破って，正副首相コンビが勝利した（*NST*, April 25, 1987）。しかし，副総裁補選挙では現職のアブドラ国防相が2位で当選し，最高評議会評議員選挙でもマハティールを独裁者と批判したマリナ・ユソフらが当選した。役員選挙で選ばれた最高評議会メンバー32人（青年部長，婦人部長を含む）のうち，7人がラザレイ－ムサ派であった（木村 1988: 373）。

　党総会後まもなく，マハティールはラザレイ－ムサ派を閣内から一掃する。

9） 前年12月に設置された党倫理委員会は，候補者同士でチームを組むことを禁じた（*NST*, February 19, 1987）。そのためラザレイ－ムサ組とマハティール－ガファール組のどちらも同盟関係にあることを公言するのを避けた。

10） 3月20日にラザレイの地元で開催された集会には，ムサが同席したほか，アジブ・アフマド（首相府相，前ジョホール州首相），ザイナル・アビディン・ジン（エネルギー・郵政・通信副大臣），ドゥスキ・アフマド（情報省政務次官），オスマン・サアト（元ジョホール州首相），マリナ・ユソフ（元最高評議会評議員），スハイミ・カマルディン（前党青年部長），ハルン・イドリスらが出席した。さらに，シャフリル・アブドゥル・サマド（社会福祉相），アブドラ・アフマド・バダウィ，ライス・ヤティム，ラジ・シェイク・アフマド（第1次産業副大臣），アブドゥル・カディール・シェイク・ファジール（外務副大臣），ダウド・タハ（公企業副大臣）らがメッセージを寄せた（Jayasankaran 1987b）。

第1節　1980年代半ばの不況とUMNOの分裂　193

ラザレイ商工相とライス外相の辞表を受理しただけでなく，アブドラ国防相とアブドゥル・アジブ・アフマド首相府相，シャフリル・アブドゥル・サマド社会福祉相，ならびに4人の副大臣[11]を解任した（*NST*, May 1, 1987）。辞任した2人を除く7人の正副大臣は，党役員選挙で当選したにもかかわらず，ラザレイームサ派だという理由で解任されたのである。

敗れたラザレイームサ派は簡単には引き下がらず，UMNOの権力闘争は長期化する。役員選挙から2カ月後の6月25日，地方幹部12人が党役員選挙は無効だと主張し選挙のやり直しを求める訴訟を起こした[12]。訴えの根拠は次のようなものであった。(1) 結社法で求められる認可を得ていない地区支部が存在する。(2) したがって，これら違法な地区支部の上位にある7つの地域支部で開かれた総会は違法であり無効である。(3) ゆえに，7地域支部の総会で選出された代議員が投票人として参加した中央党総会と役員選挙もまた違法であり無効である（*NST*, June 26, 1987）。

翌88年2月4日に下された判決は，無認可の支部を設置したUMNOそのものが違法団体であるとするものだった。判決を下したクアラルンプール高裁のハルン・ハシム判事は，UMNOは違法団体であるがゆえに党総会で役員選挙を実施することはできないと述べ，再選挙を求める原告側の訴えを退けた（*NST*, February 5, 1988）。

判決の翌日，マハティールは上訴せずに判決を受け入れると発表する。DAPは首相の辞任を求めたが，MCAのリン・リョンシク総裁は「MCAは友人から逃げ出すような政党ではない」と述べてマハティール支持を表明した（*NST*, February 6, 1988）。それからわずか10日後の2月16日，マハティールは新党・新UMNOを設立して前日の15日に結社登録を済ませたと発表する。この日の朝，国民戦線の最高評議会はいったんMCAのリン総裁を議長に選出し，新UMNOの国民戦線加盟を議決したうえで，改めてマハティールを議長に選び直したのだった（*NST*, February 17, 1988）。

---

11)　解任された副大臣は以下の4人。アブドゥル・カディール・シェイク・ファジール（外務副大臣），ラジ・シェイク・アフマド（第1次産業副大臣），ラーマン・オスマン（運輸副大臣），ザイナル・アビディン・ジン（エネルギー・通信・郵政副大臣）。
12)　のちに1人が訴訟を取り下げ，原告は11人になった。また，当初は7地域支部の幹事長とサヌシ・ジュニド党幹事長，ならびに結社登録官が訴追対象であったが，のちに1地域支部の幹事長と結社登録官に対する訴追は取り下げられた（*NST*, February 5, 1988）。

新UMNO設立に先立つ2月8日，ラザレイ支持者が初代首相のラーマンを担ぎ出して新党UMNOマレーシアの設立を結社登録官に願い出ていた（*NST*, February 10, 1988）。しかしこちらは認可が下りなかったうえ，なにより他の国民戦線加盟政党がマハティールを支持したために，党を乗っ取る企ては失敗に終わる。マハティールは，一連の騒動を利用して党内の批判者を一掃した。新UMNO発起人としての任命権を用いて，アブドラ前国防相を除くムサ支持者を最高評議会から追放し，訴訟を主導したラザレイ・グループは新党から完全に排除した（木村 1989: 356-357）。

　これで政争に決着がついたかと思われたが，4月13日付で高裁から改めて書状による判決文が出されると，事態は一変する。この判決文には，1987年4月の役員選挙の時点でUMNOが違法な状態であったため，1984年の選挙で選出された者が合法的な役員であるとの判断が含まれていたのである。ラザレイ・グループの原告は，2月4日の高裁判決を不服として上訴しており，誰がUMNOの正当な指導者かという判断は最高裁に委ねられることになった。

　最高裁のサレー・アバス長官は，司法権の独立性をめぐってマハティールと対立関係にあった。再び危機に陥ったマハティールは，サレー最高裁長官の弾劾裁判を実施して同長官の更迭をもくろむ[13]。8月6日，サレー長官は有罪判決を受けて罷免され，その3日後に最高裁が，ラザレイ・グループの申し立てを退け，あわせて4月13日のクアラルンプール高裁判決を棄却した（*NST*, August 7, 10, 1988）。この最高裁判決によって，マハティールらUMNO執行部の地位がようやく確認された。

　UMNOを追われたラザレイ・グループは新党結成に向かう。46年精神党（Semangat '46）と名乗るかれらの組織は，1989年6月に結社登録官によって政党と認められた。発足大会が10月に実施され，ラザレイが総裁，ライス元外相が副総裁に選出された（*NST*, June 4, October 13, 1989; Hwang 2003: 182）。結果的に反主流派による新党設立にまで至ったUMNOの抗争は，1990年選挙で国民戦線が苦戦する要因になる。

13）　サレー最高裁長官罷免問題については金子（2004），木村（1989）が詳しい。

3. UMNO 役員選挙とポスト 1990 年問題

　UMNO 指導者の権力闘争は，単なる党内のポスト争いにとどまらず，同党と華人政党との関係にも影響を与えた。この時期，1990 年に終了予定の新経済政策の後継政策をめぐる議論がさかんに行なわれていたからである。役員選挙にあたり，マハティールには地方幹部を懐柔すべくブミプトラ政策を大幅に強化するという選択肢もあった。

　新経済政策の後継政策をめぐる議論は，1984 年に始まり，86 年に本格化する。これをポスト 1990 年問題と呼ぶことにしよう[14]。1990 年以後の政策に関する議論の先鞭をつけたのは，華人系与党のグラカンであった。同党は，独自調査にもとづいてブミプトラの資本保有率はすでに 30％近くに達したと主張し，1990 年以後は従来の民族間格差是正から階層間格差の是正へ政策目標を転換するよう求めた（PGRM 1984）。その後，総選挙が近づくと他の政党もポスト 1990 年問題に言及するようになる。1986 年 5 月，当時副総裁ながら MCA の実質的指導者だったリン・リョンシクは，「経済目標と経済政策の脱民族化 (decommunalise) を要求する」などの方針を掲げた（*NST*, May 2, 1986）。

　1986 年 7 月 19 日に議会が解散されると，その翌日に野党 DAP が選挙マニフェストの一部として次の 2 点を主張する。(1) マレーシア人をブミプトラと非ブミプトラとに区分するのを止め，すべてのマレーシア人を，人種，宗教，地域の別なく一等市民と見なせ。(2) 新経済政策ならびにそのブミプトラ割当政策を 1990 年に終了せよ（*NST*, July 21, 1986）。

　対して与党側は，この時点では政策合意ができていなかった。国民戦線は，1990 年以後の政策立案にあたって広範な合意形成に努めるという点のみをマニフェストに記載し，政策の内容については言及を避けた（*NST*, July 27, 1986）。

　選挙後の 9 月に実施された UMNO 党総会ではポスト 1990 年問題が主要議題となり，いよいよ政府首脳が 1990 年以後の政策に関する態度をあきらかにする必要に迫られた。開会演説においてマハティールは，ブミプトラの

---

14) ポスト 1990 年問題について，より詳しくは中村（2006）を参照されたい。

株式資本保有率を30％に引き上げるという目標を達成するまで政府は新経済政策を継続すると明言した（*NST*, September 19, 1986）。

　このマハティール発言は，華人与党の反発を引き起こす。グラカンのカーク・チューティン幹事長は，現行の新経済政策の延長には反対だと言明し，総裁の座についたばかりだったMCAのリンもまた，新経済政策には実施面であきらかに逸脱があり修正せねばならないと主張した（*NST*, September 20, 26, 1986）。

　その後，新経済政策をめぐるUMNOとMCAの見解，立場の相違が，両党間の対立へと発展する。そのきっかけになったのは，11月2日のMCAスランゴール州総会である。同総会は，マレー人，華人，インド人はすべて他国から来た移民であり，先住民（*Pribumi*）という自己認識をもつ権利を有する人種は存在しない，との決議を採択した。マレー人の祖先は，先史時代に中国華南地方から移住したものとされている。一方で，20世紀になってからスマトラやジャワから移住し，「マレー人」になった人々も多数存在する。先住性という，マレー人の「特別な地位」の根拠となる概念の曖昧さを突いたこの決議は，UMNOの強い反発を招いた。11月6日にはUMNO所属下院議員46名がマハティールに面会し，MCAスランゴール州代表であるリー・キムサイ労相（党副総裁）の解任を要求した。また同日，UMNO党員約100名がクアラルンプールで抗議デモを実施した（*NST*, November 3-7, 1986）。

　1987年のUMNO役員選挙は，このような環境のもとで行なわれたから，マハティールにはブミプトラ政策の強化を公約する動機があった。実際，役員選挙の1カ月前には，ガファール副首相がブミプトラの株式資本保有比率を2000年までに35％にするのが政府の希望だと発言した（*NST*, March 23, 27, 1987）。これは1986年総選挙公約からのあきらかな逸脱である。

　国民戦線にとって幸いだったのは，新経済政策が終了するまでにまだ3年の猶予があり，あわてて結論を出す必要がなかったことである。UMNO役員選挙の2カ月後にはグラカンが自党の役員選挙を実施する予定であり，その翌月にはMCAも役員選挙を行なうことになっていたから，両党とも2000年までにブミプトラの資本保有率を35％にするというUMNOの主張を受けいれるわけにはいかなかった。実際，グラカンのリム・ケンヤイ総裁

とMCAのリン・リョンシク総裁のどちらも，新経済政策は1990年で終了して以後は新たな政策を実施すべきだと主張した（NST, June 7, July 12, 1987）。それでも，政策決定までに国民戦線の内部で交渉する時間は十分に残されていたため，連立解体にいたるような決定的な対立は回避できた。

ただし，ポスト1990年問題をめぐる論争は民族間関係に強い緊張をもたらした。1986年以来のUMNOと華人政党の対立は，87年10月に頂点に達し，民族暴動の再現が危惧されるほど深まる。その直接の原因は華語小学校の教員人事問題であった。同年9月，華語の資格をもたない教員が管理職に登用されるという人事があり，これに反対する華人団体が教育省に撤回を求めた。華人政党は，与野党の立場の相違を越えてともにこの運動を支持し，10月11日にクアラルンプールの寺院（天后宮）で5000人規模の抗議集会を開催した。この集会では，華語小学校の生徒に授業をボイコットさせるという強硬戦術の支持が決議され，MCAのリー副総裁は，問題が解決されなければDAPとの共闘もありうるとの考えを表明した（杉本2005: 134; NST, October 12, 1987）。

華人政党の動きはUMNOを強く刺激した。10月17日に青年部が1万5000人を動員してクアラルンプールで集会を開催し，リー労相の解任，MCAの国民戦線脱退などを要求した。さらに，サヌシ・ジュニド幹事長が結党41周年を名目に大規模集会を開催すると発表する。そうした折，17日夜にマレー人兵士がクアラルンプール中心部で銃を乱射して1人を死亡，2人を負傷させ，19日まで立てこもるという事件が発生した。この事件をきっかけに，11月1日に開催予定のUMNO大集会を契機に暴動が発生するのではないかとの危惧が華人社会で高まった（木村1988: 356-357; NST, October 16-24, 1987）。

天后宮での華人集会からマレー人兵による銃乱射事件までの間，マハティールは国外にいた。カナダで開催された英連邦首脳会議に出席するためである。10月21日に帰国すると，マハティールは政治家に対し無責任な発言を慎むよう求めるとともに，UMNOとMCAの関係はメディアで報じられているほど悪くはないと述べ，事態を沈静化しようとした。しかし，UMNOでは大集会の準備が進み，サヌシ幹事長は50万人が集まる見込みだと述べた。一方MCA側では，リー労相がスランゴールのスルタンに迫られ

て勲位を返却するという出来事があり，これに刺激された同州青年部が，も
しリーが労相を解任されたら対抗措置をとると発表した（*NST*, October 11,
22-26, 1987）。

　こうした展開を受けて，内相を兼任するマハティールは強硬策に踏み切る。
10月27日，警察が国内治安法にもとづく予防拘禁を開始し，11月14日ま
でに106人を逮捕，拘留した（Malaysia 1988: 5）。マハティールは，10月28
日にはUMNO結党記念集会を含むあらゆる集会の禁止を決定し，英語日刊
紙 *The Star*，華語日刊紙『星州日報』，マレー語隔週誌 *Watan* を発禁処分
とした。「治安を損なった，あるいはそのおそれがある者」（10月28日警察長
官発言）として，与野党の政治家のほか，華語教育関連団体指導者，および
知識人団体，消費者団体，環境団体などのNGO関係者らが逮捕された。

　1985年の不況から，オペラシ・ラランと名付けられた1988年の治安維持
行動までの政治動向を改めて簡潔に整理すると，次のようにいえるだろう。
不況と政府の経済政策はUMNO地方幹部のレントを減らし，党内合意形成
を省くマハティールの政治スタイルは対抗エリートの反感を買った。すなわ
ち，「UMNOにおいて，党首以外の党幹部ポストの価値が低下すると連立政
権の運営が困難になる」（**予測2-2**），「UMNOにおいて，党首と対抗エリー
トのポストの価値の差が開くと連立政権の運営が困難になる」（**予測3-2**）と
いう二つの予測の前件が満たされた状況にあった。その後に生じたのは，
1987年のUMNO総裁選挙におけるラザレイの挑戦であり，それを背景とし
た，1990年以後の経済政策をめぐるUMNOとMCA，グラカンとの軋轢で
ある。与党連合内部の対立は民族間関係の緊張を高め，暴動が危惧されるま
でになった。連立政権は維持されたものの，通常の政権運営は困難になり，
マハティールは与野党政治家やNGO指導者の予防拘禁に踏み切った。二つ
の予測に合致するかたちで事態が進行したと解釈できる。

4. 1990年の総選挙とUMNO役員選挙

　1990年10月20日の第8回総選挙で国民戦線は大幅に議席を減らした。
1986年選挙では下院定数177のうち148議席を獲得した（占有率83.6％）が，
90年選挙では定数180のうち獲得できた議席は127（同70.6％）にとどまった。
マレーシア経済は1988年から本格的な高度成長期に入り，それにあわせて

財政支出も再び増加した（図7-1）。不況のさなかに行なわれた前回選挙に比べ，1990年選挙はきわめて良好な経済環境のもとで実施された。にもかかわらず国民戦線が苦戦したのは，UMNO分裂の影響が大きい[15]。UMNOの成績は，前回に比べ下院で14議席減，州議会で33議席減となった。

総選挙にあたりラザレイ率いる46年精神党は，野党の共倒れを回避するために他党と共闘体制を組んだ。同党は，PASなどマレー人野党3党と「ムスリム共同体統一戦線」（APU）を形成する一方，DAPを含むノン・マレー野党4党とも「人民の力」（Gagasan Rakyat）を結成し，候補者を調整した（Khong 1991: 8-12）。

選挙協力の結果，ラザレイの地元クランタン州では野党が文字通り完勝した。下院選挙と州議会選挙の双方で，APUを構成する政党が全議席を獲得したのである。その結果，クランタン州では12年ぶりにPAS主導の州政権が誕生した。一方，ノン・マレー選挙区ではDAPが圧勝したが，民族混合区では国民戦線の優位が続いた（4章・表4-4, 4-5）。

総選挙のひと月あまり後に行なわれたUMNO役員選挙では，マハティール総裁，ガファール副総裁ともに無投票で再選された。総選挙で議席を大きく減らしたにもかかわらず党役員選挙が無風選挙になった理由はいくつか考えられる。

最大の理由は，有力な対抗エリートがいなくなったことであろう。2年前の党の分裂によって，反マハティール派は一掃されていた。ラザレイが放逐されムサが失脚した後，マハティールに対抗しうる人物は出てこなかった。

加えて，マハティールに反逆して敗れれば徹底的にパージされるという前回役員選挙の教訓もあった。初めて本格的な総裁選挙が行なわれた1987年の場合，前例がないために選挙後の展開に関する不確実性が高かった。そのためラザレイ支持者のなかには，ラザレイが負けても僅差ならば多くの不信任票を突きつけられたマハティールが任期途中に辞任するのではないかと考える者もいた（Suhaini 1987）。1990年の役員選挙の際にこのような認識をもつ者は皆無だったに違いない。

---

15) 選挙直前にサバ統一党（PBS）が連立を離脱したことも，1990年選挙で国民戦線が苦戦する大きな要因になった。1986年選挙では，サバ州の下院選挙区18のうち13を国民戦線が獲得していたが，1990年選挙では19議席のうち6議席しか得られなかった（ECM 1988, 1992）。

経済的には，1988年から高成長が続き，あわせて開発支出も最盛期だった1980年代初頭の水準にもどっていた（図7-1）。マハティールにしたがった者には再び豊富なレントが供給されたのである。

さらに，1988年に行なわれた役員選挙ルールの改定によって，現職総裁の立場がより強くなっていた。このルール改定は，地域支部の指名を獲得した候補にボーナス・ポイントを与えるというものである。各地域支部は，中央総会前に開催する支部総会において，総裁，副総裁などの党中央役員になるにふさわしい人物を指名する。指名された者は1支部につき10票を得る。このボーナス・ポイントが，党総会での秘密投票に加算される。規約改定の時点で，党総会の代議員数が1500人あまり（全133支部×11人＋α）であるのに対し，ボーナス・ポイントの総計は1330票（133支部×10票）にも及んだから，地域支部の指名が中央役員選挙の行方を決定的に左右することになった（Hwang 2003: 173-174）。

このルール改定の前から地域支部による指名は行なわれていたが，それは結果に直接影響を与えるものではなかった。1987年の役員選挙のときには，マハティールを総裁に指名したのは88支部，ラザレイを指名したのは37支部で，地域支部からの指名獲得という点ではマハティールが大差でリードしていた[16]（*Malaysian Business*, April 1, 1987: 10-13）。ところが，本番の党総会代議員による秘密投票では僅差の勝負だったから，この差は現職に対して面従腹背の態度をとった者がいかに多かったかを表している。

またこのときの支部指名は，ラザレイと地方幹部が互いの意向を読み合う機会として機能した面がある。前述のように，役員選挙の2カ月ほど前にはラザレイの総裁選挑戦は確実とみられていた。しかし，ラザレイ本人はなかなか態度を明確にせず，出馬の意思を表明したのは党総会の2週間前だった。この期間はラザレイにとって，退路を残しつつ情勢を見定める機会になったはずだ。

ルール改定は，党地方幹部が現職に抵抗するのを困難にした。地域支部の指名が結果に直接大きな影響を及ぼすから，いったん現職を指名してしまえば党総会での投票で裏切ってもあまり効果がない。さりとて対立候補の出馬

---

[16] ガファールとムサを総裁に指名した支部もひとつずつあった。また，指名を行なわない，あるいは一部の役職についてのみ行なう支部もあった。

が確定する前に現職以外の人物を指名するのは困難だ。それでも現職以外の誰かを指名するとしたら、誰の目にもあきらかなかたちで 10 票を反現職派に投票することになるから、現職が再選された場合にペナルティが科されることを覚悟しなければならない。地方幹部が現職に異を唱えにくい状況にあるから、有力対抗馬がいたとしても、その人物は自身が総裁選に出馬したときにどの程度の支持を得られるのかを予測するのがむずかしく、著しい不確実性のもとで立候補の判断を下さねばならない。そのうえ勝者総取りの総裁選では負けたときの損失が非常に大きいから、立候補は大きなリスクをともなう。

このように役員選挙ルールの改定は、UMNO 党内における反逆者のジレンマの克服をいっそう困難にするものだったといえる。

第 2 節　1990 年代後半の不況とアンワル副首相解任

1. アジア通貨危機

続いて、アジア通貨危機後の政治の展開を確かめる。

1988 年に始まった高度成長は 10 年間続き、1987 年から 1997 年までの年平均成長率は 9.3% に達した（DOS 2013: 7）。全体のパイが拡大するなか、ブミプトラ政策は緩和されていった。

マハティールは、1990 年の総選挙と UMNO 役員選挙を乗り切ると、翌 91 年 2 月に 2020 年までの先進国入りを謳った 2020 年構想（Wasasan 2020 / Vision 2020）を発表した。新経済政策の後継政策に関する議論は、1988 年 12 月に設立された国家経済諮問評議会（NECC）をおもな舞台として行なわれてきたが、ブミプトラ政策を堅持したい UMNO と廃止を求める華人政党・団体との折り合いがつかず、結論は先延ばしになっていた。2020 年構想には、政府支援によってブミプトラの経済的地位向上を図るという新経済政策の発想が残っていた。しかし一方で、民間主導による経済成長を追求するという 2020 年構想の理念は、NECC の内外で表明された、華人財界・政党の要望に応えるものであった。そのため 2020 年構想は、与党各党のみならず、DAP を含む野党からも支持された（中村 2006）。1991 年から 2000 年までを対象期間とする第 2 次総合展望計画（OPP2）では、新経済政策期の OPP と

同様にブミプトラの株式資本保有率を30％に引き上げるという目標が掲げられたものの，期限目標は設定されなかった（Malaysia 1991: 102-104, 107）。

好景気のさなかに行なわれた1995年の総選挙において，国民戦線は下院議席の9割近くを獲得する圧勝を収めた。この結果は華人有権者の支持によるところが大きい。前回選挙で与党はノン・マレー選挙区において完敗したが，この選挙では15区中8区で議席を得ている。翌96年10月，46年精神マレー人党[17]が解散し，ラザレイはUMNOに復党した。

1997年7月，順風満帆だったマハティール政権に転機が訪れる。5月にタイを襲った通貨危機がマレーシアにも本格的に波及したのである。

タイの通貨危機がマレーシアに波及した原因は，市場がマレーシアの経済状況にタイのそれとの類似点を見出したことにある。とりわけ，(1) 為替レートがドルに連動するよう誘導され，実勢レートより割高に評価されていること，(2) 経常収支の赤字が大きいこと，(3) 不動産ブームが過熱していること，の3点が問題視された。第1の点は投機筋にリンギ売りの契機を与え，第2，第3の点は，市場がマレーシアのファンダメンタルズは脆弱だと判断する材料となった。

政府は通貨危機の発生当初，マレーシア経済のファンダメンタルズは堅調であるとの認識のもと，リンギと株の投機売りに対抗しようとした。8月4日に中央銀行がリンギ売りスワップ取引の規制を発表し，同月28日には，クアラルンプール証券取引所が株価指数を構成する優良100銘柄の空売りを禁止した。この間マハティール首相は，投機的取引で巨利を得ているヘッジファンドへの批判を繰り返した。

こうした対応は，かえって市場の信頼を損なう結果となり，危機を深めた。とくに株の空売り規制は逆に株価の暴落を招き，1週間足らずのうちに撤回された。9月に入り，政府は経済引き締め策へと転じる。同月10日にアンワル副首相兼財務相が，サラワク州でのダム開発など大型公共事業5件の延期を発表した。メガプロジェクトは多額の輸入資材を必要とし，経常収支悪化の要因になるためである。しかし，通貨危機が香港，韓国，インドネシアに飛び火したこともあり，10月からリンギ安と株安が一段と進行する。11

---

17) 46年精神党は，1994年に46年精神マレー人党（Parti Melayu Semangat '46）に改名していた（Jesudason 1996: 138）。

月以降，中央銀行は金利の高め誘導を進め，12月には政府が翌年度予算の18％削減を発表するなど，さらなる緊縮政策がとられた（中村 1998）。

通貨の下落に際して政策金利を上げ，政府の信用不安に緊縮財政で対応するのはオーソドックスな手法である。しかし，政策の効果が出るまでには時間がかかる。アジア通貨危機では，ある国の通貨の下落が近隣国に飛び火するという現象が繰り返し生じたからなおさらであった。マレーシア政府が「IMF なき IMF 政策」と呼ばれた緊縮政策をとっても，いっこうに事態は改善しない。むしろ，1998年には株安と高金利による企業の業績悪化がさらなる株価と為替の低迷を引きおこすという悪循環に陥った。クアラルンプール証券取引所価指数は，通貨危機発生前の3カ月間は1100ポイント前後で推移していたが，1998年8月には400ポイントを割り込むまでになった。危機前は1ドルが約2.5リンギで取引されていた為替は，年明けに1ドル＝4.5リンギ超を記録したあといったん回復したものの，年央以降は1ドル＝4リンギ超のレートが定着してしまった。金融危機は実物経済に深刻な打撃を与え，1998年第2四半期のGDP成長率はマイナス6.8％，第3四半期はマイナス8.6％を記録した（中村 1999a）。

2. アンワル副首相の解任・逮捕

急激な経済の収縮は，当然ブミプトラ企業にも大打撃を与えた。政府の危機対応策に対し，UMNO内部からは2種類の不満が表明された。ひとつは，1998年2月24日に発表された民族間株式取引の自由化に対する不満である。1月に政府は，経済危機への対策を検討する機関として国家経済行動評議会（NEAC）を設立していた。NEACの事務局長には，政府経済顧問でUMNO財務部長でもあるダイム前財務相が任命された。そのダイムが，ブミプトラ保有株の非ブミプトラへの譲渡を自由化する方針を発表したのである。この提案に対し，UMNO青年部から異論が出た。ダイムの狙いは華人企業の資金を利用してブミプトラ企業を支えることにあったが，党青年部の一部は，この政策をブミプトラ企業家支援政策の見直しと捉えたのである（中村 1999b）。

もうひとつの，より深刻な政府批判は，ネポティズム（縁者びいき）に対する批判である。金融危機のなかで，政府はダイムやマハティールと関係の

深い企業の救済策を実施していた。最初に問題視されたのは，1997年11月に発表されたユナイテッド・エンジニアズ（UEM）による親会社レノンの株式購入である。当時のレノンは，UMNO系企業群のフリート・グループを傘下に収め，党の経済活動の総元締めの地位にあった。その運営を任されていたのは，ダイムの側近として知られるハリム・サアドである（Gomez 1994: Chap. 3）。この取引は，優良企業のUEMが資金繰りに窮した親会社レノンの株式の32.6％を，市場価格より約12％高い価格で買い取るというものであった。そのため，レノンとハリム会長の救済を目的とした不適切な取引と見なされ，発表翌日には株価全体が急落した（*NST*, November 18-19, 1997）。

次いで1998年3月には，商業銀行4行への公的資金注入が実施される。とくに注目を集めたのは，前年下半期に巨額の損失を計上したサイム銀行への対応である。公的資金注入にあたり，大口の融資先を公開すべきとの声があがった。政治的コネクションをもつ企業家が多額の資金を借り入れているとみられていたためである。サイム銀行救済を問題視する人々は，これらの企業家が公的資金注入によって免責されることを懸念した（中村 1999b）。

さらに同月6日には，政府系海運会社マレーシア・インターナショナル・シッピング・コーポレーション（MISC）が，コンソーティアム・プルカパラン社（KPB）傘下の企業から株式と船舶などの資産を購入する覚書に調印したと発表した。KPBは，首相の長男ミルザン・マハティールの企業である。KPB株の51％を所有するミルザンは，株価の暴落により多額の負債を負っており，また資産買い取りの代金が現金払いであるなどKPBに有利な内容だったことから，この取引はミルザン救済策と受け止められた（Subramaniam 1998）。

1998年6月のUMNO党総会が近づくにつれ，党内のネポティズムへの不満が表面化する。6月7日にアフマド・ザヒド・ハミディUMNO青年部長は，「親類縁者や特定のグループを優遇するのをやめなければならない」と発言した（*NST*, June 8, 1998）。ただしザヒド青年部長は，企業家の救済のために公的資金を用いるなと主張したのではない。より幅広く，ブミプトラ中小企業に対する支援策を打つことを求めたのである。ザヒド発言の2日前にはマレー人商工会議所のタジュディン・ラムリ会頭が，我々はブミプトラの株が減るのを望まないと述べ，資金繰りに苦しむブミプトラ企業を支援するよう

政府に求めていた（*NST*, June 6, 1998）。ザヒド発言はこうした要望を代弁するものだった。

　一方マハティールは，ネポティズム批判に対し，新興企業家や学生は新経済政策の恩恵に浴してきたのだから，批判している者もまた誰かのクローニーだと反論した。さらに党総会直前には，党を不安定化させる者は責任をとらねばならないと代議員に警告した（*NST*, June 13-14, 18, 1998）。

　それでもザヒドは批判を止めなかった。6月18日の青年部総会における基調演説で，一部の借り手への巨額融資をネポティズムの例として非難し，ネポティズムが放置されればUMNOの政治力は失われると発言した。さらにその後の記者会見では，銀行が政治的なコネをもつ企業家に対して無担保で巨額の融資をしている実態を暴露した（*NST*, June 19, 1998）。

　その2日後にマハティールは，民営化事業を受注した企業とブミプトラ企業向け特別割当株を受け取った企業，ならびにそれらの主要株主を記載したリストを公表した。ネポティズム批判に反撃するため，批判者もまた受益者であることを示す証拠を開示したのである。このリストは新聞に掲載され，インターネットを通じて広められた。そのなかにはマハティールの3人の息子の名も含まれていたが，アンワル副首相の父，ならびにザヒド青年部長本人の名前もあった。21日の党総会閉会演説でマハティールはザヒドを名指しで批判する。この日アンワルは，外国報道が彼とマハティールが対立しているように見せかけていると述べ，そうした噂を否定してマハティールへの忠誠を誓った（*NST*, June 21-22; *Star*, June 21-22, 1998）。

　しかし，この党総会を境にアンワルは失脚への道をたどることになる。通貨危機が始まってまもない頃から，海外メディアではアンワルとマハティールの軋轢が繰り返し報道されていた。通貨危機はヘッジファンドという害悪がもたらしたものだと主張するマハティールと，財務相として緊縮政策を主導するアンワルの見解が異なるものだったからだ。それでもマハティールは，経済政策をめぐる政府内の軋轢を否定し続けてきた。党総会を間近に控えた時期でさえ，金融引き締め政策は正しくない，中央銀行の政策を認める必要はないと述べつつも，アンワルとの間に見解の違いはないと言い続けた（*NST*, June 6, 1998）。ところが党総会閉幕の3日後，マハティールはダイムを経済復興担当特務大臣に任命してアンワルの権限を削いだ。翌月にはアン

ワルに近いとみられていた主要マレー語日刊紙2紙の編集長が相次いで辞任に追い込まれ，アンワルの立場が危うくなっているとの見方が広がった。

　党総会を境にマハティールの態度が一変したのは，アンワルが党内のネポティズム批判を煽っていると踏んだからに違いない。実際，ネポティズム批判の口火を切ったのは，1月に「クローニズム，ネポティズムと汚職を克服せねばならない」と発言したアンワル自身であった (*NST*, January 23, 1998)。アンワルは党総会前にもザヒド青年部長に同調する発言を繰り返した。のちにアンワルは，自身がザヒドに青年部総会でネポティズム問題を提起するよう指示したと認めている (*BH*, September 19, 1998)。

　9月2日，マハティールはアンワル副首相を解任する。翌3日，銃弾の不法所持で逮捕された企業家の裁判で，アンワルの違法な性行為と汚職に言及した供述書が提出され，メディアで大きく報じられた。4日未明，UMNO最高評議会はアンワルの除名を決議する。

　アンワルは警察の動きを事前に察知しており，8月25日と28日にマハティールに対して理解を求める書簡を送っていた。これらの書簡でアンワルは，すべての嫌疑はでっち上げであり，2人を仲違いさせようという陰謀が働いていると訴えた (*ST*, September 6, 1998)。マハティールはこれを聞き入れず，8日には「国家指導者にふさわしくない不道徳な行為」が解任の理由だと説明した。

　マハティールには解任の決定を翻す意思がないことが明白になると，アンワルは改革 (*Reformasi*) を求める運動を始める。12日には地元ペナンで集会を開き，権力濫用と汚職の防止，司法の独立の確立，成長のパイの公正な分配などを求めた「プルマタンパウ宣言」を発表した。これを皮切りにアンワルは各地を遊説し，18日にはマハティールの退陣を要求するに至る。

　同月20日，アンワルはクアラルンプール中心部で数万人規模の集会を開催する。集会の参加者は公然と首相の辞任を要求した。これはマハティールが初めて経験する大規模大衆行動による辞任要求であった。集会の後に数千人が首相官邸に向けてデモ行進し，警官隊と衝突する事態に発展した。同日夜，警察は国内治安法を適用してアンワルを逮捕し，翌日までにアンワルの支持基盤であるイスラム団体ABIMの幹部やザヒドUMNO青年部長らを逮捕した（中村1999a）。

不況が生んだマハティールに対する党内の不満を，アンワルが自身の支持固めに利用しようとしたことは，党総会前の発言からあきらかだ。財務相を兼任するアンワルは，本来ならば経済危機の責任を真っ先に問われるはずの立場にいた。しかし，ザヒド青年部長らと連携してネポティズムを争点化することで，苦境を逆に支持拡大の好機に変えた。

一方でアンワルは，マハティールと正面から対立することを避けた。当時マハティールからアンワルへの後継は既定路線とみられ，マハティール自身が1997年9月の党総会でアンワルが後継者だと明言していた（NST, September 8, 1997）。だからアンワルには，焦る必要はなかった。ネポティズム問題でマハティールが反撃に出始めると，途端にアンワルは，来年の党役員選挙でマハティールに挑戦すると言ったことはないと述べて恭順の意を示した（NST, June 20, 1998）。前述のとおり，失脚の直前にもアンワルは書簡でマハティールに弁明している。

それでもマハティールはアンワルを許さなかった。ネポティズム批判が，マハティールにとって死活的に重要な利益を脅かしかねないものだったからだろう。アンワルは一般論としてネポティズムへの懸念を表明しただけでなく，MISCとKPB傘下企業の取引について公正な資産評価のために国際的な第三者機関を介入させるべきだと主張するなど，マハティールの親族がかかわる取引にも口を挟んでいた（NST, March 21, 1998）。アンワルにマハティールを追い落とそうという意思があったかどうかは定かでないが，マハティールはアンワルが権力闘争を仕掛けてきたと見なしたに違いない。だからこそ，後継者指名の翌年に解任・除名という極端な展開になったのだろう。

このようにアジア通貨危機は，政府に緊縮政策をとらせてUMNO幹部のレントを縮小させ，レントの縮小は党最高幹部の近親者を対象とする救済策への不満を生んで党内権力闘争をもたらした。

3. 1999年総選挙と2000年のUMNO役員選挙

アンワルの解任・逮捕は，1980年代後半の権力闘争とは異なり，UMNOの組織を大きく動揺させるものではなかった。アンワルが始めたリフォルマシ運動にかかわったことなどにより除名処分を受けた党員は，50人あまりにとどまった[18]。そこには閣僚や最高評議会メンバーなどの大物は含まれ

ておらず，ザヒドでさえ青年部長を辞任したものの党には残った。

　しかし，アンワル問題は野党に大きな影響を及ぼした。アンワル支持者の新党を仲立ちに，本格的な野党間協力が実現したのである。

　アンワルの支持者は，1998 年 12 月にアンワルの妻ワン・アジザ・ワン・イスマイルを代表とする市民団体・社会正義運動（ADIL）を組織する。この ADIL は，翌年 4 月には既存の小政党マレーシア・イスラム社会同盟を改名・改組するかたちで政党化され，国民公正党になった。国民公正党は，特定民族の利害に囚われない（Non-communal）政党を標榜し，市民団体アリランの代表者だったインド系のチャンドラ・ムザファールを副党首に迎えた。

　既存の有力野党は，アンワルとその支持者によるリフォルマシ運動を好意的に受け止めていた。汚職と権力濫用の一掃など，リフォルマシ運動が掲げた目標が，既存野党の考えと一致したためである。DAP と PAS はともに，前述のプルマタンパウ宣言に賛意を示し，アンワルが逮捕されると市民団体とともに国内治安法の廃止などを訴えて「正義のための人民行動評議会」と「人民民主主義連盟」を組織した。

　国民公正党の設立後まもなく，同党と DAP，PAS および左派の小政党マレーシア人民党（PRM）の 4 党が総選挙で共闘することで合意し，1999 年 9 月に野党連合オルタナティブ戦線を形成する。エスニシティにかかわる争点で長らく対立してきた DAP と PAS が，初めて本格的な共闘態勢を組むことになったのである。

　同年 11 月 10 日に連邦議会が解散され，29 日に第 10 回総選挙が実施された。オルタナティブ戦線は，ガバナンスの改善と格差是正を求める統一公約「公正なマレーシアにむけて」（BA 1999）を掲げ，ほとんどの選挙区で候補者の一本化を実現した。これに対して政府・与党は，第 4 章でみたように，オルタナティブ戦線は急進的民族政党の野合だとするキャンペーンで対抗した。

18）　UMNO 最高評議会は，まず 1998 年 10 月に，青年部幹事補（Assistant secretary）のサイフディン・ナスティオン，ヌグリスンビラン州青年部長のルスラン・カシム，ペナン州青年部長のアブドゥル・ラヒム・ガウス，アンワルの政治秘書モハマド・エザム・モハマド・ノルら 10 人を「反 UMNO 活動」への関与を理由に除名した。次いで 12 月に，同じ理由で 2 人を除名する。1999 年 4 月の国民公正党結党後，同党ほか野党への入党・関与を理由に，6 月と 7 月にあわせて 41 人が除名された（*NST*, October 7, December 3, 8, 1998, April 8, 15, June 8, July 6, 1999）。他にアフマド・ザヒド・ハミディを含む 50 人以上の党員が事情聴取を受けたが，かれらは UMNO に残ることを望み，除名を免れた。

この選挙では，UMNO が半島部マレー区で初めて惨敗を喫した。マレー区での UMNO の勝率は，下院選挙・州議会選挙ともに4割を切るまでに落ち込んだ（第5章・表5-1）。しかし，ノン・マレー有権者の政府支持は堅く，国民戦線はノン・マレー区では前回選挙の水準を維持し，民族混合区では依然として圧倒的優位にあったため，下院の7割超の議席を確保できた。

野党側では，マレー区で多くの候補者を擁立した PAS が前回の8議席から 27 議席へと躍進したのに対し，DAP は前回から3議席増となる 10 議席を得たものの，主要幹部のリム・キッシャン書記長とチェン・マンヒン議長，カルパル・シン副議長が落選した。国民公正党は，半島部の民族混合区とサラワク州を中心に下院選挙に 59 人を擁立したが，当選者は5人にとどまった。

多くのノン・マレー有権者にとって，アンワル問題は自分たちとは関係のない UMNO 内部の揉めごとにすぎなかったから，かれらは DAP と PAS との協調を歓迎しなかった。選挙後にチェン・マンヒン議長は，PAS と協力関係を結んだことが敗因になったと認めた。

また，政府がアンワル解任と同時にとった経済政策が功を奏して景気の V 字回復が実現したことも，ノン・マレー有権者の与党支持に繋がったと考えられる。マレーシア政府は，アンワル解任の前日にあたる 1998 年9月1日に，取得後1年未満の株式について売却代金の外貨両替と外国送金を禁止するなどの資本取引規制を導入する。その翌日，アンワルの解任を発表する直前に1ドル＝3.8 リンギとする固定相場制に移行した。こうして金融・財政政策と為替・株価の連関を断ち切ったあと，政府は大幅な金融緩和と積極財政に転じる。また政府は，資産管理会社ダナハルタ・ナショナルと公的資本注入を実施するダナモダル・ナショナルを設立して不良債権処理を積極的に進めた。その結果，マレーシアはいち早く金融危機から抜け出し，1999 年の GDP 成長率は 6.1％を記録した。

総選挙後の 2000 年5月，UMNO は役員選挙を実施した。この役員選挙は 1999 年に行なわれる予定だったが，1998 年 12 月に開催された特別党総会で総選挙後の繰り延べ実施が決まっていた。

1999 年の総選挙で多数の UMNO 候補が落選したにもかかわらず，この役員選挙では現職のマハティールが総裁に，アンワル解任後に副首相に就任したアブドラ・アフマド・バダウィが副総裁に，ともに無投票で選出された。

党分裂後に行なわれた 1990 年の役員選挙のときと同様に，アンワルが除名された後の UMNO にはマハティールに比肩しうる対抗エリートが残っていなかった。

　加えて，経済政策の転換と景気の回復にともない，UMNO 地方幹部へのレント供給が再開されていた。アブドラがのちにあきらかにしたところによれば，2000 年に政府は下院選挙区ごとに 300 万リンギ（約 79 万米ドル・当時）の公共事業を特別に発注している（Abdullah 2005）。

　さらに，1998 年に役員選挙ルールが再び改定され，現職への挑戦がますます困難になっていた。役員選挙の繰り延べを決めた特別党総会で決議されたこのルール改定では，地域支部の指名にともなうボーナス・ポイント制度が廃止される一方，立候補にハードルが設けられた。役職ごとに設定された基準を超える指名を地域支部から得ない限り，立候補できない仕組みになったのである。総裁選については 30％，副総裁選については 20％の地域支部から指名されない限り，現職に挑戦すること自体が不可能になった（*NST,* December 14, 1998）。

　役員選挙を前に，党最高評議会はマハティールを総裁に，アブドラを副総裁に，それぞれ無投票で選出するよう党内に勧告した。この勧告は，ガファール元副首相やムサ元副首相ら党長老から批判を受けたが，マハティール以外の人物を総裁候補に指名したのは，ラザレイの地元の支部がラザレイを指名したケースのみにとどまった。

第 3 節　2008 年総選挙での歴史的「敗北」とアブドラの退任

1.「開かれた政治」と 2008 年選挙

　最後に，アブドラ政権下で実施された 2008 年選挙での苦戦と翌年の不況後の展開を扱う。

　2000 年の総裁選挙で再選を果たしたマハティールは，2 年後の党総会で唐突に辞意を表明した。リフォルマシ運動は時間の経過とともに低調になっていたから，マハティールは退任要求に屈したのではなく，自ら引退を望んだのである[19]。このタイミングでの辞意表明についてマハティールは，UMNO への支持が回復したことによって退任の環境が整ったと説明した

(*NST*, July 4, 2002)。アンワル元副首相は，1999 年 4 月に権力濫用の罪により禁錮 6 年の刑を受けて服役しており，政局を動かす力はなかった。また，宗教問題をめぐる PAS と DAP の対立が顕在化し，2001 年 9 月に DAP がオルタナティブ戦線を離脱していた。マハティールの辞意表明の翌々日，UMNO 最高評議会は首相職のアブドラへの後継と翌年 10 月の首相交代を決める。そして予定どおり，2003 年 10 月 31 日にマハティールが退任し，アブドラが第 5 代首相に就任した。

アブドラは，首相就任後最初の下院演説で民主主義制度としての議会を重視する考えを示し，批判を受け入れることと清廉であることの重要性を強調するなど，前政権との違いをアピールした（DR 03-11-2003: 16-17）。翌 2004 年 3 月，新政権は総選挙を実施し，国民戦線が下院議席の 9 割以上を獲得する圧勝を収めた。マレー人の UMNO への支持が回復し，前回選挙で 27 議席を獲得した PAS はこの選挙では 7 議席しか得られなかった。

選挙後もアブドラは，開かれた政治を標榜して政府批判を許容する姿勢を示した（中村 2007）。国境なき記者団（RSF）による報道の自由度ランキング 2006 年版では，マレーシアは 169 カ国中 92 位で，東南アジアでは東ティモール（83 位）に次いで自由度が高いと評価されている（RSF 2006）。

しかし市民的自由の尊重は，結果的にはアブドラ政権の支持固めには繋がらなかった。ひとつには，UMNO 政治家が関与する汚職・金権政治疑惑に注目が集まることになったからである。2005 年 10 月，前年の UMNO 役員選挙での不正（票買いなど）を理由にモハマド・イサ・サマド副総裁補（連邦領相・元ヌグリスンビラン州首相）が 3 年間の役職停止処分を受けた（*NST*, October 8, 2005）。翌 2006 年には，クラン地域支部長でスランゴール州議会議員とクラン市評議員を兼職するザカリア・デロスが，州政府から格安で購入した土地に豪邸を建てたことが発覚し，ザカリアは汚職取締庁（ACA）の事情聴取を受けた[20]。さらには，対シンガポール政策などをめぐってアブドラと対立したマハティールが，アブドラの実子カマルディン・アブドラや女婿カイリー・ジャマルディン UMNO 青年部副部長の経済活動に疑念を呈

---

19) 辞意表明の前月にマハティールは，公務員研修所主宰の集会で，自分が生きている限り首相を続けるとは考えないで欲しいと述べ，「リラックスして，したいことをする機会を与えて欲しい」と語っていた（*NST*, May 2, 2002）。

するという出来事まで生じた（ST, July 29, 2006）。

　また，社会統制の緩和にともなって異議申し立ての示威行動が相次いだ。2006年には石油燃料値上げ反対デモ（3月），電気料金値上げ反対デモ（5月），2007年には「公正な選挙を求める連帯」（Bersih）による国王への請願デモ[21]（11月），ヒンドゥー人権行動隊（Hindraf）によるイギリス政府に対する賠償金請求デモ[22]（同）が，いずれもクアラルンプールの中心部で行なわれた。大規模デモが生じるたびに警察が介入して負傷者を出すという事態が繰り返され，政府の強権的な対応が批判された。

　2008年3月，アブドラ政権は議会を解散して第12回総選挙を実施する。第4章でみたように，この選挙では第1回総選挙から続いてきた票の共有の効果が失われ，与党連合の議席が初めて3分の2を割った。マレー半島部では与党議席85に対し野党が80議席を獲得し，もしサバとサラワクの地方政党がこぞって鞍替えすれば政権交代が実現する状況になった。州議会選挙では，1990年選挙以来PAS政権が続くクランタン州に加え，クダ州，ペナン州，ペラ州，スランゴール州の計5州で国民戦線が敗れた。

　UMNOの獲得議席数は，下院選挙では前回選挙に比べ30議席減の79議席，州議会選挙では62議席減の207議席にとどまった。サバUMNOは2008年選挙でも完勝しており，大幅な議席の減少はすべてマレー半島部での成績不振によるものである。

---

[20] ザカリアの私邸は16の寝室を備えた豪邸であり，「ザカリア宮殿」と呼ばれた。この邸宅の建設にあたり，ザカリアは自身が評議員を務めるクラン市に検査料を収めず，市当局による再三の督促を無視して無許可で工事を進めた。また，少なくとも130万リンギの市場価値がある土地を18万リンギで購入していた。それにもかかわらず，ザカリア本人が市評議員に再任され，さらには息子と義妹までもが議員に選ばれたことから政治問題化した。ザカリアはUMNO最高評議会の勧告を受けて市評議員は退任したが，州議会議員にはとどまった（NST, October 18, 29, November 7-8, 2006）。

[21] Bersihは主要3野党とNGOが結成した組織で，選挙人登録名簿の不備の是正と二重投票を防ぐための消せないインクの使用，軍人と警官を対象とする郵送投票制度の廃止，メディア出演機会の公正な配分の4点を政府に要求し，これらが実現されるまで連邦議会を解散しないよう国王に請願した。

[22] Hindrafは，植民地期にイギリスがインド人をマレーシアに連行し150年にわたり搾取したと主張し，イギリス政府を相手に賠償金4兆ドルの支払いを求める訴訟をおこした。一方でHindrafは，マレーシア政府に対し，マレー人向けのものと同様の支援策をインド人に対して実施するよう要求していた。イギリス政府に対する訴訟は，華人に比べ社会経済的に劣位にあり，政府からの支援も受けられずにいるインド系市民の苦境を，海外メディアにアピールして政府に圧力をかけるための戦術と考えられる（中村・中川 2008）。

野党側でもっとも勢力を拡大したのは国民公正党の後身・人民公正党（PKR）である。国民公正党は，2003年8月にマレーシア人民党と合併してPKRに改名していた。これまで国民公正党／PKRは，他の野党との兼ね合いでマレー半島部では民族混合区を中心に候補者を擁立したため成績がふるわず，2004年の下院選挙ではアンワルの地元から出馬したワン・アジザ総裁（アンワルの妻）しか当選できなかった。ところが2008年選挙では，31議席を獲得して野党第1党になった。アンワル元副首相は，2004年9月に釈放されPKR顧問として活動していたが[23]，権力濫用罪の刑期終了から5年を経ていなかったため，2008年総選挙には立候補できなかった。それでも選挙運動では，アンワルが事実上の党首として活躍した。総選挙での躍進を受け，PKRとPAS，DAPの3党は4月1日に政党連合・人民連盟（Pakatan Rakyat）を結成し，政権交代を実現してアンワルを首相にすることを目標に掲げた。

　票の共有が消失し民族混合区での与党優位が崩れた原因については，次章で詳しく検証する。ここで確認しておきたいのは，この選挙結果が誰にとっても意外なものだったということである[24]。党首のアブドラだけでなく，対抗エリートたりうる力をもつナジブ・ラザク副首相（党副総裁）とムヒディン・ヤシン党副総裁補にとっても，この結果は予期せぬものだったはずだ。投票行動パターンの変化は，政府・与党幹部でさえ制御しきれない社会の変化によって生じたのである。

2．アブドラからナジブへの継承と2009年の不況

　総選挙後まもなく，UMNOの地方組織からアブドラの早期退陣を求める声があがり始める。現執行部のままでは次回総選挙での巻き返しは困難との認識が党内で急速に広まったものと考えられる。また，州政権を失った州で

---

[23] アンワルは刑法377A条で禁じられた異常性行為（男性の同性愛）でも2000年8月に禁錮9年の判決を受けていたが，2004年9月2日に連邦裁判所（最高裁に相当）が無罪判決を下した。権力濫用罪での刑期は終了していたため，アンワルは即日釈放された。

[24] インターネット・ニュースサイトの『マレーシアキニ』（Malaysiakini）を主宰するスティーヴン・ガンのエッセイは，この驚きをよく表している（Gan 2008）。『マレーシアキニ』は，野党やNGOの主張を積極的に報道し，野党躍進の流れをつくった勢力のひとつである。そのかれらの間でも，国民戦線の議席が3分の2を割り込むことはありえないとみられていた。2008年総選挙における投票行動の突然の変化は「政治的津波」と呼ばれた。

は党幹部ポストに付随する価値が急減した。総選挙での不振は，多くのUMNO地方幹部に対して現状維持の利得を低下させ，対抗エリートに挑戦のチャンスを与えた。

　UMNOは，総選挙の後に役員選挙を実施する予定であった。総選挙からひと月あまり後の4月14日，アブドラは12月に予定される総裁選挙への出馬の意思を表明する。同じ日にナジブ副総裁とムヒディン副総裁補は，州政権を失ったペラ州の党幹部と会合をもち，首相交代を早く実現するよう要請を受けた。その後の記者会見でナジブは，後継問題について首相と協議すると述べた（Bernama, April 14, 2008）。5月に入ると，党の内外からの首相に対する揺さぶりが強まる。2006年からアブドラと対立してきたマハティールは，5月19日に離党を表明し，閣僚，党員に対して後に続くよう呼びかけた。一方，PKRのアンワル顧問は，国民戦線から議員を引き抜いて9月16日までに政権交代を実現すると宣言した。

　6月13日にアブドラは，「適切な時期」に継承を行なうことでナジブと合意したと発表し，15日には総裁選挙への出馬の意思を改めて表明する。ところがナジブはその後，総裁選挙に出馬するか否かまだ決めていないと発言し，アブドラへの挑戦の可能性を示唆した。さらには，ムヒディンが正副総裁のどちらかに挑戦する意向をもっていることも公然の噂になっていた（NST, June 14, 16, 27, July 11, 2008）。

　12月の中央役員選挙に向けて，UMNOでは7月17日から末端の地区支部の総会を行ない，次いで10月10日から地域支部の総会を実施するスケジュールになっていた。地区支部の数は1万7000にのぼり，党総裁個人による直接の統制は効かない。地区支部役員選挙の結果やここでの決議には，地域支部の指名とは異なり，中央役員選挙への直接の影響はない。しかしアブドラ退陣を求める声が続出するようであれば，それは地方組織の幹部が党首交代を強く望んでいることを示すシグナルになり，対抗エリートの挑戦を促すことになりかねない。そうなる前に，アブドラは早期退任を決めた。7月10日に開催された党最高評議会でアブドラは，2010年6月に退任しナジブにポストを譲るという継承プランを発表した。

　アブドラには，急進政策に打って出て党内の支持回復を図るという選択肢もあった。事実，アブドラは総選挙の直後からPASの幹部と秘密裏に会談し，

連携を模索していた（*NST*, July 21, 26, 2008）。ただし，これはリスクの高い選択肢であった。マレー半島部では与野党が伯仲し，サバ，サラワクではアンワルが引き抜き工作を仕掛けていたからだ。とくにサバの政党は，過去に何度も連邦政府と対立してきた経験をもち，国民戦線からの離脱もありえないことではなかった（山本 2008）。実際，6月18日にはサバ進歩党（SAPP）のヨン・テックリー総裁が首相に対する不信任を表明し，首相不信任決議案の下院提出を画策した。もしアブドラが急進政策をとれば，それを機にサバとサラワクの政党が人民連盟側に寝返り，アンワルの思惑どおり政権交代が実現する可能性もある。このような客観情勢のもとでアブドラは，急進政策をとれば首相の座を維持できる確率が高いとは考えなかったであろう。

継承プランの発表により，アブドラは次回総選挙での公認候補指名権という資源を失い，その影響力はいっそう低下した。9月にはアブドラの権威の低下を示す出来事が続き[25]，早期退陣要求が再燃する。そのきっかけとなったのは，8月26日に実施された下院補欠選挙でのアンワルPKR顧問の勝利である。総選挙後の4月にアンワルの立候補が可能になったことを受け，ワン・アジザが議員を辞職し，夫の国政復帰への道を開いたのだった。

こうした状況のなか，9月10日にムヒディンは，首相退任が2010年では遅すぎるとし，継承プランに異を唱えた。14日にはアブドラとナジブが会談して継承プランに変更がないことを確認したが，アブドラは党内の支持を改めて取りつけることができなかった。26日にUMNO最高評議会は，中央役員選挙を2009年3月に先送りすることを決定し，アブドラは地域支部総会が始まる10月10日の前日までに自身の進退を決めるとした。そして10月8日にアブドラは，総裁選挙に出馬せず，翌年3月に退任する意向を表明した。

もしアブドラが出馬すれば，ナジブやムヒディンを総裁候補に推挙する地域支部が続出してもおかしくない状況であり，投票の結果敗北することも十分ありえた。一方で，総選挙での野党の躍進によって政権交代が現実的なものになっていたから，急進政策を採用してもアブドラが首相の座を維持でき

---

[25] 具体的には，アブドラの地元ペナン州のブキット・ブンデラ地域支部長の民族差別発言を契機とするUMNOとグラカンの関係悪化，党内改革派と目されていたザイド・イブラヒム法務担当首相府相の辞任（15日），SAPPの国民戦線離脱（17日）などである。

るという保証はなかった。退任しても UMNO が政権にとどまるなら，アブドラは政権党長老としての威信と付帯利益に浴し，女婿カイリー・ジャマルディン党青年部副部長の出世の芽も残される。そのためアブドラは，リスクの小さい自主的な退任を選択したのだろう。

　アブドラからナジブへの継承は，10年ぶりの不況のさなかに行われることになった。アブドラが党総裁選挙に出馬するか否かの判断を迫られていた時期にあたる 2008 年 9 月 15 日，アメリカで大手投資銀行のリーマン・ブラザースが破綻した。その後に生じた世界規模の金融不安，いわゆるリーマン・ショックの影響で，翌年のマレーシアの GDP 成長率はマイナス 1.6% に落ち込んだ（DOS 2013: 7）。

　しかし，この不況はナジブ新首相の立場を脅かすものではなかった。1980 年代半ばや 1990 年代末の不況とは異なり，政府は財政支出をともなう対策を打てる環境にあった。ナジブは 2008 年 9 月に第 1 財務相のポストをアブドラから受け継ぎ，11 月には 70 億リンギの景気対策を発表，翌年 3 月には GDP の 9％ に相当する 600 億リンギ規模の第 2 次景気対策を発表した。経済は 2010 年には V 字回復を遂げ，GDP 成長率は 7.2% に達した。不況は急激に進んだが短期間で収束したため，この時期に景気対策を主導したナジブの責任が問われる事態にはならなかった。

小　括

　本章では，1980 年代半ばの不況と 1990 年選挙での不振（第 1 節），1990 年代末の不況と 1999 年選挙での不振（第 2 節），2008 年選挙での不振と翌年の不況（第 3 節）の三つのイベントと，その後の政治状況を概観した。仮説から予測されるように，これらのイベントの後で連立政権の運営が困難になるような事態が生じていたかどうか，改めて確認しておこう。

　1981 年に首相に就任したマハティールは，強いイニシアティブを発揮して重工業化政策を推し進めた。党内合意形成の手続きを踏まずに重要政策を策定したことは，もともと大きかった党首と対抗エリートのポストの価値の格差がさらに拡大したことを意味する。1980 年代半ばになると，政府は累積債務のために開発支出の削減を余儀なくされ，不況への対策として投資規

制緩和に踏み切った。これはブミプトラ政策の後退であり，党地方幹部のポストの価値を下げた。

その結果，1987年4月の UMNO 総裁選挙にラザレイが出馬し，あと一歩のところまでマハティールを追い詰めた。党役員選挙の前哨戦のなかで，マハティール側は1990年以降もブミプトラ政策を継続し強化する姿勢をみせる。同じく役員選挙を控えていた MCA とグラカンがこれを強く批判し，両党と UMNO の関係が悪化した。この年の10月には暴動が懸念されるほど民族間の緊張が高まる。通常の政権運営は困難になり，政府が与野党政治家と NGO 関係者らを逮捕するにいたる。

1990年選挙で UMNO は大きく議席を減らした。党内抗争に敗れたラザレイ一派が離党したのがその一因である。しかし，総選挙後まもなく実施された UMNO 役員選挙は，正副総裁がともに無投票で選出される無風選挙になった。その背景には，ラザレイームサ派のパージによって有力な対抗エリートがいなくなったことに加え，高度成長による党地方幹部へのレント供給の回復と，反現職派の立候補を困難にする役員選挙規則の改定があった。

1997年から1998年にかけて金融危機に見舞われ，政府が高金利政策と財政支出の削減を余儀なくされると，やはり UMNO の内部で権力闘争が生じた。政府が危機対応のために実施した民族間株式取引の自由化に対して異論が出たのに加え，青年部などからマハティールらを標的とするネポティズム批判が噴出した。こうした動きに対して，マハティールは先手を打つかたちで対抗エリートのアンワル副首相を解任し，アンワルが反政府デモに乗り出すと国内治安法を使って逮捕した。

アンワルの処分はマレー人大衆に強い不満を与え，1999年総選挙では UMNO が議席を大きく減らした。しかし，翌年に実施された党役員選挙では現職の正副総裁が無投票で選出される。役員選挙規則が再び改定されたこともあり，マハティールに挑戦できる対抗エリートは党内にいなかった。加えて，政府は1998年9月に大胆な資本取引規制策と固定相場制への移行を実施して金融緩和と積極財政に転じ，UMNO 地方幹部へのレント供給が復活していた。

マハティールは2003年10月に自主的に退任し，アブドラが首相に昇格する。アブドラは「開かれた政治」を標榜して2004年選挙に大勝したが，そ

の後はUMNO政治家が関与する汚職・金権政治のニュースが相次ぎ，政府・与党のイメージは悪化した。経済的には堅調な成長が続いていたにもかかわらず，2008年3月の総選挙では国民戦線の獲得議席が初めて下院定数の3分の2に届かず，全13州のうち5州が「野党州」になった。この選挙結果を受けて，UMNOの内部からアブドラの退任を求める声があがる。アブドラは一時PASに接近して連携を模索するも実現せず，党総裁選挙への出馬を断念した。

「UMNOにおいて，党首以外の党幹部ポストの価値が低下すると連立政権の運営が困難になる」という現象は，1980年代半ばと1990年代末の2度の不況の際に発生したことが確認できた。1980年代半ばの不況では累積債務のため，90年代末の不況では経常収支赤字のために，政府は財政支出の削減を余儀なくされた。それによる党幹部ポストの価値の低下が，党内に不満を鬱積させて権力闘争の一因になったと考えられる。一方でリーマン・ショック後の不況の際には，政府には大規模な景気対策を打つ余力があり，UMNO地方幹部へのレント供給を継続できた。

1987年の役員選挙の前には，重要政策の策定過程でマハティールが党内合意形成を軽視したことにより，「UMNOにおいて，党首と対抗エリートのポストの価値の差が開く」という現象も生じていた。これもラザレイがマハティールに挑戦するという帰結に至った一因になったと考えられる。

一方，「UMNOの議席が減ると連立政権の運営が困難になる」という現象は，2008年総選挙の後には発生したが，1990年選挙と1999年選挙の際には生じなかった。1990年と99年の総選挙は，どちらも大きな権力闘争が決着した後に行なわれた。これらの総選挙での不振がUMNOに新たな権力闘争をもたらすことにならなかったのは，どちらの場合もその後に続いた党役員選挙の前に，(1) 有力な対抗エリートがすでにパージされ，(2) 役員選挙規則の変更によって現職への挑戦のハードルが高くなり，(3) 積極財政によって党地方幹部へのレント供給が回復したためであった。

以上のように，前章と本章で行なった四つのイベントの概観を通じて，仮説から導かれた三つの予測のうち，「UMNOにおいて，党首以外の党幹部ポストの価値が低下すると連立政権の運営が困難になる」(**予測2-2**)，「UMNOにおいて，党首と対抗エリートのポストの価値の差が開くと連立政権の運営

が困難になる」（予測 3-2）の二つについては，実際に生じていたことが確認できた。「UMNO の議席が減ると連立政権の運営が困難になる」（予測 2-2 補）については，UMNO が議席を大きく減らした 4 回の選挙のうち，有力対抗エリートが選挙前にパージされていた 2 回（1990 年選挙・1999 年選挙）では観察されなかったが，残る 2 回（1969 年選挙・2008 年選挙）については観察された。

　ただし，1969 年選挙後と 1980 年代半ばの不況の際に生じた「連立政権の運営の困難」と，1990 年代末と 2008 年選挙後に生じたそれは質的に異なる。最初の 2 回については UMNO 内の現職総裁への不満が民族間関係の悪化を招いたが，後の 2 回は UMNO の急進化を強く促す性質のものではなかった。それは，1999 年選挙を境に争点が変質し始めたことに起因する。この問題については次章で検討する。

第8章

パワーシェアリングの終焉？
——メディア統制の緩和による票の共有の消失——

はじめに

2008年3月の総選挙は，マレーシア政治史上の一大転換点だといっても過言ではない。

第4章でみたとおり，この選挙で初めて，票の共有にもとづく民族混合区での与党優位が崩れたのである。混合区での与党の勝率は，かつてはほとんどの選挙で90％を超え，2004年選挙では100％に達していた。しかしこの数値は，2008年選挙で突然53.7％まで低下した。続く2013年選挙では混合区での与党凋落に拍車がかかり，ついに勝率が50％を割った（第4章・表4-4）。半世紀近く続いた民族混合区での与党優位は，なぜ突然消失したのだろうか。

第2章では，FPTPのもとで穏健政党の間に票の共有が生じるメカニズムをモデルで示した。実際にマレーシアでこのメカニズムが働いていたのだとしたら，帰結の変化はモデルの仮定と現実との乖離によって生じたはずだ。

本章では，まず，政党間競合のモデルを見直して票の共有が消失するメカニズムに関する仮説を提示する（第1節）。それは，民族の垣根を越えて野党が近い立場をとる争点の重みが増したために票の共有が失われた，というものだ。民族問題とは異なる争点の重要性が高まったのは，インターネットが普及したために，第4章第4節でみたような政府・与党による争点操作が効かなくなったためと考えられる。この仮説の妥当性を確かめるべく，インターネット利用と重要争点の認識との関係，ならびに2008年選挙におけるインターネット利用の普及度と与党の得票率の関係を検証する（第2節）。そのうえで，2008年選挙以降，マレーシアのパワーシェアリングを支えてき

た仕組みが崩壊しつつあることを指摘する（第3節）。

第1節　票の共有が消失するメカニズム

　第2章第1節で示したモデルでは，(1) イデオロギー空間，(2) 投票者の選好分布，(3) 政党の配置，の3点に関して仮定をおいた。イデオロギー空間については，2民族のエスノナショナリズムだけが争点となる1次元空間で政党間の支持獲得競争が行なわれるものと仮定した。投票者の選好分布については，自民族寄りの政策を好む有権者が多数派を占める2峰型を仮定した。政党配置については，FPTPの場合は相対的穏健派が同一選挙区で競合しないという仮定をおいた。モデルを通じて，これらの条件が満たされたときにFPTP下でもAVと同規模の票の共有が生じることを示した。

　最初に2番目の仮定，すなわち投票者の選好分布から検討すると，現実がこの仮定から乖離して，中道政策を好む有権者が多い単峰型の分布になったなどということは考えがたい。もしそうならば，その他の条件が同じなら，むしろ民族混合区での与党優位が強化されるはずだからである。

　次いで政党配置についてみると，国民戦線加盟政党が同一選挙区で競合しないという状況に変わりはない。ただしPKRの登場によって，同党が穏健派の位置を占め，UMNOの立ち位置が相対的急進派になったと考えることもできる。そうだとすれば票の共有の恩恵に浴するのはPKRだから，UMNOの民族混合区での優位は失われることになる。しかしこの説では，票の共有の効果が消失したのがなぜ2008年選挙だったのかを説明できない。PKRの前身である国民公正党が誕生したのは1999年の4月だったからだ。ノンコミュナル政党を標榜する国民公正党／PKRについて，有権者が同党をUMNOより穏健だとみなし，そのために票の共有の効果が失われるという帰結が生じたのだとしたら，この帰結は1999年11月の総選挙ですでに生じていたはずである。

　残る可能性は，有権者の選択がエスノナショナリズムだけをめぐって行なわれるという，モデルの基礎をなす仮定から現実が乖離していったのではないかということである。イデオロギー空間が1次元から複数次元に変化すれば，投票の帰結は大きく変化する。改めて別のモデルを通じて，それを確認

しよう。

1. 2次元空間における政党間競合

　主要政党が与野党ともに民族政党の性格をもつマレーシアにおいても，あらゆる政治的争点が常に民族間の利害対立として認識されるわけではない。1969年選挙を分析した Rudner（1970: 4）は，当時の主要政党を，民族的指向（communal orientation）と政治的指向（political orientation）の2次元空間に配置した見取り図を示している。この見取り図では，民族的指向とは具体的には「マレー人指向 – 中間派（inter-communal）– 華人・インド人指向」という尺度を指し，政治的指向は「急進 – 中道 – 保守」という尺度を指す。

　マレーシアの与野党の間に，社会経済政策面での差異，いわゆる左翼・右翼の違いがあることは，既存研究で繰り返し指摘されてきた。マレー人政党については，UMNO がエリート主導の政党であるのに対し，PAS の場合，初期にはマレー人左翼の人脈に連なる指導者も多く，低所得層からの支持が比較的厚かった[1]（Funston 1980; Kessler 1978）。華人政党については，MCA がおもに財界の利益を代表する政党であるのに対し，DAP は結党当初から明確に左派を標榜した。

　もしマレーシアの有権者が，政党の民族的指向性の差異だけでなく，社会経済政策面での指向性の差異をも考慮して投票するとしたら，いかなる帰結が生じるだろうか。

　図 8-1A と 8-1B は，2次元イデオロギー空間における選挙を，きわめて単純なかたちでモデル化したものである。マレー人有権者が過半数を占める民族混合区でのマレー人与野党間競合を想定している。図の横軸は，第2章の1次元モデルと同様にエスノナショナリズム次元を表す。ここでは，マレーシアの現実に即して多文化主義 – マレー・イスラム主義次元（以下，MC-MI 次元）と呼ぶことにする。縦軸は，Rudner（1970）のいう政治的指向の次元であり，左翼・右翼次元（以下，L-R 次元）と呼ぶことにする。

　投票者は3人で，図の点1，2，3は，彼らの理想点を表す（二つの図の点

---

[1] Rudner（1970）は，PAS を政治的指向において UMNO より右に位置する極右政党に位置づけているが，このような見方はマレーシアでは一般的とはいえない。PAS = 極右政党という見方は，宗教的保守派を右派と見なすアメリカ政治の認識を反映したものであろう。

図8-1　2次元空間でのマレー人与野党間競合（民族混合区）のモデル

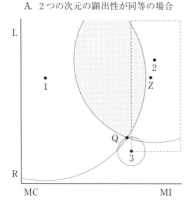
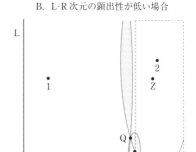

A．2つの次元の顕出性が同等の場合　　B．L-R次元の顕出性が低い場合

（注）点1, 2, 3は3人の投票者の理想点を表す。点Qはマレー人与党の位置，点Zはマレー人野党の位置を表す。破線の長方形は，マレー人野党の可動範囲を表す。点の位置はすべて，図8-1Aと8-1Bに共通。章末の補足も参照されたい。
（出所）筆者作成。

の位置はすべて同一）。投票者1の理想点は，MC-MI次元でMC端（多文化主義）寄り，L-R次元でややL端（左派）寄りにある。これは，ノン・マレー野党の中核的支持層の理想点を表す。同様に，投票者2の位置はマレー人野党の中核的支持層の理想点を，投票者3の位置はマレー人与党の中核的支持層の理想点を表す。

　3人の投票者のうち2人以上から得票した候補が勝利する。この設定は，民族混合区の状況を単純化して表現したものである。民族混合区では，階級面では中間より下の階層に属す有権者が多いが，民族面ではマレー人と非マレー人の数が拮抗し，一方の民族の中・下層の有権者だけでは過半数に達しないと考えられる。投票者3に代表される上位階層の有権者は，L-R次元でR端（右派）寄りであるとともに，異民族エリートと良好な関係をもつことで経済的利益を得られるため，MC-MI次元では比較的穏健な理想点をもつと仮定した。

　候補者はマレー人与党候補とマレー人野党候補の2人で，与党の位置を点Q，野党の位置を点Zとする。3人の投票者は，自分の理想点からの距離が短い方の候補に投票する。破線で囲われた長方形の領域は，マレー人野党の可動範囲を表す。マレー人野党は，党運営上の制約のため，マレー人与党の

第1節　票の共有が消失するメカニズム　225

中核的支持層（投票者3）の理想点から，MC-MI軸では右側（マレー・イスラム主義），L-R軸では上側（左派）の領域にしか位置取りできないものとする。以上は二つの図に共通の設定であり，著しく単純化されているが，民族混合区での政党間競合の典型例を想定したものである。

　もし有権者にとってL-R次元がMC-MI次元と同等の重要性をもつとすると，いかなる帰結が導かれるだろうか。空間モデルでは，投票者にとっての争点の重みを顕出性（salience）と呼ぶ。図8-1Aは，MC-MI次元とL-R次元が同一の顕出性をもつ状況を図式化したものである。有権者には，エスノナショナリズムと左右のイデオロギーとが同等の重みをもつ。そのため投票者の無差別曲線は円になる。図の網掛け部分は，マレー人与党の位置Qに対する勝利集合（win set）を表す。与党が点Qにあるとき，野党が勝利集合内の位置に移動すれば野党が勝利する。

　投票が，初期設定どおり野党が点Zに位置した状態で行なわれれば，点Qに位置する与党候補が投票者1と3の2人の票を得て勝利する。しかし，与党の位置Qに対する勝利集合は大きく，マレー人野党の可動範囲ともかなり重なる。この状況では，野党がMC-MI軸上をわずかに左に移動する，すなわちエスノナショナリズム次元でわずかに穏健化すれば，自党の中核的支持層（投票者2）の票とともにノン・マレー野党の中核的支持層（投票者1）の票を得て，与党に勝つことができる。

　このように，イデオロギー空間の多次元化は投票の帰結を不安定なものにする。もしマレーシアの選挙が，図8-1Aのような状況で行なわれてきたのだとしたら，民族混合区での与党優位はもっと早い時期に崩れていたに違いない。しかし，マレーシアの政党にも左派と右派の違いが認められるにもかかわらず，民族混合区での帰結は半世紀近く安定していた。それはエスノナショナリズム次元と左翼・右翼次元の顕出性に差異があり，左翼・右翼次元の顕出性が相対的に低かったためだと考えられる。

　図8-1Bは，L-R次元の顕出性が低い場合のモデルである。次元の顕出性の相対的差異は，投票者の無差別曲線の形状に反映される。二つの次元は相互に独立と仮定すると，投票の時点で投票者がMC-MI次元をL-R次元より重視している場合，無差別曲線は縦長の楕円になる。無差別曲線が図8-1Bのような形状になれば，投票者1と2が構成する，与党の位置Qに対する

勝利集合は野党の可動範囲の外側にしか存在しない（章末の補足参照）。野党にとっては，投票者2と3からなる勝利集合がわずかに可動範囲内に残されているが，図8-1Aの状況に比べてかなり大きく移動しない限り，与党に勝利することはできない。政策の大幅な変更は党内合意形成のためのコストがかかるから，簡単にはできないだろう。また，与党がわずかに位置を修正すれば，野党の可動範囲内の勝利集合をきわめて小さなものにできる。したがってL-R次元の顕出性が非常に低いなら，投票の帰結はMC-MI次元の1次元空間での競合の場合とほとんど変わらない。

このモデルは，票の共有の効果の消失に関して次のような含意をもつ。まず，票の共有の効果が認められた期間については，エスノナショナリズムにかかわる争点の顕出性が高い状況で選挙が行なわれていたはずだ。ところが何らかの理由で，2004年選挙と2008年選挙の間に，民族問題とは異なり，マレー人野党とノン・マレー野党が近い立場をとる争点の顕出性が急激に高まったために，2008年選挙では票の共有の効果が失われた。こう考えれば，2008年選挙で民族混合区での与党優位が突然消失したことの説明がつく。

では，争点の顕出性の変化は何によってもたらされるのだろうか。

2. ヘレステティックの道具としてのメディア統制

第4章第4節で確認したように，マレーシアの歴代与党指導者は，票の共有が生じるメカニズムとその効果を認識していたと考えられる。与党は，とくに劣勢が予想される選挙では，与党連合が穏健民族政党の連合体であり，野党は過激派だというイメージを再生産するためのメディア・キャンペーンを大々的に行なってきた。

議決で勝つべく争点の顕出性を操作する行為を，Riker（1986, 1990）はヘレステティック（heresthetic）と名付けた。ヘレステティックは，投票者を説得してかれらの考え方（理想点）を変えようとするのではなく，議決の際の争点の数を操作して好ましい結果を得ようとする行為である。この操作には，次元の足し上げと固定化の2種がある。次元の足し上げ（increasing dimensionality）とは，ある争点に関して多数派と少数派に別れた状況を，別の争点を顕在化させることによって組み替える操作である。次元の固定化（fixing dimensionality）は，自身が勝てる争点だけを軸に競合が行なわれるよ

う仕向ける操作を指す。

　マレーシアの与党指導者がなしてきたのは，ライカーのいう次元の固定化である。では，全国の有権者を相手に，どうすればヘレステティックが行なえるのか。候補者の遊説は有益な手段になりうるが，政党の集会にわざわざ足を運ぶのはもともとその政党を支持する人であることが多いから，波及効果には限りがある。

　そこで重要になるのがマスメディアである。マレーシアでは，マネー，マシーンとならんでメディアが与党の強さの源泉だといわれる（頭文字をとって三つのMと呼ばれる）。マレーシアの主要マスメディアは，認可制度と資本所有を通じて政府・与党にコントロールされてきた（Mohd Azizuddin 2005; Zaharom 2002）。その報道は，与党寄りのものが著しく多い偏向したものだと指摘されている（Mustafa 1990, 2003; Wong 2001, 2004）。選挙キャンペーンでも与党がマスメディアを独占的に利用しており，それゆえ前章で言及したように，2007年に生まれた選挙改革を求める団体が，メディアに登場する機会を野党にも与えるよう要求した。

　こうしたマレーシア国内の議論は，メディアには人びとの行動を変える力があるということを前提にしたものだが，はたして本当にそうなのだろうか。選挙キャンペーンのような短い期間においても，メディアは人びとを説得し，かれらの態度や行為を変える，という見方について，コミュニケーション研究では否定的な検証結果が出されている（Lazarsfeld et al. 1968）。

　その一方で，メディアには争点の顕出性に関する人びとの知覚に影響を与える力があるとみられている。一連の研究の先駆けとなったMcCombs & Shaw（1972: 177）は，「マスメディアは，政治的争点に対する態度の顕出性に影響を与え，政治的キャンペーンの議題（agenda）を設定する」という仮説を提示した。メディアがある争点を強調すると，その争点の重要性に対する受け手の知覚が高まる，という因果関係は，議題設定の基本仮説と呼ばれる（竹下 1998）。

　議題設定仮説の妥当性を裏付ける実証研究が数多く存在する一方，因果性への懐疑もある（Kosicki 1993）。因果律は逆向きであり，人びとの関心（公衆議題）がメディアの議題に影響を与えているのかもしれない。あるいは，メディアの争点強調と受け手の重要性認知の相関は見かけ上のものにすぎず，

現実の出来事がメディア議題と公衆議題の双方を直接規定しているのかもしれない。しかし，争点顕出性に影響するほかの要因の影響を統制したラボ実験やフィールド実験によっても，メディアの議題設定効果は認められている (Gerber et al. 2009; Iyengar & Kinder 1987)。

こうしたコミュニケーション研究の知見に依拠すれば，マレーシアの与党指導者は，政府・与党に統制された主要マスメディアを利用して，エスノナショナリズムへの次元の固定化を実現してきたのだと考えられる。

そうだとしたら，2008年選挙で政府・与党が従来どおりのヘレステティックに失敗したのは，メディアに変化が生じたためであるに違いない。もしメディアの論調が変わり，エスニシティの垣根を越えてマレー人と非マレー人の野党支持者がともに重視する争点の顕出性が高まったとしたら，投票の帰結が大きく変わることになる。次節では，実際にそのような展開がみられたかどうかを確認する。

第2節　インターネットが促したイデオロギー空間の多次元化

1. 争点顕出性に対するインターネットの影響

まず政府のメディアへの対応を振り返ってみよう。前章で述べたとおり，2003年10月に首相に就任したアブドラは，前任者のマハティールとは違って言論の自由を尊重する姿勢をみせた。その結果，新聞紙上では政府に批判的な記事や投書が増え，与党政治家の金権政治や汚職疑惑についても報道されるようになった。ネポティズムや汚職，金権政治といった問題は，権力に近い持てる者と在野の持たざる者の利害対立という側面をもつ。野党はみな汚職とネポティズムの一掃を目標に掲げており，この問題の重要性を有権者に訴えてきた。したがって，汚職疑惑の報道を許すようになったアブドラ政権下でのメディア統制の軟化が，イデオロギー空間の多次元化の一因といえるかもしれない。

しかしアブドラ政権下では，報道統制のツールである印刷機・出版物法が温存されており，報道が大幅に自由化されたとは評価しがたい。また前章でみたように，汚職とネポティズムについては1998年にアンワルらが言及したために，その時点である程度はメディア議題になっていた。汚職やネポ

ティズムに関して主要メディアが多少報道するようになっただけで，多数の国民の間でこれらの問題の重要性に関する知覚が高まるのなら，民族混合区での与党優位は1999年選挙の時点で崩れていただろう。

一方で，他の多くの国ぐにと同様に，2000年代に入るとマレーシアの情報環境は急速な変化を遂げた。インターネットの利用が進んだためである。国際電気通信連合（ITU）によれば，1998年の時点で100人あたりのインターネットユーザー数は6.75人にすぎなかったが，2003年には34.97人，2007年には55.70人にまで増えている。

マレーシア政府は，1995年に「マルチメディア・スーパーコリドー」構想を発表し，情報通信産業を主要な育成対象に位置づけるとともに，外国企業の誘致に力を注いできた。その一環として，政府はインターネットの自由な利用を保障する方針を掲げている。政府による統制のないネットは，すぐさま政治的コミュニケーションの新たなツールとして利用され始めた。1999年選挙では野党支持者が海外ドメインのサイトから情報を発信し，同年には独立系ニュースサイトの『マレーシアキニ』（Malaysiakini）も誕生した（Abbott 2004）。

インターネットのユーザー数の増大とともに，ウェブサイトは新たなマスメディアとして機能し始めたと考えられる。一部の市民は，ウェブサイトを主要メディアの代替物とみなし始めている。21歳から41歳までの2万1000人を対象に，2008年総選挙直前の2週間に行なわれた調査によれば，この世代は，ニューメディア（オンラインメディアとブログ）について，自由度や公開性のみならず，正確性や真実性においても既存メディア（主要新聞とテレビ）と同等以上に評価している（ZENTRUM 2008）。

ニュースサイトや政治的発言で人気を集める著名ブロガーのブログは，与党政治家と親族らがかかわる汚職やネポティズムの疑惑の流布に大いに貢献した。またニューメディアは，2006年から2007年にかけて野党とNGOが実施した公共料金の値上げ反対デモや選挙改革を求めるデモについても詳しく報じた。インターネットの普及によって政府のメディア統制の効力が削がれたとすれば，民族混合区での与党優位が突然崩れたことの説明がつく。論理的には，インターネット利用の拡大→イデオロギー空間の多次元化（政府・与党によるヘレステティックの失敗）→票の共有の消失，という因果メカニズ

表 8-1　クロス集計表の例

		汚職を深刻に心配するか		
		する	しない	合計
社会・政治問題に関する見解への インターネット・ニュースの影響	ある	76 (47.5%)	84 (52.5%)	160 (100.0%)
	ない	317 (37.7%)	523 (62.3%)	840 (100.0%)
	合計	393 (39.3%)	607 (60.7%)	1000 (100.0%)

(出所)「アジア・バロメーター」統合データセット (Inoguchi & Sonoda) にもとづき作成。

ムが働くと考えられるからだ。

　はたしてこの仮説は，経験的にも妥当だろうか。まずは因果連鎖の前段部分，すなわちインターネット利用の拡大がイデオロギー空間の多次元化を招いたという仮説の妥当性を検証しよう。この作業には，2008年総選挙の前年にあたる2007年に実施された「アジア・バロメーター」調査のデータセットを用いる。

　この調査には，社会・政治問題に関する意見を形成する際に影響のあったメディアに関する質問がある。「テレビ番組」，「新聞記事」，「友人・隣人との会話」など17の選択肢のなかから，あてはまるものを最大で五つまで挙げるという形式の質問である。この選択肢のなかに，「インターネット・ニュース」が含まれている。そこで，社会・政治問題に関する意見形成においてインターネット・ニュースの影響を受けた人とそうでない人を比較し，争点認識に違いがあるかどうか確認する。1000人の調査対象者のうち，インターネット・ニュースの影響を受けたと回答した人は160人であった。

　調査対象者が重視する争点の把握には，「深刻に心配している問題」に関する質問への回答を用いる。これは，「貧困」，「国内における経済的不平等」など30の選択肢のなかから，あてはまるものをすべて回答するという形式の質問である。それぞれの選択肢についてクロス集計表を作成し，インターネット・ニュースの影響を受けた人とそうでない人との間で，「深刻に心配する」と答えた人の割合が異なるかどうかを確かめる。

　例として，「汚職」に関する質問項目についてみてみよう（表8-1）。イン

表8-2 社会・政治問題に関する見解へのインターネット・ニュースの影響の有無と諸問題への懸念の有無との関係

	当該問題を心配する人の比率			2008年選挙マニフェスト[2]		
	ネットの影響がある人	ネットの影響がない人	カイ2乗値[1]	PKR	DAP	PAS
貧困	60.0%	54.8%	1.494	○	◎	◎
国内の経済的不平等	40.0%	34.0%	2.093	◎	○	◎
公正な世界貿易	5.6%	2.7%	3.616			
テロリズム	60.0%	42.7%	16.150**			
環境破壊・公害・天然資源問題	40.6%	33.7%	2.848		◎	◎
戦争・紛争	34.4%	38.2%	0.844			
自然災害	63.8%	44.9%	19.175**			
原子力災害	26.9%	16.0%	11.007**			
経済活動のグローバル化	10.0%	6.9%	1.879			
健康・医療問題	29.4%	28.5%	0.056	◎	○	◎
国内の経済問題	51.9%	41.2%	6.263*	◎	◎	◎
世界的不況	40.6%	25.2%	15.889**			
犯罪	64.4%	65.7%	0.107	◎	◎	◎
人権問題	17.5%	10.8%	5.698*	◎	◎	◎
汚職	47.5%	37.7%	5.369*	◎	◎	◎
民主主義の欠如	16.9%	9.2%	8.57**	◎	◎	◎
違法薬物・薬物中毒	64.4%	52.3%	7.944**			
難民問題	10.0%	7.5%	1.154			
失業	44.4%	41.0%	0.649	○		
教育	27.5%	18.9%	6.103*	◎	◎	◎
国内の社会福祉制度	8.1%	5.7%	1.364			◎
科学者の倫理(科学の倫理)	5.6%	2.0%	6.883**			
高齢化社会(高齢者比率増)	6.9%	5.8%	0.259			
出生率の低下	4.4%	3.6%	0.244			
急速な変化・急激な技術進歩	11.9%	7.5%	3.417			
企業権力による支配の脅威	11.9%	6.2%	6.584*			
宗教原理主義	8.8%	8.2%	0.051			
人口過剰	5.6%	2.9%	3.227			
モラルの低下・精神的退廃	50.0%	39.2%	6.525*			◎
その他	0.6%	0.5%	0.060	—	—	—
わからない	0.1%	0.0%	0.191	—	—	—

(注) 1) ** p < 0.01, * p < 0.05.
2) ◎具体的対策を提示。○抽象的目標のみ提示。無印は言及なし。
(出所)「アジア・バロメーター」統合データセット(Inoguchi & Sonoda)ならびに各党の選挙マニフェスト(PKR 2008; DAP 2008; PAS 2008)にもとづき作成。

ターネット・ニュースの影響を受けた人のうち47.5％が汚職を深刻に心配しているのに対し，インターネット・ニュースの影響がない場合には37.7％にとどまる。この差は5％水準で統計的に有意である（自由度1，カイ2乗値5.369）。

このようなクロス表分析の結果をまとめたのが表8-2である。この表から，ほとんどの問題について，インターネット・ニュースの影響を受けている人の方がそうでない人より高い確率で心配する傾向にあることがわかる。ただし，統計的に有意な差が認められるのは30項目のうち13項目にとどまる。

表8-2の右側は，それぞれの問題について，PKR，DAP，PASの主要3野党が2008年総選挙のマニフェストで言及したか否かを記したものである。選挙マニフェストに具体的な対策の提示があれば◎を，抽象的な目標だけが提示されている場合には○を付し，言及がなければ無印とした。3党すべてが具体的な対策を提示したのは，「国内の経済問題」，「犯罪」，「人権問題」，「汚職」，「民主主義の欠如」，「教育」の6項目である。

この6項目のうち，「犯罪」を除く5項目は，インターネット・ニュースの影響を受けたグループがより高い確率で心配していた項目である。したがって，2007年の時点においてインターネット・ニュースの影響を受けていた人は，そうでない人に比べて，翌年の総選挙で3野党が揃って強調することになるような問題を重視する傾向にあったといえよう。

ただしこの分析だけでは，インターネットが争点認識に影響を与えたことが確かめられたとはいえない。二つの変数の背後に何らかの第3の変数があり，それがインターネット・ニュースの影響力と人びとが重視する争点の双方を規定している可能性を排除できないからだ。それでも上記の分析結果は，インターネット利用の拡大が人びとの争点認識の変化を促し，イデオロギー空間の多次元化をもたらしたという仮説と合致しており，仮説を裏付けるひとつの材料と捉えることはできよう。

2. 投票行動に対するインターネットの影響

一方，因果メカニズムの後段，すなわちイデオロギー空間の多次元化が票の共有の消失を促したという仮説については，適切なデータがなく，これを直接的に検証することはできない[2]。そこで実際の選挙結果については，因

果メカニズムの入口と出口，すなわちインターネット利用の進み具合と与党得票率との関係について検証することにしたい。

1999 年選挙以降の 4 回の下院選挙について，州（クアラルンプール連邦領を含む）を単位として，人口 100 人あたりのインターネット・プロバイダー契約者数[3]（選挙前年の数値）と国民戦線の得票率との関係をみると，1999 年選挙と 2004 年選挙については統計的に有意な相関がないのに対し，2008 年選挙については負の相関（$r = -0.6003$, $N = 14$, $p < 0.05$）が認められる。2013 年選挙についても，同程度の負の相関（$r = -0.6042$, $N = 14$, $p < 0.05$）がみられた。

ただしこの関係は，経済状況など，与党得票率に影響する他の要因を反映しただけの見かけ上の相関にすぎない可能性がある。そこで，1995 年選挙から 2008 年選挙までを対象とし，州を単位とするパネルデータ分析を行なう（データの制約のため，2013 年選挙は対象に含めない[4]）。

従属変数は国民戦線得票率，主要な関心対象の独立変数は，100 人あたりプロバイダー契約者数，ならびにそれと 2008 年選挙ダミーの交差項である。コントロール変数として，GDP 成長率と失業率，平均実質世帯月収（100 リンギ）とその 2 乗項，年平均 1 人あたり連邦開発予算配分額（実績値の対数），投票率を組み込んだ（データの詳細と出典は巻末の付録に記載）。対象期間を通じて変化しない，各州固有の要因による誤差（固定効果）を排除するため，階差をとって pooled OLS による推計（first-differenced estimator による推計）を行なった[5]。

景気を政権の評価基準としてなされる，いわゆる経済投票では，とくに景

---

[2] この仮説を直接的に検証するには，個人のレベルで，少なくとも (1) 投票先，(2) 回答者が投票しえた政党（当該選挙区で候補を擁立した政党），(3) 回答者が重視する争点，(4) 回答者のエスニシティ，の 4 点をセットで把握できるデータが必要である。

[3] 1998 年（1999 年選挙前年）についてはダイアルアップ契約者のみ。2003 年，2007 年はダイアルアップ契約者とブロードバンド契約者を合算した数値。2008 年以降はダイアルアップ契約者の数値が発表されなくなったため，2012 年のデータはブロードバンド契約者のみ。なお，政府機関のマレーシア通信マルチメディア委員会は，近年インターネット・ユーザー数の調査を行なっている（MCMC various years）。もっぱら学校や職場の機器を利用しているユーザーもいると考えられるため，インターネット普及度の指標としてはプロバイダー契約者数よりユーザー数の方が適切であろう。しかしユーザー数については十分な時系列データがないため，以下ではプロバイダー契約者数を用いる。

[4] 本章註 3 で述べたとおり，2008 年以降はダイアルアップ契約者数が発表されなくなり，時系列での変化を正確に捉えることができなくなってしまったためである。

気変動が顕著な場合，有権者が短期的な景気動向より中期的なパフォーマンスを重視する可能性がある（間編 2009; Benton 2005; Remmer 1991）。マレーシアでも 1999 年選挙の前に，アジア通貨危機の影響で深刻な不況に陥ったのち，わずかな期間でV字回復を遂げるという急激な景気変動があった。そこで，GDP 成長率と失業率について，選挙前1年間の値をみる推計と，2年間の平均値をみる推計を行なった[6]。

推計結果は表 8-3 にまとめた。モデル1とモデル2の双方で，100 人あたりプロバイダー契約者数と 2008 年選挙ダミーの交差項の係数がマイナスとなり，5％水準で統計的にも有意である。また，この交差項の係数と，100 人あたりプロバイダー契約者数の係数をあわせて統計的有意性をみると（F検定），モデル1とモデル2のどちらも1％水準で有意である。決定係数が若干高いモデル1にしたがえば，2008 年選挙において，コントロール変数の効果が一定なら，100 人あたりプロバイダー契約者数が1人増えると国民戦線得票率が 0.72 パーセントポイント減少するという効果がみられる。観測数が少ないことから，係数のサイズについてはとくに慎重な解釈を要するが，この数値はインターネットに無視しえぬ効果があったことを示唆しているといえよう。

ここまでのデータ分析の結果は，インターネット利用の拡大が政府・与党によるヘレステティックを困難にし，イデオロギー空間の多次元化を促して票の共有に依拠した民族混合区での与党優位を損ねたという仮説に合致する。しかし，インターネットの影響が出始めたのがなぜ 2004 年ではなく 2008 年だったのかという問題が残されている。全国レベルの 100 人あたりプロバイダー契約者数は，1998 年の 1.8 人から，2003 年に 12.0 人，2007 年に 19.5

---

[5] 1995 年選挙前年の人口 100 人あたりプロバイダー契約者数を 0 としたこと，ならびに州の数，総選挙の回数ともに少ないという制約のため，当該年と系列平均との差分をとる手法（within estimator による推計）ではなく，first-differenced estimator による推計を行なった。マレーシアで最初のプロバイダー Jaring が活動を始めたのは 1992 年であるが，1994 年の時点での契約者数はごくわずかであったと考えられる。利用できるもっとも古いデータである 1996 年時点では，契約者数は全国で 6 万 4000 人（100 人あたり 0.3 人）であった。

[6] 逆に，有権者が選挙直近の短期的な景気動向をもとに業績評価投票を行なう可能性もある。そこで，モデル1の GDP 成長率を，投票日を含む四半期の成長率（たとえば3月8日が投票日だった 2008 年の場合，2008 年第1四半期の成長率。前年同期比）に入れ替えたモデルも試した。推計結果はモデル1の結果とほとんど変わらなかった。

表8-3 州を単位とする階差パネルデータ（1995年選挙〜2008年選挙）の推計（first-differenced estimatorによる推計）

独立変数：	従属変数：Δ国民戦線得票率	
	モデル1	モデル2
Δ100人あたりプロバイダー契約者数	0.1655	0.1683
	(0.2501)	(0.2676)
Δ100人あたりプロバイダー契約者数×2008年選挙ダミー	−0.8831*	−0.8523*
	(0.3280)	(0.3401)
ΔGDP成長率（1年間）	0.5007	
	(0.5026)	
ΔGDP成長率（2年間平均）		0.2515
		(0.6345)
Δ失業率（1年間）	0.4513	
	(1.1070)	
Δ失業率（2年間平均）		0.3099
		(1.0717)
Δ平均実質世帯月収（100リンギ）	1.1976	1.1750
	(1.0433)	(1.1225)
Δ平均実質世帯月収（100リンギ)^2	−0.0187	−0.0192
	(0.0155)	(0.0166)
Δ対数化年平均1人あたり連邦開発予算配分額実績値	4.1738	4.6216
	(4.2972)	(4.4098)
Δ投票率	−0.8166	−0.8526
	(0.4578)	(0.4496)
2004年選挙ダミー	14.6033*	12.5120
	(5.5687)	(11.7269)
2008年選挙ダミー	4.5748	4.4676
	(4.2541)	(8.1104)
定数項	−9.5578**	−9.2033
	(3.3599)	(7.8042)
観測数	42	42
決定係数	0.8186	0.8123

（注）かっこ内は不均一分散頑健標準誤差。** $p<0.01$, * $p<0.05$.
（出所）筆者推計。

人と推移した。2003年から2007年の間に1.6倍になったが，1998年から2003年の間の増加率の方が圧倒的に高い。100人あたりプロバイダー契約者数12.0人と19.5人の間に，インターネットが投票行動に影響を与え始める閾値のようなものがあるとは考えづらい。

　ここで注意すべきは，メディア統制が緩んでも，それが一意に与党にとって不利な争点の顕出性を高めるわけではないということである。どんな争点の顕出性が高まるかは，ヘレステティシャンとしての政治家の意思と能力にも左右される。したがって，なぜ2004年ではなく2008年だったのかという問いに答えるには，それぞれの選挙前の政治動向を検討する必要がある。

　先に紹介したとおり，ユーザー数でみれば2004年選挙の前年には人口の35％がインターネットを利用するようになっていた。2004年の総選挙で野党が惨敗を喫したのは，情報環境が整ったにもかかわらず，野党側が有効なヘレステティック（この場合は「次元の足し上げ」）をなしえなかったからだと考えられる。

　前章でみたように，1999年選挙の際には主要野党がオルタナティブ戦線を形成し，汚職，ネポティズムの一掃や最低賃金制度の導入，所得税非課税枠の拡大など，エスニシティの違いを越えて利害の一致する争点を統一公約の前面に打ち出した。しかし，ユーザー数でみてもインターネットを利用しているのは国民の6.8％にすぎず，野党連合は急進民族政党の野合だと主張する政府・与党の宣伝を覆す力をネットメディアは持ちえなかった。

　1999年選挙から2004年選挙までに，インターネット利用は急速に進んだものの，野党間の関係は様変わりしていた。DAPは，2001年の9.11事件後まもなくオルタナティブ戦線を離脱した[7]。PASでは強硬派のイスラム指導者が台頭し，同党は2004年選挙を前に，イスラム国家樹立の方針を改めて強く打ち出す『イスラム国家文書』（PAS 2003）を発表した。一方与党側では，マハティールの後を継いだアブドラが「進歩的なイスラム」（Islam

---

7) 1999年総選挙後，PASはイスラム国家樹立をめざす方針を改めて打ち出した。2001年6月，アブドゥル・ハディ・アワン副党首（トレンガヌ州首相・当時）は，PASが政権を獲得したら一般法廷を廃止し，シャリア法廷を全面的に機能させると述べた。この発言にDAPは強く反発したが，PASは妥協を示さなかった。DAPでは，8月の党総会でオルタナティブ戦線からの離脱が議論されるも，この時点では結論が先送りされる。9.11テロののち事態は急展開し，DAPは9月22日に野党連合を離脱した。

Hadhari）をスローガンに掲げ，宗教面で穏健政策を堅持する姿勢を示した。与野党それぞれの中核政党である UMNO と PAS がこのような関係にある以上，その他の野党が再び民族の垣根を越えた争点の顕出性を高めるのは困難であった。2004 年選挙では PKR が多くの華人・インド人候補を擁立し，ノンコミュナル政党としての実質を備えるようになりつつあったものの，この動きが注目を集めることはなかった[8]。

2004 年選挙での惨敗の後，PAS では「プロフェッショナル」と呼ばれる知識人・専門職従事者が台頭し，宗教政策面での軌道修正が模索され始めた。DAP もまた，PAP 時代に掲げた「マレーシア人のマレーシア」というスローガンを捨て去り，エスノナショナリズム次元での立場を中道寄りに移動させた[9]。その後3野党は，公共料金値上げ反対デモや選挙改革運動といった，利害の共通する争点にかかわる協力を深めていく。

2008 年選挙においてこの3党は，4年前には低調に終わった候補者の一本化を完遂した。統一公約の策定は見送られたが，PAS と DAP を仲介する立場の PKR は，新経済政策を廃止し，民族にかかわらず低所得層を支援する方針を公約に掲げた（PKR 2008）。1999 年選挙と比べると DAP には PAS との協力に消極的な姿勢がみられたものの，4年前とは異なり，野党間の政策面での接近が明瞭になった。

2004 年からの4年間には，ここまで述べたような野党の意思の変化に加え，ネット利用者のさらなる増加と，ニュースサイトの増加や，YouTube など新種のサイトの興隆という客観条件の変化もあった。野党が積極的にブログや YouTube を利用しただけでなく，ジャーナリストや市民運動の活動家らが主宰する著名ブログがオルタナティブ・メディアとして機能し，投票行動

---

[8] 1999 年総選挙における PKR（当時は国民公正党）の候補は9割以上がマレー人であり，同党は実質的にはマレー人政党であった。しかし 2004 年総選挙では，同党がマレー半島部で擁立した候補の3割が華人ないしインド人であった。

[9] 第6章でみたように，「マレーシア人のマレーシア」（Malaysian Malaysia）というスローガンには，マレーシアは「マレー人の国」ではないという含意がある。このスローガンは，ノン・マレー与党よりも急進的な DAP のエスノナショナリズム次元での立場を象徴するものであった。DAP の新たなスローガンは「マレーシアを第1に」（Malaysia First）というもので，新旧のスローガンにいかなる意味上の差異があるのかわかりづらい。しかし，シンガポールの分離独立にいたる緊張を招いた「マレーシア人のマレーシア」というスローガンを破棄したという事実に，エスノナショナリズム次元での穏健化を示すメッセージがあると解釈できる。

にも影響を与えたとみられている（伊賀2008; Tan & Zawawi 2008）。このように，野党の意思の変化とともに，インターネット利用の量的増大と質的変化がエスニック争点の相対的重要性を低下させ，半世紀にわたる民族混合区での与党優位を突き崩したのではないかと考えられる。

第3節　パワーシェアリングを支えた仕組みの崩壊

では，2008年総選挙での投票行動の変化は，票の共有が生じるメカニズムに関する**仮説1**に対して，いかなるインプリケーションをもつのだろうか。そのまとめは終章で行なうこととして，ここでは先に，2008年選挙以降の展開をフォローしておきたい。

2008年選挙で生じた民族混合区での与党優位の揺らぎが一過性のものではなかったことは，すでにみたとおりである。2013年選挙で，与党は混合区での優位を完全に失った。マレーシアのパワーシェアリングを長らく支えてきた仕組みが，いま崩壊しつつある。

投票パターンの構造的変化は，2008年選挙後に与野党がとった行動によって確かなものになったと考えられる。

野党側は人民連盟を結成し，「野党州」となった州において連立政権を樹立・運営した。すなわちこれらの州では，PKRとDAP，PASの3党によるパワーシェアリング政権が誕生したのである[10]。人民連盟結成後も，エスニシティにかかわる問題，とくに宗教政策に関するPASとDAPの溝は埋まらず，間歇的に激しい論争が生じた。それでも1999年選挙の後とは異なり，3野党は団結を維持する。その結果，国民戦線と人民連盟とが並び立つ，二大政党連合制とでもいうべき政党システムが成立した。

一方，政府・与党側は，改めてヘレステティックを試みるのではなく，野党側が指摘した政治課題を先取りして実行することに力を注いだ。2009年4月に第6代首相に就任したナジブ・ラザクは，ブミプトラ政策の緩和と党改革，政治的自由化に着手した。

ブミプトラ政策について政府は，段階的に各種の民族別割当制を廃止し，

10）　ただし，ペラ州ではPKR議員2名とDAP議員1名が離党したため人民連盟政権が瓦解し，2009年2月にUMNOのザンブリ・アブドゥル・カディールが州首相に就任した。

民族的属性にかかわりなく低所得層の底上げを図るという方針を打ち出した。

2010年3月，ナジブ政権下で発足した国家経済諮問評議会（NEAC）が，2020年までの開発政策の指針を示した文書『マレーシアのための新経済モデル』を発表する。この文書は従来のブミプトラ政策について，民族間格差の是正には寄与したもののレントシーキングをもたらしたと認める。加えて，「富とは株式所有だけを意味するのではないのだから，ブミプトラの株式保有比率を30%に高めるという目標に，以前考えられていたほどの意味はない」とし，政策転換の必要性を訴える。そのうえで，民族別割当制を段階的に廃止し，下位40%の世帯所得の引き上げをアファーマティブ・アクションの目的とすることを提言した。「それは低所得層の者を平等に扱う。アファーマティブ・アクションは，資源にアクセスする資格をもつ者ならば，すべてのエスニック集団を平等とみなす」（NEAC 2010: 136）。ブミプトラ優遇から民族にこだわらない格差是正策へという政策転換は，2008年選挙前にPKRが公約で訴えたものにほかならない。

2011年からの5年間を対象とする第10次マレーシア計画でもこの方針が踏襲され，2009年時点で1440リンギ（409米ドル）だった下位40%層の平均世帯月収[11]を2015年には2300リンギに引き上げるという目標が設定された。第10次計画では，ブミプトラ保有株30%をめざすという目標は残されたものの，それに力点をおいた過去の政策からの転換を図ることがここでも強調されている（Malaysia 2011: Chap. 4）。

政治面では，ナジブはまず党改革に着手した。UMNOの役員選挙規則を大幅に改めたのである。2009年10月の党総会で党規約が改正され，地域支部から一定割合の指名を得ないと中央役員選挙に立候補できないというルールが廃止されるとともに，中央の役員選挙の投票が各地の地域支部総会で実施されることになった。2点目の変更にともない，投票人の数は従来の約60倍に増えた。中央総会に参加できるのは地域支部代表ら2500人あまりなのに対し，各地の地域支部総会には総計で14万6500人が参加するからである[12]。

この党規約改定の目的は，党内金権政治の抑制にある。投票人が2500人

---

11) 国全体の平均世帯月収（2009年）は2830リンギ（803米ドル）だった。

ならば買収が可能だが，14万人あまりを買収するのは不可能だという理屈である。このルール改正は，アブドラ総裁時代にムヒディン党副総裁補らが唱え始めたものだが，2008年選挙での惨敗を踏まえてナジブ執行部が実施に踏み切った。ナジブは総裁就任直前の演説で，「知識が豊富なうえ，要求が厳しく非常に批判的な」有権者が台頭したと述べている（*NST*, March 25, 2009）。思い切った改革の背景には，党のイメージを改善しなければ次回総選挙での挽回は困難だという認識があったのだろう。

　次いでナジブ政権は，長らく野党や人権擁護団体が求めてきた，市民的自由を制限し政府の強権行使を可能にする法律の改廃を進める。第1に，集会に対する規制が緩和された。これまでは刑法と警察法の規定により，5人以上が参加する集会を開催するには警察の事前許可が必要とされた。これが2011年11月に平和集会法が制定されたことにより，原則的には，主催者は開催の10日前までに警察に通知するだけで済み，許可を得る必要はなくなった[13]（*NST*, November 23-30, 2011）。

　第2に，新聞・雑誌に対する統制が緩和された。これまで定期刊行物を発行する者には，内務省が付与する免許を毎年更新することが義務づけられていた[14]。2012年4月の印刷機・出版物法改正でこの規則が改められ，ひとたび免許を取得したら更新を求める必要がなくなった。加えて，免許の付与・剥奪に関して大臣に絶対的な権限を付与した規定が撤廃され，不服があれば司法に訴えることが可能になった（*NST*, April 19-20, 2012）。

　第3に，予防拘禁に法的根拠を与えた国内治安法が廃止された。国内治安

---

[12]　新制度のもとでは，各地域支部が定員の分だけ選出し，1支部の支持を1票として足し上げたものが各候補の得票数になる。2013年10月19日の党中央役員選挙では，副総裁補（3人）と最高評議会評議員（25人）の選挙が実施されたが，各地域支部ではそれぞれ3人の副総裁補候補と25人の評議員候補を選出した。各地域支部で，それぞれ3位以内と25位以内に入った候補に1票が与えられ，それを足し上げたものが各候補の最終的な得票数になる。したがって，地域支部総会で定数より低い順位になった者の得票は死票になる。副総裁補選挙では，101支部で3位以内に入り当選したヒシャムディン・フセインの総得票数が5万6604票だったのに対し，ムクリズ・マハティールは5万7189票を獲得したものの91支部でしか3位以内に入れなかったために落選した（*NST*, October 20-21, 2013; *UM*, October 20-21, 2013）。

[13]　ただし，街頭デモはこの法律が定める「集会」にはあたらず，デモが刑法141条のいう違法集会に認定される可能性は残った。

[14]　印刷機・出版物法は1984年に制定されたものだが，その前にも植民地期に制定された印刷機条例（Printing Presses Ordinance）が存在し，新聞の許可制は1971年に実施された同条例の改正によって導入された（Mohd Azizuddin 2005）。

法のもとでは，内務大臣が自身の判断で，すなわち裁判なしに，治安を脅かしかねない人物を最長2年間拘留するよう命じることができた。もともと国内治安法は，共産党対策のために1960年に制定されたものだが，政府指導者の政敵や批判者を拘禁するためにも使われてきた。その顕著な例が，前章でみた1987年のオペラシ・ラランと1998年のアンワル逮捕である。2012年4月17日にこの法律が廃止され，かわって治安違反（特別措置）法が制定された。新たな法律では，拘留期限が28日間にまで大幅に短縮された (NST, April, 11, 14, 17-18, 2012)。

このように2008年選挙から2013年選挙までの間，政府・与党は，政治改革と再分配政策の見直しに力を注いだ。そしてそのことが，二大政党連合制を安定させたと考えられる。というのも，国民戦線と人民連盟のどちらも三大民族を包含する政党連合なので，この二つからなる政党システムを成り立たせるには，エスノナショナリズムとは異なる対立軸が必要になるからだ。第1次ナジブ内閣がさまざまな政治経済改革を実施したことによって，改革が十分か否かという問題が与野党間の主要争点になっていった。

ナジブ政権のイニシアティブは，従来の政策と制度を大きく変えるものだった。しかし多くの有権者，とりわけ華人は，それを評価しなかったようだ。2013年5月の総選挙では，UMNOはわずかとはいえ議席の積み増しに成功したが（第5章・表5-1），ノン・マレー与党は壊滅的な惨敗を喫した。MCAとグラカンは，定数222の下院選挙でそれぞれ7議席と1議席しか獲得できなかった。

2013年選挙での惨敗を受けて，MCAとグラカンは，連邦政府と州政府の双方で連立政権入りを見送った。パワーシェアリングを主要なエスニック集団による執政権の分有と定義するなら，自治政府時代から半世紀あまり続いたマレーシアのパワーシェアリングは，この時点でいったん終焉を迎えたことになる。

選挙後に発足した第2次ナジブ内閣は，民間から登用された華人とMICの指導者が参加したものの，実質的には「ブミプトラ内閣」の顔ぶれになった。これを率いるナジブは，首相就任当初とは打って変わり，ブミプトラ政策の強化に動き出している。その重要な契機になったのが，2013年10月のUMNO役員選挙である。これは2009年に制定された新ルールのもとで初め

て行なわれる役員選挙であった。立候補の制約がないこの選挙で，ナジブは投票資格をもつ15万人近くの下級幹部に直接アピールする必要があった。立候補締め切りを1週間後に控えた9月14日，ナジブは新たなブミプトラ支援策のパッケージを発表した。具体的には，ブミプトラに購入者を限定した新たな投資信託の発売やブミプトラ向けのマイクロファイナンス，住宅取得支援，就業支援などである（*NST*, September 15, 2013）。新経済モデルが提言した民族別割当制廃止の方針に逆行する，マレー・ポピュリズムとでも呼ぶべき政策である。結果的に，ナジブは無投票で総裁に再選された。

2014年6月にはMCAとグラカンの指導者が再び入閣したものの，政策決定過程における両党の存在感は薄く，UMNOは排他的なマレー・ナショナリズムへの傾斜を深めている（中村 2015）。票の共有の効果の消失とともに，2009年のUMNO役員選挙規定改定によって，これまでのパワーシェアリングを支えてきた仕組みは大きく損なわれたと考えられる。

同時に，人民連盟が国民戦線に取って代わり，かれらがパワーシェアリング政権を担うというシナリオも薄れ始めた。2014年以降，宗教政策をめぐるPASとDAPの対立が激化したためである。2015年6月現在，PASが党総会でDAPとの断交を決議し，DAPとPKRの指導者が「人民連盟は死んだ」と宣言する事態となっている。不安定化した政党システムの行き着く先はまだみえない。

小　括

本章では，まず，2008年選挙において票の共有の効果が突然消失した理由を説明するため，第2章で提示したモデルを見直したうえで，コミュニケーション研究の知見にのっとった仮説を提示した。それは，インターネット利用の拡大→イデオロギー空間の多次元化（政府・与党による争点操作の失敗）→票の共有の消失，という因果メカニズムが働いたのではないかというものである。この仮説を検証すべく，まず，2007年に実施された「アジア・バロメーター」調査のデータセットを活用して，インターネット利用と重要争点の認識との関係性を分析した。その結果，2008年総選挙で野党が重視することになる諸問題に関して，インターネット・ニュースの影響を受けた人

びとはそうでない人びとよりも高い確率で懸念をもっていたことが明らかになった。次いで，州を単位とするパネルデータ分析を行ない，2008年選挙では100人あたりのプロバイダー契約者が多いほど国民戦線の得票率が低い傾向にあったことを確認した。

その後，アブドラに代わり首相に就任したナジブが，顕出性の増した争点に対応すべく実施した政治改革と開発政策の軌道修正を概観した。ナジブの政策は，2013年選挙での党勢回復には繋がらず，結果的にこれまでパワーシェアリングを支えてきた仕組みの崩壊を招いたといえる。

[図 8-1B に関する補足]

重み付けユークリッド距離

図 8-1B における投票者と政党との距離は，重み付けユークリッド距離（Weighted Euclidean Distance: WED）で計測される。この場合（二つの次元が独立）の WED は次のように定義できる（Davis et al. 1970; Hinich & Munger 1997）。政党 i の座標上の位置を $\mathbf{p}_i = (p_{i1}, p_{i2})$，投票者 i の位置を $\mathbf{v}_i = (v_{i1}, v_{i2})$ とする。簡単化のため，次元の顕出性は各投票者に共通とし，MC-MI 次元の顕出性（重み）を a_1，L-R 次元の顕出性（同）を a_2 とする（$a_1 > 0$，$a_2 > 0$）。政党の位置と投票者の理想点の間の WED は以下のとおりである。

$$\mathrm{WED}(\mathbf{p}_i, \mathbf{v}_i) = \sqrt{a_1 (p_{i1} - v_{i1})^2 + a_2 (p_{i2} - v_{i2})^2}$$

野党が投票者1と2の票を得て勝つための条件

図 8-1B における与党（政党 Q），野党（政党 Z）の位置と投票者 1, 2, 3 の理想点は，MC-MI 軸の MC 端を 0，MI 端を 100 とし，同様に L-R 軸の L 端を 0，R 端を 100 とすると，以下の各点である。

$$\mathbf{p}_Q = (67,28),\ \mathbf{p}_Z = (80,63),\ \mathbf{v}_1 = (15,63),\ \mathbf{v}_2 = (83,75),\ \mathbf{v}_3 = (70,19)$$

与党の位置 $\mathbf{p}_Q = (67,28)$ を与件とし，野党が可動範囲内で位置 $\mathbf{p}_Z$ を $\mathbf{p}'_Z$ に変更した場合に，野党が投票者 1 と投票者 2 の票を得て勝利できる条件は以下のとおりである。

まず，可動範囲内で投票者 1 との距離がもっとも短くなる野党の位置は $\mathbf{p}'_Z = (70,63)$ である。野党がこの点に移動したとき，投票者 1 にとって野党との距離が与党との距離より短くなる条件，すなわち，

を満たす条件は，

$$\text{WED}(\mathbf{p'}_Z, \mathbf{v}_1) < \text{WED}(\mathbf{p}_Q, \mathbf{v}_1) \quad \text{―― 式1}$$

$$a_1 < \frac{1225}{321} a_2 \quad \text{―― 式2}$$

である。

　一方投票者2にとっては，野党の可動範囲を定めた仮定により，MC-MI次元とL-R次元の双方で与党よりも野党の方が常に自身の理想点に近い。すなわち，投票者2にとって式1は a_1 と a_2 の値にかかわりなく常に成立する。換言すれば，投票者2は常に野党に投票する。

　したがって，野党が投票者1と投票者2から得票して勝利するための条件は，式2が成立することである。より具体的には，L-R次元の顕出性を1としたとき，MC-MI次元の顕出性がおよそ3.82より低いことである。この条件が満たされなければ，野党が可動範囲内のどこに移動したとしても投票者1の票は得られない。

終 章

マレーシアの教訓

第1節 要約と結論

これまでの議論を要約し、結論をまとめよう。

分断社会において、民主主義が多数派民族の専制に陥るのをどうすれば回避できるのか。多数派民族の政党は、どんな条件があれば少数民族の利益を尊重するのか。この問いに取り組んだ研究では、パワーシェアリングが有効な対策だと考えられてきた。実際、エスニシティによる深刻な亀裂を抱える新興国では、とりわけ独立前後の時期、各エスニック集団の政治家が参加する包括的な政権が生まれた。だが、その多くは短期間のうちに瓦解している。パワーシェアリングは、どのような条件があれば安定するのだろうか。

本書はまず、先行研究を検討して二つの具体的な課題を設定した。ひとつは多数派民族政党の指導者の動機にかかわるもの、もうひとつは、この指導者が党を掌握する能力にかかわるものであった。多数派民族政党の指導者は、選挙で有権者の支持を獲得するとともに、党内の支持を維持しなければ政府の指導者になれない。少数派への政策的妥協が選挙で有利に働き、かつ党首がその他の党幹部を懐柔できるとき、少数派の利益が守られるはずだ。本書では、選挙制度にかかわる先行研究を踏まえて、「どのような場合に異民族政党間の票の共有が生じるのか」を第1のリサーチ・クエスチョン（問い1）に設定した。加えて、これまでの研究ではあまりかえりみられることのなかった、「多数派民族政党の指導者はどのような場合に党内の異論を抑えて穏健政策を実施できるか」という問題を第2のリサーチ・クエスチョン（問い2）とした。

次いで、問い1については投票の空間理論、問い2についてはゲーム理論

にもとづいて簡単なモデルをつくり，以下の三つの仮説を導いた．

仮説 1. 異なる民族の政党が，選択投票制（AV）のもとで政策的に歩み寄ったとき，ないし1人区相対多数制（FPTP）のもとで統一候補を擁立するとき，民族混合選挙区の数が十分多ければ票の共有の効果が期待できる．

仮説 2. 多数派民族政党において，党首以外の党幹部ポストの価値が高いほど穏健政策が採用されやすい．

仮説 3. 多数派民族政党において，党首と対抗エリートのポストの価値の差が小さいほど穏健政策が採用されやすい．

仮説1は問い1，仮説2と仮説3は問い2への理論上の答えである．問い2に関する仮説が二つあることは，多数派民族政党の党首が党内支持を維持しつつ穏健政策を実施するには2種類の方法があることを示唆する．ひとつは，党首が強い権限や大きな付帯利益を握りつつ，中級・下級幹部ポストの価値を高めるべく資源を分配するパターン（仮説2）．もうひとつは，党内の権力構造を分権的なものにして党首ポストをめぐる競争の「賭け金」を下げ，権力闘争の激化を予防するパターン（仮説3）である．

三つの仮説の妥当性を検証するため，本書はマレーシアを取り上げて事例研究を行なった．異例に長くパワーシェアリングが続いたマレーシアは，分断社会の逸脱事例である．本書の二つの問いは先行研究ではあまり検討されてこなかったから，逸脱事例のマレーシアで仮説の妥当性を確かめることができたなら，これらの問題の重要性が確認されたことになる．

半世紀にわたってパワーシェアリングが続いたマレーシアでは，多数派民族政党＝UMNOの指導者が少数派に配慮する動機をもち，かつ党首が他の党幹部に穏健路線を認めさせるのに適した条件があったに違いない．そこで，三つの仮説について次のような事例に特化した予測（case-specific predictions）を立てた．

予測 1-1. 選挙制度にFPTPを採用するマレーシアでは，有権者の自主的判断にもとづいて票の共有が生じる条件，すなわち（1）相対的穏

健派の統一候補擁立，(2) 多くの民族混合選挙区の存在，が揃っている。

予測 1-2. 票の共有が生じる条件が揃っているなら，マレーシアでは民族混合選挙区で相対的穏健派の与党が優位にある。

予測 2-1. UMNOでは党首以外の党幹部ポスト（閣僚，議員，党地方組織幹部ら）の価値が高い。

予測 2-2. UMNOにおいて，党首以外の党幹部ポストの価値が低下すると連立政権の運営が困難になる。

予測 2-1 補. UMNO には票の共有の恩恵を享受する幹部が多い。

予測 2-2 補. UMNO の議席が減ると連立政権の運営が困難になる。

予測 3-1. UMNOでは党首と対抗エリートのポストの価値の差が小さい。

予測 3-2. UMNOにおいて，党首と対抗エリートのポストの価値の差が開くと連立政権の運営が困難になる。

　事例研究では，まず**予測 1-1** と**予測 1-2** の現象が生じているかどうかを確かめた。マレーシアの場合，票の共有が生じる2条件が揃っているだけでなく，AV の場合よりも高い効果が期待できる環境にあった。野党の戦略的退出のために，同一民族政党間競合となる選挙区が多かったのである。自民族の政党に投票できない有権者は，他民族の穏健派に投票することになる。こうした有権者の割合は，民族混合選挙区で高くなる。実際，野党よりも相対的に穏健な立場をとる与党の得票率は，1959年の第1回総選挙から2004年の第11回総選挙までの間，民族混合区で顕著に高くなる傾向にあった。この，選挙区の民族構成（マレー人有権者比率）と与党得票率との関係性は，後者に影響する他の要因を反映した見せかけの共変関係とは考えにくい。2004年までのマレーシアの経験は，仮説1のFPTPに関する部分を裏付けるものだといえる。

　2008年選挙での変化についてはのちに扱うこととし，次に地方制度，議会制度，政策決定と人事にかかわる UMNO の制度を検討した。この作業によって，UMNOには票の共有の恩恵を享受する幹部が多いこと（**予測 2-1 補**），ならびに UMNO では党首以外の党幹部ポストの価値が高いこと（**予測 2-1**）を確認した。

州においても議院内閣制がとられ，FPTP のもとで中央政界と同一の政党が選挙に参加しているから，州議会選挙でも下院選挙と同様に票の共有が生じる。その恩恵に浴す UMNO 議員は多い。マレー半島部の 11 州のうち 7 州では，マレー人比率が 75％を超える選挙区は定数の 7 割に満たない（1986 年時点）。これらの州の執政権を得るためには，急進政策をとって単独政権をめざすよりノン・マレー政党と提携するのが手堅い戦術といえる。さらに，票の共有が働かない選挙が存在しないことも重要である。連邦議会の上院議員は，国王による任命と州議会での間接選挙によって選出される。かつて実施され，票の共有が生じない唯一の選挙であった地方自治体の選挙は，治安対策を名目に 1965 年に停止され，1976 年に公式に廃止された。

　票の共有の恩恵を享受する UMNO 地方幹部の数は，党役員選挙のルールと照らし合わせると，平時においてはパワーシェアリングを維持していくのに十分な水準にあったと考えられる。党首選挙で投票が行なわれた場合に結果を左右する立場にある人物（ピボット）は，下院選挙区ごとにおかれた地域支部の代表のうちの誰かである。多くの場合，下院議員と州議会議員は当該支部の指導者でもある。票の共有の恩恵は，間接的には議員の取り巻きにも及ぶから，党役員選挙の投票人の多くが票の共有の受益者だということになる。

　加えて UMNO の地方幹部は，農村政治研究が繰り返し指摘してきたように，「金持ちになるには政治家になるのが近道」という社会通念が広まるほど多大な付帯利益を享受している。都市部においても，地方自治体選挙が中止されたあとは，市評議員のポストが UMNO 地域支部の付帯利益になった。

　一方で，「UMNO では党首と対抗エリートのポストの価値の差が小さい」（予測 3-1）と評価するのは妥当ではない。マレーシアの執政制度はイギリス型の宰相システムであり，執政府において首相＝ UMNO 総裁が強い権限をもつ。加えて党内の人事でも，総裁が広範な裁量権を握る。総裁ポストの価値の高さは，対抗エリートが現職に挑戦する誘因になる。したがって，マレーシアのパワーシェアリングの安定性は，UMNO 地方幹部のポストの価値をいかに高く保てるかにかかっている。

　ならば，選挙における議席の減少や政府支出の削減によって UMNO 地方幹部ポストの価値が下がれば，パワーシェアリング政権の運営が困難になる

はずだ。そこで時間軸に沿って，(1) 1969 年選挙での不振，(2) 1980 年代半ばの不況と 1990 年選挙での不振，(3) 1990 年代末の不況と 1999 年選挙での不振，(4) 2008 年選挙での不振と 2009 年の不況，の四つのイベントを概観した。この作業を通じて，上記の**予測 2-2，2-2 補，3-2** が観察されるかどうかを確かめた。

1969 年選挙で連盟党が議席を大幅に減らした直後，首都と近郊で暴動（5.13 事件）が発生し，まもなく UMNO の内部からラーマン首相の退陣を求める声があがった。この選挙での不振をきっかけに，政権運営が困難になったのは間違いない。しかし，パワーシェアリングが野党のアウトビッディングによって破綻し，その後はマレー人指導者が強権的な法を用いて華人，インド人を統制する体制に移行したとする見方は妥当ではない。1969 年選挙においても票の共有は効力を発揮し，与党連合が下院の 6 割以上の議席を得るのは確実な情勢にあった。また，暴動後に導入された新経済政策の策定にあたっては，ラザク新首相が財務相に登用したタン・シュウシン MCA 総裁が影響力を行使した。5.13 事件については，パワーシェアリングが機能しなかったために暴動が生じたとみるより，制度には限界があること，すなわちパワーシェアリングがありさえすれば暴力的紛争が確実に防げるわけではないということを示すものとみるのが適切であろう。

1980 年代半ばの不況の前には，81 年に首相に就任したマハティールが党最高評議会に諮ることなく重要政策を策定した。そのため，もともと大きかった党首と対抗エリートのポストの価値の差がさらに拡大していた。不況に直面すると，それまで大胆な重工業化政策を推し進めてきた政府は開発支出の削減を余儀なくされる。公的支出を抑えつつ景気をテコ入れする策としてとられた投資規制緩和は，ブミプトラ政策の後退を意味した。こうして党地方幹部ポストの価値も下がった。

このような環境のもとで，1987 年 4 月の UMNO 総裁選挙にラザレイが出馬し，マハティールに肉薄した。党役員選挙の前哨戦のなかで，マハティール側は 1990 年以降もブミプトラ政策を継続し強化する姿勢をみせる。同じく役員選挙を控えていた連立パートナーの MCA とグラカンがこれを強く批判し，両党と UMNO の関係は悪化した。この年の 10 月には暴動が懸念されるほど民族間の緊張が高まり，政府が与野党政治家と NGO 関係者らを逮

捕するに至る。

　続く1990年選挙でUMNOは大きく議席を減らしたものの，その後の党役員選挙は無風選挙になった。その背景には，ラザレイらの離党によって有力な対抗エリートがいなくなったことに加え，高度成長による党地方幹部へのレント供給の回復と，反現職派の立候補を困難にする役員選挙規則の改定があった。

　1997年から98年にかけて金融危機に見舞われ，政府が高金利政策と財政支出の削減を余儀なくされると，UMNO青年部などからマハティールらを標的とするネポティズム批判が噴出した。マハティールは先手を打つかたちで対抗エリートのアンワル副首相を解任し逮捕するが，これがマレー人大衆に強い不満を与え，1999年総選挙ではUMNOが議席を大きく減らした。しかし，翌年に実施された党役員選挙では現職の正副総裁が無投票で選出される。その背景には，有力対抗エリート不在の状況と，現職総裁への挑戦をさらに困難にする役員選挙規則の再改定，UMNO地方幹部へのレント供給の復活があった。

　2008年3月の総選挙では野党が躍進し，国民戦線の獲得議席が初めて下院定数の3分の2を割り込んだ。さらに全13州のうち5州では，中央政界の野党が州政権を握った。与党が大勝した2004年選挙の後，UMNO政治家が関与する汚職・金権政治のニュースが相次ぎ，政府・与党のイメージが悪化していた。総選挙での惨敗を受けて，UMNOの内部からアブドラ首相の早期退任を求める声があがる。アブドラは一時PASに接近して連携を模索するも実現せず，この年に予定されていた党総裁選挙への出馬を断念し，翌2009年4月に退任した。

　2009年のマレーシア経済は，リーマン・ショックの影響で不況に陥った。だが1980年代や90年代の不況のときとは違い，政府には大規模な景気対策を打つ余力があった。UMNO地方幹部へのレント供給は継続され，不況も短期間で収束したため，新たな権力闘争が生じることはなかった。

　以上の四つのイベントの検証から，まず，「UMNOにおいて，党首以外の党幹部ポストの価値が低下すると連立政権の運営が困難になる」（予測2-2）という現象は確かめられたといえる。レント供給が滞った1980年代後半と1990年代末のいずれにおいても，地方幹部の不満を背景とする激しい党内

権力闘争が生じたからである。どちらの場合も，権力闘争のさなかでブミプトラ政策の後退が批判された。

「UMNOの議席が減ると連立政権の運営が困難になる」（予測2-2補）という現象は，UMNOが議席を大きく減らした4回の選挙のうち，2回の選挙の後で観察された。総選挙後に権力闘争が生じるか否かを分けたのは，有力対抗エリートがいたかどうかの違いである。1990年選挙と1999年選挙は，激しい党内権力闘争が決着した後に実施された選挙であった。有力対抗エリートがパージされるという非常事態の直後だったから，地方幹部の不満を糾合できる人物がいなかった。党組織が平時の状況にあるときに多数の議席を失った1969年選挙と2008年選挙の際には，どちらの場合も翌年に首相が退任している。

「UMNOにおいて，党首と対抗エリートのポストの価値の差が開くと連立政権の運営が困難になる」という予測（予測3-2）の前件は，1980年代の前半に生じたといえる。独断専行といわれたマハティールの政策決定の仕方に対して党内有力者の不満が昂じていたからである。ただし，この問題が単独で，即座に権力闘争を惹起したわけではない。そこへ未曾有の不況が重なったとき，ラザレイによるマハティールへの挑戦が実現した。

改めて整理しよう。仮説2については，そこから導かれた**予測**2-1，2-1補，2-2，2-2補，の現象がいずれも観察された。パワーシェアリングが異例に長く続いたマレーシアの経験は，「多数派民族政党において，党首以外の党幹部ポストの価値が高いほど穏健政策が採用されやすい」という理論上の仮説に合致するものだといえる。

他方，マレーシアの経験は，**仮説3**「多数派民族政党において，党首と対抗エリートのポストの価値の差が小さいほど穏健政策が採用されやすい」を裏づけるものとはいいがたい。「UMNOでは党首と対抗エリートのポストの価値の差が小さい」（**予測**3-1）とはいえないからだ。一方で，「UMNOにおいて，党首と対抗エリートのポストの価値の差が開くと連立政権の運営が困難になる」（**予測**3-2）という現象はみられたが，権力闘争が生じたのは不況になってからのことだった。よって，この一件のみをもってマレーシアの経験が**仮説3**を支持すると解釈するのは無理があろう。

マレーシアの場合，多数派民族政党において党首が幅広い裁量権をもつ。

すなわち，党首ポストをめぐる競争の「賭け金」が高く，これが対抗エリートに党首への挑戦を促す誘因となる。この条件のもとで歴代のUMNO総裁は，地方幹部にレントを供給することによって党内支持を確保してきたのである。

　最後に，2008年選挙での投票行動の変化を詳しく検討した。この選挙を境に，マレーシアのパワーシェアリングを支えてきた民族混合区の与党優位は消失した。マレーシアにおいて，本書のモデルが想定するメカニズムによって票の共有が生じていたのだとしたら，帰結の変化はモデルの仮定が現実に合わなくなったことによって生じたはずである。モデルでは，(1) イデオロギー空間（エスノナショナリズムの1次元空間），(2) 投票者の選好分布（2峰分布），(3) 政党の配置（与党が相対的に穏健）の3点について仮定をおいた。このうち (2) と (3) については，2008年選挙前に急激な変化が生じたとは考えられない。残る可能性は，有権者の選択がエスノナショナリズムだけをめぐって行なわれるという，モデルの基礎をなす仮定から現実が乖離していったということである。もし政党間競合が，2次元以上のイデオロギー空間において行なわれることになれば，旧来の票の共有は消失する。

　実際，1998年のアンワル逮捕をきっかけに，宗教政策などをめぐって長らく対立していたイスラム政党PASとノン・マレー野党DAPの関係が変わり始めた。1999年選挙にあたって野党は，政党連合・オルタナティブ戦線を結成し，汚職の一掃や政治的自由化，最低賃金制度導入などの政治経済改革を前面に打ち出す統一公約を掲げた。エスノナショナリズムに関する指向の相違を棚上げし，政策的に近い立場をとる問題を選挙の争点として強調したのである。

　このとき与党は，オルタナティブ戦線は「イスラム原理主義者」と「人種差別主義者」の野合だと訴えるメディア・キャンペーンを張った。野党は対抗手段をもたなかったため，既存のイメージを変えることができず，民族混合区での投票行動はこの時点では変わらなかった。2001年には宗教政策に関する野党間の対立が再燃し，DAPがオルタナティブ戦線を離脱する。PASはイスラム主義への傾斜を強め，2004年選挙は旧来どおりの投票パターンのなかで与党が圧勝した。

　2004年選挙の後，PASとDAPの双方においてエスノナショナリズム面での穏健化がみられた。他方，2000年代には政府・与党の政治宣伝の効力

を削ぐような情報環境の変化が生じていた。インターネット利用の急速な拡大である。野党や市民団体，知識人らの主張が，ネットユーザーの増加によって広く社会に届くようになった。コミュニケーション研究の知見によれば，報道は争点の重要性に関する受け手の認識に影響を及ぼす。汚職や格差問題など，エスノナショナリズムとは質的に異なり，かつ野党どうしが近い立場をとる争点の顕出性が高まれば，票の共有は失われることになる。すなわち，インターネット利用の拡大が政府・与党による争点操作を困難にし，票の共有を消失させたという仮説が成り立つ。

　この仮説の妥当性を検証すべく，二つの作業を行なった。2007年の「アジア・バロメーター」調査のデータセットを用いた分析では，インターネット・ニュースの影響を受けていた人は，そうでない人に比べて，翌年の総選挙で主要3野党が揃って強調することになるような争点を重視する傾向にあったことがわかった。また，州を単位とするパネルデータ分析を行なったところ，2008年選挙では100人あたりのプロバイダー契約者数が多くなるほど与党の得票率が下がるという関係性が確認できた。これらの分析結果は，上記の仮説と合致する。

　では，2008年総選挙での投票行動の変化は，票の共有が生じるメカニズムに関する**仮説1**に対して，いかなるインプリケーションをもつものなのか。本書第2章では，票の共有のメカニズムをモデル化するうえで，政党間競合がエスノナショナリズムだけをめぐって行なわれることを与件とした。2008年選挙での変化は，選挙の議題設定をめぐる争いのメカニズムを理論の内部に取り込む必要があることを示唆するものだといえる。

　第8章では，票の共有の持続と消失を説明するため，Riker（1986, 1990）が提唱したヘレステティックの概念を仲立ちに，メディアの議題設定機能に関するコミュニケーション研究の知見を投票の空間理論に接合した。票の共有の効果が大きければ大きいほど，相対的穏健派である与党はメディアを用いてエスノナショナリズムの顕出性を高める動機をもつことになる。与党がこのヘレステティック（次元の固定化）に成功する限りにおいて，票の共有に支えられたパワーシェアリングは続く。もしヘレステティックに失敗すれば，パワーシェアリングは支えを失う。

　ただし，エスノナショナリズムとは異なるイデオロギー次元の顕出性が高

まることは，決して悪いことではない。そもそもパワーシェアリングは，エスニック集団の間に強い利害対立がある場合に限って必要とされるものである。ある時点でパワーシェアリングを必要とした国においても，時間の経過につれて社会が変化すればパワーシェアリングは不要になる。そうなったなら，旧来のパワーシェアリングは解消されるのが望ましい。パワーシェアリングには，エスニシティにもとづく政治的動員を常態化させ，エスニック集団間の利害対立を再生産するという副作用があるからだ（Rothchild & Roeder 2005）。パワーシェアリングなどの包括的政治体制は，紛争直後に緊急避難措置として用いられる場合にのみ有益だともいわれる（峯 2008）。

　しかし実際には，短命ないし未完に終わったパワーシェアリングのほとんどは，所期の目的を達して不要になったのではない。エスニック集団間の対立を抑制するという機能を果たせずに瓦解したのだ。だからこそ本書は，パワーシェアリングが安定する条件を考察したのである。その考察の結果，票の共有という強いインセンティブが，パワーシェアリングを通じた平和的な利害調整を促進する一方で，エスノナショナリズムとは異なる対立軸の構築を妨げる要因になることを確認したということになる。

　簡潔に結論をまとめよう。本書は，「どのような場合に異民族政党間の票の共有が生じるのか」という問い（問い1）に対して，「異なる民族の政党が，選択投票制（AV）のもとで政策的に歩み寄ったとき，ないし1人区相対多数制（FPTP）のもとで統一候補を擁立するとき，民族混合選挙区の数が十分多ければ票の共有の効果が期待できる」という理論上の回答（仮説1）を示した。パワーシェアリングが異例に長く続くマレーシアの，1959年選挙から2004年選挙までの経験は，仮説1のFPTPに関する部分を裏付けるものであった。ただし2008年選挙での変化は，マレーシアにおける票の共有の持続が，メディア統制を利用した政府のヘレステティック，より具体的には選挙争点をエスノナショナリズムに固定化するための世論誘導に支えられたものであったことを示唆する。

　本書はまた，「多数派民族政党の指導者はどのような場合に党内の異論を抑えて穏健政策を実施できるか」という問い（問い2）に対して，「党首以外の党幹部ポストの価値が高いほど穏健政策が採用されやすい」（仮説2），「党首と対抗エリートのポストの価値の差が小さいほど穏健政策が採用されやす

い」（仮説3）という二つの理論的回答を提示した。マレーシアの経験は，仮説2と合致したが，仮説3を裏付けるものではなかった。マレーシアの多数派民族与党の党首は，レントの供給などを通じて，地方幹部ポストの価値を高めることで党内支持を確保してきたのである。

第2節　マレーシアの教訓

　最後に上記の結論を踏まえて，本書の冒頭で言及した，「マレーシアはエスニック紛争管理のモデルになりうるか」という問題について考えてみたい。この問いには二つの側面がある。ひとつは，他国がマレーシアの経験を模倣することは可能かという問題。もうひとつは，規範的観点からみてマレーシアの経験は見習うべきものなのかという問題である。順に考えていこう。

　まずは，本書の理論的仮説が他国にあてはまるかどうかはわからないことを確認しておきたい。単一事例研究である以上，他の事例について確かなことは何もいえない。仮に，マレーシアと同様の条件を備えた別の国があるとしよう。この国でも，異なる民族の政党がFPTPのもとで統一候補を擁立し，かつ民族混合選挙区の数が多く，多数派民族政党においては党首以外の党幹部ポストの価値が高いものとする。本書が示したのは，この国ではパワーシェアリングを維持しやすいと考えられる理論的な根拠である。それが実現する確率が高いかどうかはわからない。

　現実には，マレーシアのパワーシェアリングを支えた仕組みを他国に移植すること自体がむずかしいはずだ。まず，票の共有によって政党の穏健化を図るには，選挙制度がAVであれFPTPであれ，民族混合区が多くなるような選挙区割りでなければならない。地域ごとに異なるエスニック集団が集住している国では，そのような区割りを行なうのは困難である。独立当初のマラヤで民族混合区が多くなったのは，意図してそうしたのではなく偶然の結果だった[1]。

　加えて第5章でみたように，マレーシアのパワーシェアリングはいくつもの制度の組み合わせのうえに成り立っている。下院選挙での票の共有は，民

---

[1]　当時の選挙区割りについては第4章註3を参照されたい。

族混合区が多くなるような選挙区割りのみによって長期間維持されてきたのではない。下院選挙と同様に票の共有が働く州議会選挙の存在と，票の共有が働かない選挙の不在によっても支えられてきた。票の共有にもとづく持続可能なパワーシェアリング政権を実現するには，政党の穏健化を促すよう周到に設計された諸制度をセットで導入する必要がある。

　さらに，マレーシアにおけるパワーシェアリング政権形成の歴史を振り返ると，制度導入の順序も重要であった（第3章参照）。

　独立期のマラヤ連邦では，まず地方自治体の選挙が実施され，次に国政選挙（連邦立法評議会選挙）が実施された。最初の重要な選挙となったクアラルンプール市評議会選挙では，地元指導者の判断でUMNOとMCAが共闘する。これが成功したために，両党は全国で連携関係を構築することになった。最初の勝者がUMNO-MCA連盟だったことは，その後の展開を決定的に左右した。両党の指導者が，自治権拡大・独立に向けたイギリスとの交渉の主導権を握ったからである。かれらは，連邦立法評議会選挙で安定政権を確立するために，勝者総取りの結果を招く傾向をもつFPTPの導入をイギリスに働きかけ，それを実現して選挙に圧勝した。地方選挙に勝ったUMNO-MCA連盟が，国政レベルでの優位を確立するのに都合のよい制度を導入していったのである[2]。独立後にも連盟党政権は，野党に対する優位を強化すべく上院の制度をいじり，地方自治体の選挙を停止した。

　どのレベルの選挙を先に実施するかということだけでなく，官僚機構や治安機関という執行権力の確立と，決定権力の民主化との順序も重要である（山尾 2013）。本書の冒頭に登場したカレン・ヒューズが国務次官を務めていた頃，アメリカの主導で設計された政治制度がイラクに導入された。しかしイラクでは激しい政治的対立が続き，治安の回復すら実現していない。この

---

[2] Linz & Stepan (1996: 34) は，非民主的な多民族国家が民主化する際には，国政選挙を最初に実施すべきだと主張した。地方選挙を先に実施すれば，地方ナショナリストに恩恵を与えることになると考えたためである。マラヤ連邦では，地方自治体選挙が先行して国政選挙は後になったが，これはリンツとステパンの考え方と矛盾するものではない。独立前のマラヤ連邦の場合，地方自治体選挙では華人・インド人の有権者が多く，続いて実施された連邦立法評議会選挙の有権者は8割以上がマレー人だったからである（当時，多くの華人・インド人は市民権をもたなかった）。この状況で国政選挙が先行していたら，UMNOがMCAと共闘することはなかっただろう。重要なのは，複数民族の有権者が存在する選挙を先に実施することであって，地方選挙が先か国政選挙が先かは従属的な問題にすぎない。

ような事態に陥ったのは，山尾（2013）によれば，執行権力が確立される前に決定権力の民主化がなされてしまったためである。国家機構の再建と政治制度の立ち上げが同時並行で進んだため，国家機構のあり方をめぐる政治的な対立が生じ，それが国家建設を阻害した。一方，マラヤ連邦のパワーシェアリング政権は，植民地期に形成された執行権力をそのまま継承できたから，戦後イラクで生じているような問題を経験せずに済んだ。

パワーシェアリングにはいくつもの制度がかかわり，かつ制度を導入する順序も帰結に重大な影響を及ぼす。だからマレーシアに限らず，どこか特定の国の経験を他国が丸ごと模倣するのはほぼ無理であろう。

しかしエスニック紛争管理に必要なのは，「成功例」の個々の制度を模倣することではない。求められているのは，システム・レベルの特性を考えて制度を適切に組み合わせることである。そのためには，一揃いの政治制度が民族の数や分布などの条件と相まってアクターをどう方向づけるかを，幅広く検討する作業が欠かせない。ある国において，有権者と政治家がそれぞれ自己の利益を追求し，その結果としてアウトビッディングが生じ紛争が生じるのをどうすれば防げるのか。それを，その国がもつ具体的な条件に即して考える際に，マレーシアの経験から何らかのヒントを得ることはできるはずだ。本書が示したのは，他国に応用可能な知見をマレーシアの経験から抽出する際に使える，ひとつの理論的視座である。

では，そもそもマレーシアの経験は見習うに値するものなのだろうか。

国民戦線体制の宿痾とでもいうべき問題として，汚職・金権政治と，メディア統制などの市民的自由に対する抑圧が挙げられる。本書は，この二つの問題がパワーシェアリングを支えるメカニズムと深く結びついていることをあきらかにした。仮に他国がマレーシアの経験を模倣できるとしても，マレーシアは完全無欠のモデルではない。

歴代のUMNO総裁は，党幹部を懐柔する手段としてレントの供給に頼ってきた。この手法は，「政治権力の正統性を左右しかねない争点を，利益分配の問題に置き換える」（藤原 2001: 15）操作であり，UMNOの急進化を抑えてパワーシェアリングを安定させるのに寄与したといえる。だが一方で，この慣行が長年続いた結果，UMNO総裁自身が危機感を覚えるほど汚職と金権政治が蔓延した。マハティールとアブドラは，党内金権政治を一掃しなけ

ればならないと繰り返し訴えたものの，自身の立場を危うくしかねない政治改革には踏み出せなかった。

　野党の躍進を許した2008年選挙の後，党内金権政治を抑制すべくナジブ執行部が役員選挙規則の抜本改定に踏み切る。投票人の数を従来の60倍に増やすことで，票買いを抑止しようとしたのである。しかしナジブ政権下の諸改革は，2013年総選挙での国民戦線の巻き返しにはつながらなかった。総選挙の後，初めて新ルールのもとで行なわれる党総裁選挙に臨んだナジブは，約15万人の投票人にアピールすべく，首相就任以来緩和してきたブミプトラ政策を再び強化した。党幹部の金権政治を抑止するための制度改革が，結果的にマレー・ポピュリズムとでも呼ぶべき現象を生み出したことになる。

　政治と金の問題は，遅くとも1990年代には総選挙での重大争点になりつつあった。1980年代後半からの高度経済成長を経て民族間の緊張が緩和し，かわって汚職や各民族内部の所得格差が問題視されるようになってきていた。この，与党連合にとって不都合な争点の顕出性を抑えるヘレステティックの手段として，政府はメディア統制を利用した。その効果が顕著に現れたのが，アンワル元副首相逮捕後に行なわれた1999年の総選挙であった。マレー区での与党の勝率が4割を切ったこの選挙で，もし政府・与党がヘレステティックに失敗して民族混合区での票の共有が失われていたとしたら，政権交代が実現していたかもしれない。

　先にも述べたが，エスノナショナリズムとは異なるイデオロギーが重視されるようになることは，決して悪いことではない。それでパワーシェアリングが終焉を迎えるなら，その社会はもうパワーシェアリングを必要としなくなったということである。エスニックな亀裂に沿った社会的対立が沈静化した結果としてパワーシェアリングを「卒業」できるならば，むしろその方が望ましい。エスノナショナリズムにもとづくパワーシェアリングから，多種多様な利益を反映する多元主義的な政治への脱皮を図るうえで，言論の自由に対する抑圧は障害になる。自由なメディアがエスノナショナリズムを煽らないという保証はないが（Höglund 2008: 87-89），政府によるメディア統制が解決策にならないことは，マレーシアの経験が教えるところである。

　異例の寿命と安定性を誇ったマレーシアのパワーシェアリングは，稀な好条件があったからこそ成立し持続しえたものだった。加えて，金権政治の蔓

延やエスニシティにもとづく亀裂の再生産などの副作用もあった。マレーシアの経験は，十分に民主的でなおかつ安定したパワーシェアリングを構築するのがいかに困難かを示しているのかもしれない。

それでも，深刻なエスニック紛争を経験した国では，今後もパワーシェアリングが試されていくに違いない。それが停戦時のコミットメント問題を解決するための，数少ない有力な手段だと認識されているからだ（Walter 2002）。パワーシェアリングがいかに不完全で，さまざまな副作用があるとしても，多くの場合，別の方法はもっと悪い結果をもたらすことになる（Jarstad 2008: 132）。だとすれば，パワーシェアリングを構築，維持する方策に関する研究には依然として意義がある。弊害を緩和するための対策を視野に収めたうえで，今後も継続すべきであろう。

本書の**仮説3**は，安定したパワーシェアリングを実現するうえで，マレーシアがたどったのとは別の道筋があることを示している。それは，党首ポストをめぐる競争の「賭け金」を下げることによって権力闘争の激化を予防するという方法である。個人への権力の集中や汚職，クライエンタリズムを抑止するためのガバナンス改革は，政治の賭け金を下げるための有力な手段になる。マレーシアのパワーシェアリングは，そちらに向かって軌道修正していけるのか。それとも解体し，ブミプトラ政権の時代に移るのか。あるいは，どちらでもない何かに変わっていくのか。その行方を追いかけながら，他の事例にも通じるインプリケーションについて考え続けることを，筆者自身の課題としたい。

261

付録　データの詳細と出典

マレー人有権者比率	1959年選挙，1964年選挙については，Vasil（1972: 97-110）記載のデータを用いた。1959年選挙については104区中4区の民族構成比が不明。1964年選挙については104区中3区の民族構成比が不明。1969年選挙のデータは公表されていないが，選挙区割りの変更がないため1964年選挙のデータを流用した。1986年選挙以降のデータの出所は次のとおり。*Utusan Malaysia*, August 5, 1986; *New Straits Times*, October 22, 1990, April 26, 1995, December 1, 1999, March 23, 2004, March 10, 2008, May 7, 2013; *Berita Harian*, December 1, 1999, March 23, 2004, March 10, 2008, May 7, 2013. ただし次の修正を施している。(1) 1986年選挙のデータの欠落（1区）の補充に1990年選挙のデータを使用。(2) 1990年選挙のデータで誤りの可能性が高い18区と欠落（1区）の補充に1986年選挙のデータを使用。(3) 1995年選挙のデータの欠落（1区）の補充に1999年選挙のデータを使用。(4) 2008年選挙については*Berita Harian*のデータをおもに使用し，誤りの可能性の高い1区ついて*New Straits Times*のデータを使用。(5) 2013年選挙については*New Straits Times*のデータをおもに使用し，誤りの可能性の高い1区について*Berita Harian*のデータを使用。
インターネット・プロバイダー契約者数	1998年（1999年選挙前年）についてはダイアルアップ契約者のみ。2003年，2007年はダイアルアップ契約者とブロードバンド契約者を合算した数値。2008年以降はダイアルアップ契約者の数値が発表されなくなったため，2012年のデータはブロードバンド契約者のみ。1998年と2003年の数値は，総数を州別シェアで割り戻して算出した。1998年の数値の計算には，2001年のシェアを使用した。州が特定されない契約者（プリペイドユーザーなど）については，州別シェアにしたがって割り振った。サバ州の数値はラブアンを含む。プロバイダー契約者数についてはDOS（various years; 2008a），州人口についてはDOS（various years）のデータを使用した。
GDP成長率（州別）	投票日前の4四半期の成長率について，全国レベルの数値を州のシェアで割って算出した。各州のシェアは5カ年計画と中間

	報告書（Malaysia 1996, 1999, 2001, 2003, 2006, 2008）および経済計画局ウェブサイトのデータを用い，データの欠落する年については線形変化するものと仮定して算出した。上半期に投票が行なわれた場合（1995年選挙，2004年選挙，2008年選挙）には前年の値，下半期に投票が行なわれた場合（1999年選挙）には当該年の値を用いた。全国レベルのGDPは，BNM（various issues）の四半期データを用いた。たとえば2004年選挙（3月実施）前1年間の州別GDP成長率は，以下の手順で算出した。（1）2003年第2四半期から2004年第1四半期までの全国レベルのGDPを2003年の州別シェア（第7次5カ年計画中間報告書記載）で割り，州別GDPを算出。（2）この前の4四半期の全国レベルGDPを2002年の州別シェア（2001年と2003年のデータから算出）で割り，州別GDPを算出。（3）この2期間の成長率を算出。サバ州の数値はラブアンを含む。州別GDPは，2005年以降，州をまたぐ分（supra state）を除外したかたちで公表されるようになったため，2008年選挙前の成長率についてはこのデータを使用した。
失業率（同）	上半期に選挙が行なわれた場合（1995年選挙，2004年選挙，2008年選挙）には前年，下半期に選挙が行なわれた場合（1999年選挙）には当該年の数値を1年間の失業率とした。その前年の数値との平均値が2年間平均の数値。1994年には統計局の労働力調査が行なわれなかったため，1993年と1995年の平均値を使用した。サバの数値はラブアンを含まない。統計局内部資料，およびDOS（2008b）のデータを使用した。
平均実質世帯月収（同）	2000年の消費者物価指数を100として実質所得を算出した。上半期に投票が行なわれた場合（1995年選挙，2004年選挙，2008年選挙）には前年，下半期に投票が行なわれた場合（1999年選挙）には当該年の数値を使用した。データの出典は経済計画局ウェブサイト。世帯所得調査（Household Income Survey）は1976年以降5年に2回のペースで実施されてきた。データの欠落する年については線形変化するものと仮定して算出した。
年平均1人あたり連邦開発予算配分額（同）	1995年選挙については第6次5カ年計画期間の5年間の実績値にもとづき算出した。1999年選挙については1996年から1998年までの3年間の実績値（第7次5カ年計画中間報告書記載），2004年選挙については2001年から2003年までの実績値（第8次5カ年計画中間報告書記載）にもとづき算出した。第9次5カ

| | 年計画以降は，州別の連邦政府開発支出の実績値が公表されなくなった。そこで 2008 年選挙については，第 9 次 5 カ年計画記載の計画値にしたがって州別シェアを割り出し，同中間報告記載の 2006 年と 2007 年の実績値（全国）が計画どおりの比率で各州に配分されたと仮定して配分額を算出した。また，プトラジャヤの連邦領化（2001 年）にともなうデータの歪みを軽減するため，2004 年選挙と 2008 年選挙については，連邦領（クアラルンプール）とスランゴール州への配分額を足して 2 で割るかたちで算出した。人口データは選挙前年の推計値を使用した。 |

参照資料・文献一覧

政府関連機関刊行物等

[マラヤ連邦／マレーシア：選挙関連報告書]

ECFM (Election Commission, Federation of Malaya). 1960. *Report on the Parliamentary and State Elections 1959*. Kuala Lumpur: Jabatan Percetakan Negara.

ECM (Election Commission Malaysia). 1965a. *Report on the Parliamentary (Dewan Ra'ayat) and State Legislative Assembly General Elections 1964*. Kuala Lumpur: Jabatan Chetak Kerajaan.

―――. 1965b. *Local Authority General Elections, 1963 and also General Elections to Local councils in Terengganu in 1963*. Kuala Lumpur: Jabatan Chetak Kerajaan.

―――. 1972. *Report on the Parliamentary (Dewan Ra'ayat) and State Legislative Assembly General Elections 1969*. Kuala Lumpur: Jabatan Percetakan Negara.

―――. 1975. *Report on the Parliamentary (Dewan Rakyat) and State Legislative Assembly General Elections 1974*. Kuala Lumpur: Jabatan Percetakan Negara.

―――. 1980. *Report on the General Elections to the House of Representatives and the State Legislative Assemblies other than the State Legislative Assemblies of Kelantan, Sabah and Sarawak 1978*. Kuala Lumpur: Jabatan Percetakan Negara.

―――. 1983. *Report on the Malaysian General Elections 1982*. Kuala Lumpur: Jabatan Percetakan Negara.

―――. 1988. *Report on the Malaysian General Elections 1986*. Kuala Lumpur: Jabatan Percetakan Negara.

―――. 1992. *Report on the Malaysian General Elections 1990*. Kuala Lumpur: Jabatan Percetakan Negara.

―――. 1997. *Report of the General Election Malaysia 1995*. Kuala Lumpur: Percetakan Nasional Malaysia Berhad.

―――. 2002. *Report of the General Election Malaysia 1999*. Kuala Lumpur: Percetakan Nasional Malaysia Berhad.

―――. 2006. *Report of the General Election Malaysia 2004*. Kuala Lumpur: Percetakan Nasional Malaysia Berhad.

―――. 2009. *Report of the 12th General Elections 2008*. Kuala Lumpur: Percetakan Nasional Malaysia Berhad.

Malaya, Federation of. 1954. *Report of the Constituency Delineation Commission*. Kuala Lumpur: Government Press.

―――. 1958. *Report of the Election Commission on the Delimitation of Constituencies for the First Elections to the House of Representatives and the State Legislative Assemblies*. Kuala Lumpur: Government Press.

Smith, T. E. 1955. *Report on the First Election of Members to the Legislative Council of the Federation of Malaya*. Kuala Lumpur: Government Press.

［マレーシア：5 カ年計画書，同中間報告書］

Malaysia. 1965. *First Malaysia Plan 1966-1970*. Kuala Lumpur: Jabatan Chetak Kerajaan.

―. 1971. Second Malaysia Plan 1971-1975. Kuala Lumpur: Government Press.

―. 1973. *Mid-Term Review of the Second Malaysia Plan 1971-1975*. Kuala Lumpur: Government Press.

―. 1976. Third Malaysia Plan 1976-1980. Kuala Lumpur: Government Press.

―. 1979. *Mid-Term Review of the Third Malaysia Plan 1976-1980*. Kuala Lumpur: Jabatan Cetak Kerajaan.

―. 1981. *Fourth Malaysia Plan 1981-1985*. Kuala Lumpur: National Printing Department.

―. 1984. *Mid-Term Review of the Fourth Malaysia Plan 1981-1985*. Kuala Lumpur: Jabatan Percetakan Negara.

―. 1986. *Fifth Malaysia Plan 1986-1990*. Kuala Lumpur: National Printing Department.

―. 1989. *Mid-Term Review of the Fifth Malaysia Plan 1986-1990*. Kuala Lumpur: National Printing Department.

―. 1991. *Sixth Malaysia Plan 1991-1995*. Kuala Lumpur: National Printing Department.

―. 1993. *Mid-Term Review of the Sixth Malaysia Plan 1991-1995*. Kuala Lumpur: Percetakan Nasional Malaysia Berhad.

―. 1996. *Seventh Malaysia Plan 1996-2000*. Kuala Lumpur: Percetakan Nasional Malaysia Berhad.

―. 1999. *Mid-Term Review of the Seventh Malaysia Plan 1996-2000*. Kuala Lumpur: Percetakan Nasional Malaysia Berhad.

―. 2001. *Eighth Malaysia Plan 2001-2005*. Kuala Lumpur: Percetakan Nasional Malaysia Berhad.

―. 2003. *Mid-Term Review of the Eighth Malaysia Plan 2001-2005*. Kuala Lumpur: Percetakan Nasional Malaysia Berhad.

―. 2006. *Ninth Malaysia Plan 2006-2010*. Kuala Lumpur: Percetakan Nasional Malaysia Berhad.

―. 2008. *Mid-Term Review of the Ninth Malaysia Plan 2006-2010*. Kuala Lumpur: Percetakan Nasional Malaysia Berhad.

―. 2011. *Tenth Malaysia Plan 2011-2015*. Kuala Lumpur: Percetakan Nasional

Malaysia Berhad.

［マレーシア：議会関連資料］
DR dd-mm-yyyy.（下院議事録）
Parlimen Malaysia. various years. *Standing Orders of the DEWAN RAKYAT*.
―――. various years. *Standing Orders of the DEWAN NEGARA*.

［マレーシア：その他］
BNM (Bank Negara Malaysia). various issues. *Quarterly Bulletin*.
DOS (Department of Statistics). 1958. *1957 Population Census of the Federation of Malaya, Report No. 1*. Kuala Lumpur: Department of Statistics, Federation of Malaya.
―――. 1983. *Population and Housing Census of Malaysia 1980: General Report of the Population Census*. Department of Statistics, Malaysia.
―――. 2001. *Population and Housing Census of Malaysia 2000: Population Distribution and Basic Demographic Characteristics*. Department of Statistics, Malaysia.
―――. 2008a. *State / District Databank 2008*. Department of Statistics, Malaysia.
―――. 2008b. *Labour Force Survey Report 2007*. Department of Statistics, Malaysia.
―――. 2011. *Population and Housing Census of Malaysia 2010: Population Distribution and Basic Demographic Characteristics*. Department of Statistics, Malaysia.
―――. 2013. *Malaysia Economic Statistics – Time Series*. Department of Statistics, Malaysia.
―――. various years. *Social Statistics Bulletin*. Department of Statistics, Malaysia.
Malaysia. 1970. *Report of the Royal Commission of Enquiry to Investigate into the Workings of Local Authorities in West Malaysia*. Kuala Lumpur: Jabatan Chetak Kerajaan.
―――. 1988. *Towards Preserving National Security*. Kuala Lumpur: Jabatan Percetakan Negara.
MCMC (Malaysian Communications and Multimedia Commission). various years. *Household Use of the Internet Survey*.
MOF (Ministry of Finance). various years. *Economic Report*. Kuala Lumpur: Ministry of Finance.
NEAC (National Economic Advisory Council). 2010. *New Economic Model for Malaysia Part I: Strategic Policy Directions*. Kuala Lumpur: Percetakan Nasional Malaysia Berhad.
NOC (The National Operations Council). 1969. *The May 13 Tragedy: A Report*. Kuala Lumpur: National Operations Council.

［イギリス政府関連／イギリス国立公文書館資料］
Colonial Office. 1957. *Report of the Federation of Malaya Constitutional Commission 1957*.

London: Her Majesty's Stationery Office.

CO1022/86.

CO1022/191.

CO1030/310.

［スリランカ（セイロン）政府関連資料］

Ceylon, the Delimitation Commission. 1946. *Report of the First Delimitation Commission appointed in accordance with Sub-section (1) of Section 76 of the Ceylon (Constitution) Order in Council, 1946.* Colombo: The Ceylon Government Press, 1946.

―――. 1959. *Report of the Delimitation Commission.* Colombo: Government Press.

DCS (Department of Census and Statistics). 1957. *Census of Ceylon 1953: Volume I General Report.* Colombo: Government Press.

マレーシア政党関連刊行物等

Abdullah Ahmad Badawi. 2005. "A Giant Step for Malays." (Speech at UMNO 56th Annual General Assembly, July 21, 2005). http://www.pmo.gov.my/ucapan/?m=p&p=paklah&id=2969

BA (Barisan Alternatif). 1999. *Towards A Just Malaysia.*

BN (Barisan Nasional). 1999. *Malaysia: Bebas, Sepadu, Maju.*

DAP (Democratic Action Party). 1969. *Who Lives If Malaysia Dies?*, Petaling Jaya, Selangor: The Democratic Action Party.

―――. 2008. *Malaysia Can Do Better!*

Morais, J. Victor. ed. 1972. *Blueprint for Unity: Selected Speeches of Tun Tan Siew Sin, S.S.M., J.P.* Kuala Lumpur: Malaysian Chinese Association Headquarters.

PAS (Parti Islam Se-Malaysia). 2003. *The Islamic State Document.*

―――. 2008. *A Trustworthy, Just & Clean Government – A Nation of Care & Opportunity.*

PGRM (Parti Gerakan Rakyat Malaysia). 1984. *The National Economic Policy: 1990 and Beyond.* Kuala Lumpur: Percetakan Sentosa.

PKR (Parti Keadilan Rakyat). 2008. *A New Dawn for Malaysia.*

PUTERA-AMCJA. 2005. *The People's Constitution Proposal for Malaya 1947.* Kajang, Selangor: Ban Ah Kam.

UMNO (United Malays National Organisation). various years. *Perlembagaan UMNO.*

日本語論文・書籍

青山弘之．2010．「宗派主義制度が支配する政党間関係――不安定化するレバノン（2005年4月～2008年5月）」佐藤章編『新興民主主義国における政党の動態と変容』アジア経済研究所，pp. 133-164.

青山弘之・末近浩太．2009．『現代シリア・レバノンの政治構造』岩波書店．

明石陽至．2001．「渡邊軍政——その哲理と展開（1941年12月〜43年3月）」明石陽至編『日本占領下の英領マラヤ・シンガポール』岩波書店，pp. 25-89.
アジア経済研究所編．各年版．『アジア動向年報』アジア経済研究所．
アンダーソン，ベネディクト（白石隆・白石さや訳）．1987．『想像の共同体——ナショナリズムの起源と流行』リブロポート．
伊賀司．2008．「新世代と「オールタナティブ・メディア」——総選挙の裏側で起こっていた地殻変動」山本博之編『『民族の政治』は終わったのか？——2008年マレーシア総選挙の現地報告と分析』日本マレーシア研究会，pp. 89-103.
池端雪浦・生田滋．1987（1版1刷は1977）．『東南アジア現代史Ⅱ』（1版2刷）山川出版社．
板垣與一．1968．『アジアとの対話——ナショナリズムを基調として』新紀元社．
猪口孝・岩井奉信．1987．『「族議員」の研究——自民党政権を牛耳る主役たち』日本経済新聞社．
オルソン，マンサー（依田博・森脇俊雅訳）．1996．『集合行為論——公共財と集団理論』（新装版）ミネルバ書房．
金丸裕志．2013．「多民族国家における民族間協調の方法と条件」木村宏恒・近藤久洋・金丸裕治編『開発政治学の展開——途上国開発戦略におけるガバナンス』勁草書房，pp. 215-250.
金子芳樹．2001．『マレーシアの政治とエスニシティ——華人政治と国民統合』晃洋書房．
———．2004．「マハティール体制の確立過程——マレーシアにおける政治体制とリーダーシップ」関根雅美・山本信人編『現代東アジアと日本 4 海域アジア』慶應義塾大学出版会，pp. 201-230.
木畑洋一．1996．『帝国のたそがれ——冷戦下のイギリスとアジア』東京大学出版会．
木村陸男．1988．「1987年のマレーシア——強行突破が種族対立を誘発」アジア経済研究所編『アジア動向年報1988年版』アジア経済研究所，pp. 350-380.
———．1989．「1988年のマレーシア——ポスト90年体制の構築に向けて」アジア経済研究所編『アジア動向年報1989年版』アジア経済研究所，pp. 356-386.
ゲルナー，アーネスト（加藤節監訳）．2000．『民族とナショナリズム』岩波書店．
齋藤友之．1998．「マレーシア」森田朗編『アジアの地方制度』東京大学出版会，pp. 139-166.
斎藤吉史．1988．「問い直される歴史の意義——シンハラ・タミル抗争の軌跡」佐藤宏編『南アジア現代史と国民統合』アジア経済研究所，pp. 289-326.
佐藤章編．2013．『和解過程下の国家と政治——アフリカ・中東の事例から』アジア経済研究所．
サルトーリ，ジョバンニ（岡沢憲芙監訳・工藤裕子訳）．2000．『比較政治学——構造・動機・結果』早稲田大学出版部．
シェリング，トーマス（河野勝監訳）．2008．『紛争の戦略——ゲーム理論のエッセンス』勁草書房．
篠崎護．1976．『シンガポール占領秘録——戦争とその人間像』原書房．

杉本均．2005．『マレーシアにおける国際教育関係——教育へのグローバル・インパクト』東信堂．
鈴木絢女．2010．『〈民主政治〉の自由と秩序——マレーシア政治体制論の再構築』京都大学学術出版会．
関根政美．1994．『エスニシティの政治社会学——民族紛争の制度化のために』名古屋大学出版会．
武内進一．2008．「コンゴ民主共和国の和平プロセス——国際社会の主導性と課題」同編『戦争と平和の間——紛争勃発後のアフリカと国際社会』アジア経済研究所，pp. 125-162.
———．2009．『現代アフリカの紛争と国家——ポストコロニアル家産制国家とルワンダ・ジェノサイド』明石書店．
竹下俊郎．1998．『メディアの議題設定機能——マスコミ効果研究における理論と実証』学文社．
トクヴィル，アレクシス（井伊玄太郎訳）．1987．『アメリカの民主政治（中）』講談社学術文庫．
月村太郎．2013．『民族紛争』岩波新書．
鳥居高．1990．「ブミプトラ政策下の工業化政策と経済構造変容」堀井健三編『マレーシアの工業化——多種族国家と工業化の展開』アジア経済研究所，pp. 24-51.
鳥居高編．1996．「現代マレーシア政治研究基礎資料」（「総合的地域研究」成果報告書シリーズ 24）．
鳥居高．2003．「マレーシア『国民戦線』体制のメカニズムと変容——半島部マレーシアを中心に」村松岐夫・白石隆編『日本の政治経済とアジア諸国　上巻・政治秩序篇』国際日本文化研究センター，pp. 39-63.
中井遼．2015．『デモクラシーと民族問題——中東欧・バルト諸国の比較政治分析』勁草書房．
中井遼・東島雅昌．2012．「新興民主主義国におけるナショナル・アイデンティティの変化——選挙と民族政党による効果」『アジア経済』53 巻 4 号，pp. 69-93.
長井信一．1978．『現代マレーシア政治研究』アジア経済研究所．
中村正志．1998．「1997 年のマレーシア——通貨危機による軌道修正」アジア経済研究所編『アジア動向年報 1998 年版』アジア経済研究所，pp. 333-360.
———．1999a．「1998 年のマレーシア——副首相解任により政府批判が高揚」アジア経済研究所編『アジア動向年報 1999 年版』アジア経済研究所，pp. 315-342.
———．1999b．「通貨危機後の政治的争点とマハティール政権の課題」『アジ研ワールド・トレンド』43 号，pp. 33-39.
———．2000．「1999 年マレーシア総選挙——変革か現状維持か」『アジ研ワールド・トレンド』54 号，pp. 44-51.
———．2006．「ポスト 1990 年問題をめぐる政治過程——ビジョン 2020 誕生の背景」鳥居高編『マハティール政権下のマレーシア——「イスラーム先進国」をめざした 22 年』アジア経済研究所，pp. 69-113.
———．2007．「アブドゥラ政権下の政治開放——成果と限界」『アジ研ワールド・トレンド』

136号, pp. 40-46.
―――. 2009.「マレーシア――亀裂投票がもたらす長期的傾向と業績投票による変動」間寧編『アジア開発途上諸国の投票行動――亀裂と経済』アジア経済研究所, pp. 211-263.
―――. 2010.「多民族権力分有体制下の党内抗争――統一マレー人国民組織（UMNO）の事例」佐藤章編『新興民主主義国における政党の動態と変容』アジア経済研究所, pp. 165-214.
―――. 2011.「言論統制は政権維持にいかに寄与するか――マレーシアにおける競争的権威主義の持続と不安定化のメカニズム」『アジア経済』52巻9号, pp. 2-32.
―――. 2015.「マレー民族主義と権威主義に回帰するナジブ政権」『アジ研ワールド・トレンド』233号, pp. 53-59.
中村正志・中川利香. 2008.「2007年のマレーシア――独立50周年にあらためて民族間関係が問われる」アジア経済研究所編『アジア動向年報2008年版』アジア経済研究所, pp. 325-352.
「日本の英領マラヤ・シンガポール占領期史料調査」フォーラム編. 1998.『インタビュー記録 日本の英領マラヤ・シンガポール占領（1941～45年）』龍渓書舎.
間寧編. 2009.『アジア開発途上諸国の投票行動――亀裂と経済』アジア経済研究所.
馬場康雄・平島健司編. 2000.『ヨーロッパ政治ハンドブック』東京大学出版会.
原不二夫. 1976.「1975年のマレーシア――強まる国権・深まる権力闘争」アジア経済研究所編『アジア動向年報1976年版』アジア経済研究所, pp. 383-426.
―――. 1978.「1977年のマレーシア――揺れる州政権」アジア経済研究所編『アジア動向年報1978年版』アジア経済研究所, pp. 363-404.
―――. 2001.『マラヤ華僑と中国――帰属意識転換過程の研究』龍渓書舎.
―――. 2009.『未完に終わった国際協力――マラヤ共産党と兄弟党』風響社.
東裕. 2010.『太平洋島嶼国の憲法と政治文化――フィジー1997年憲法とパシフィック・ウェイ』
藤原岩市. 1966.『F機関』原書房.
藤原帰一. 2001.「国民の崩壊・民族の覚醒――民族紛争の政治的起源」日本比較政治学会編『民族共存の条件』早稲田大学出版部, pp. 3-24.
堀井健三. 1998.『マレーシア村落社会とブミプトラ政策』論創社.
松田哲. 2008.「スリランカ内戦と公用語政策――1956年の総選挙までを中心に」京都学園大学法学会編『転換期の法と文化』法律文化社, pp. 285-317.
―――. 2010.「スリランカ：連邦党の結成とタミル・ナショナリズム――1956年総選挙までの展開」『京都学園法学』63号, pp. 1-41.
水島治郎. 2001.『戦後オランダの政治構造――ネオ・コーポラティズムと所得政策』東京大学出版会.
三竹直哉. 2012.「多極共存型権力分有――古典的多極共存論を超えて」『駒澤法学』12巻1号, pp. 23-63.
峯陽一. 2008.「ウガンダ1986, 南アフリカ1994――紛争後の包括的政治体制の比較分析」

武内進一編『戦争と平和の間——紛争勃発後のアフリカと国際社会』アジア経済研究所, pp. 207-250.

ミル, J・S（水田洋訳）. 1997.『代議制統治論』岩波文庫.

安田信之. 1988.「ブミプトラ政策と工業調整法」堀井健三・萩原宜之編『現代マレーシアの社会・経済変容——ブミプトラ政策の18年』アジア経済研究所, pp. 139-176.

山尾大. 2013.『紛争と国家建設——戦後イラクの再建をめぐるポリティクス』明石書店.

山本博之. 2006.『脱植民地化とナショナリズム——英領北ボルネオにおける民族形成』東京大学出版会.

―――. 2008.「サバBN圧勝の意味と『サバ人のサバ』のゆくえ」山本博之編「『民族の政治』は終わったのか？——2008年マレーシア総選挙の現地報告と分析」（日本マレーシア研究会ディスカッションペーパー1号）, pp. 141-150.

鷲田任邦. 2014.「集票インセンティヴ契約としての資源配分政治——マレーシアの開発予算・閣僚ポスト配分」『レヴァイアサン』55号, pp. 118-144.

英語／マレー語論文・書籍

Abbott, Jason P. 2004. "The Internet, Reformasi and Democratisation in Malaysia," in Edmund Terence Gomez ed., *The State of Malaysia: Ethnicity, Equity and Reform*. London: RoutledgeCurzon, pp. 79-104.

Ahmad bin Abdullah. 1969. *The Malaysian Parliament (Practice & Procedure)*. Kuala Lumpur: Dewan Bahasa Dan Pustaka.

Ahmad Fawzi Basri, Mohd. Idris Salleh and Shafee Saad. 1991. *Bumi Dipijak Milik Orang*. Kuala Lumpur: Dewan Bahasa dan Pustaka.

Akashi, Yoji. 1969. "Japanese Military Administration in Malaya: Its Formation and Evolution in Reference to Sultans, the Islamic Religion, and the Moslem-Malays, 1941-1945," *Asian Studies*, Vol. 7, No. 1, pp. 81-110.

Ampalavanar, Rajeswary. 1981. *The Indian Minority and Political Change in Malaya, 1945-1957*. Kuala Lumpur: Oxford University Press.

Beaglehole, J. H. 1976. *The District: A Study in Decentralization in West Malaysia*. Hull Monographs on South-East Asia No. 6, London: Oxford University Press.

Benton, Allyson Lucinda. 2005. "Dissatisfied Democrats or Retrospective Voters? Economic Hardship, Political Institutions, and Voting Behavior in Latin America," *Comparative Political Studies*, Vol. 38, No. 4, pp. 417-442.

Birnir, Jóhanna Kristin. 2007. *Ethnicity and Electoral Politics*. New York: Cambridge University Press.

Brass, Paul R. 1997. *Theft of an Idol: Text and Context in the Representation of Collective Violence*. Princeton: Princeton University Press.

Brimmell, J. H. 1959. *Communism in South East Asia: A Political Analysis*. London, New York, Toronto: Oxford University Press.

Brown, Graham K. 2005. "Playing the (Non)Ethnic Card: The Electoral System and Ethnic Voting Patterns in Malaysia," *Ethnopolitics*, Vol. 4, No. 4, pp. 429-445.

Brownlee, Jason. 2007. *Authoritarianism in an Age of Democratization*. New York: Cambridge University Press.

Carnell, Francis G. 1955. "The Malayan Elections," *Pacific Affairs*, Vol. 28, No. 4, pp. 315-330.

Case, William. 1996. *Elites and Regimes in Malaysia: Revisiting a Consociational Democracy*. Clayton: Monash Asia Institute, Monash University.

Chandra, Kanchan. 2004. *Why Ethnic Parties Succeed: Patronage and Ethnic Head Counts in India*. New York: Cambridge University Press.

―――. 2005. "Ethnic Parties and Democratic Stability," *Perspectives on Politics*, Vol. 3, No. 2, pp. 235-252.

―――. 2006. "What Is Ethnic Identity and Does It Matter?" *Annual Review of Political Science*, Vol. 9, pp. 397-424.

Cheah Boon Kheng. 1987 (First published in 1983). *Red Star over Malaya: Resistance and Social Conflict during and after the Japanese Occupation, 1941-1946 (Second edition)*. Singapore: Singapore University Press.

Choudhry, Sujit ed. 2008. *Constitutional Design for Divided Societies: Integration or Accommodation?*, Oxford: Oxford University Press.

Collier, Paul and Anke Hoeffler. 1998. "On Economic Causes of Civil War," *Oxford Economic Papers*, Vol. 50, pp. 563-573.

Cox, Gary W. 1987. "Electoral Equilibrium under Alternative Voting Institutions," *American Journal of Political Science*, Vol. 31, No. 1, pp. 82-108.

―――. 1997. *Making Votes Count: Strategic Coordination in the World's Electoral Systems*. New York: Cambridge University Press.

Crouch, Harold. 1982. *Malaysia's 1982 General Election*. Singapore: Institute of Southeast Asian Studies.

―――. 1996. *Government and Society in Malaysia*. Ithaca: Cornell University Press, 1996.

Dahl, Robert A. 1971. *Polyarchy: Participation and Opposition*. New Haven: Yale University Press.

Davis, Otto A., Melvin J. Hinich, and Peter C. Ordeshook. 1970. "An Expository Development of a Mathematical Model of the Electoral Process," *American Political Science Review*, Vol. 64, No. 2, pp. 426-448.

Downs, Anthony. 1957. *An Economic Theory of Democracy*, New York: Harper & Row.

Duverger, Maurice. 1954. *Political Parties: Their Organization and Activity in the Modern State*. London: Methuen.

―――. 1986. "Duverger's Law: Forty Years Later," in Bernard Grofman and Arend Lijphart eds., *Electoral Laws and Their Political Consequences*. New York: Agathon

Press, pp. 69-84.

Faaland, Just, J. R. Parkinson, and Rais Saniman. 1990. *Growth and Ethnic Inequality: Malaysia's New Economic Policy*. Kuala Lumpur: Dewan Bahasa dan Pustaka.

Fearon, James D. 1991. "Counterfactuals and Hypothesis Testing in Political Science," *World Politics*, Vol. 43, No. 2, pp. 169-195.

―――. 1998. "Commitment Problems and the Spread of Ethnic Conflict," in David A. Lake and Donald Rothchild eds., *The International Spread of Ethnic Conflict: Fear, Diffusion, and Escalation*. Princeton: Princeton University Press, pp. 107-126.

Fearon, James D. and David D. Laitin. 2003. "Ethnicity, Insurgency, and Civil War," *American Political Science Review*, Vol. 97, No. 1, pp. 75-90.

Feith, Herbert. 1962. *The Decline of Constitutional Democracy in Indonesia*. Ithaca: Cornell University Press.

Fernando, Joseph M. 2002. *The Making of the Malayan Constitution*. Kuala Lumpur: The Malayan Branch of the Royal Asiatic Society.

Fraenkel, Jon and Bernard Grofman. 2004. "A Neo-Downsian Model of the Alternative Vote as a Mechanism for Mitigating Conflict in Plural Societies," *Public Choice*, Vol. 121, No. 3-4, pp. 487-506.

―――. 2006a. "Does the Alternative Vote Foster Moderation in Ethnically Divided Societies?: The Case of Fiji," *Comparative Political Studies*, Vol. 39, No. 5, pp. 623-651.

―――. 2006b. "The Failure of the Alternative Vote as a Tool for Promoting Ethnic Moderation in Fiji: A Reply to Horowitz," *Comparative Political Studies*, Vol. 39, No. 5, pp. 663-666.

―――. 2007. "The Merits of Neo-Downsian Modeling of the Alternative Vote: A Reply to Horowitz," *Public Choice*, Vol. 133, pp. 1-11.

Funston, N. J. 1980. *Malay Politics in Malaysia: A Study of the United Malays National Organisation and Party Islam*. Kuala Lumpur: Heinemann Educational Books (Asia).

Gagnon, V. P. Jr. 2004. *The Myth of Ethnic War: Serbia and Croatia in the 1990s*. Ithaca: Cornell University Press.

Gan, Steven. 2008. "The Perfect Storm on March 8," in Nathaniel Tan and John Lee eds., *Political Tsunami: An End to Hegemony in Malaysia?* Kuala Lumpur: Kinibooks, pp. 46-48.

Gastmann, Albert L. 1968. *The Politics of Surinam and the Netherlands Antilles*. Rio Piedras: Institute of Caribbean Studies, University of Puerto Rico.

Gehlbach, Scott. 2013. *Formal Models of Domestic Politics*. New York: Cambridge University Press.

Gerber, Alan S., Dean Karlan, and Daniel Bergan. 2009. "Does the Media Matter?: A Field Experiment Measuring the Effect of Newspapers on Voting Behavior and Political Opinions," *American Economic Journal: Applied Economics*, Vol. 1, No. 2, pp. 35-52.

Gerring, John. 2007. *Case Study Research: Principles and Practices*. New York: Cambridge University Press.

Goh Cheng Teik. 1971. *The May Thirteenth Incident and Democracy in Malaysia*. Kuala Lumpur and Singapore: Oxford University Press.

Gomez, Edmund Terence. 1994. *Political Business: Corporate Involvement of Malaysian Political Parties*. Townsville: James Cook University of North Queensland.

Greif, Avner. 2006. *Institutions and the Path to the Modern Economy: Lessons from Medieval Trade*. New York: Cambridge University Press.

Hale, Henry E. 2008. *The Foundations of Ethnic Politics: Separatism of States and Nations in Eurasia and the World*. New York: Cambridge University Press.

Hanrahan, Gene Z. 1971 (First published in 1954). *The Communist Struggle in Malaya*. Kuala Lumpur: University of Malaya Press.

Harris, Peter and Ben Reilly eds. 1998. *Democracy and Deep-Rooted Conflict: Options for Negotiators*. Stockholm: International Institute for Democracy and Electoral Assistance.

Hawkins, Gerald. 1953. "First Steps in Malayan Local Government," *Pacific Affairs*, Vol. 26, No. 2, pp. 155-158.

Heng Pek Koon. 1988. *Chinese Politics in Malaysia: A History of the Malaysian Chinese Association*. Singapore: Oxford University Press.

―――. 1997. "The New Economic Policy and the Chinese Community in Peninsular Malaysia," *Developing Economies*, Vol. 35, No. 2, pp. 262-292.

Hinich, Melvin J. and Michael C. Munger. 1994. *Ideology and the Theory of Choice*. Ann Arbor: University of Michigan Press.

―――. 1997. *Analytical Politics*. New York: Cambridge University Press.

Hj. Mohd. Saufi b. Hj. Abdullah. 1986. "The Role of HICOM in Malaysia's Push Towards Becoming an Industrialised Nation," *Kajian Economi Malaysia*, Vol. 23, No. 1, pp. 60-67.

Höglund, Kristine. 2008. "Violence in War-to-Democracy Transitions," in Anna K. Jarstad and Timothy D. Sisk eds., *From War to Democracy: Dilemmas of Peacebuilding*. New York: Cambridge University Press, pp. 80-101.

Holden, Matthew, Jr. 2006. "Exclusion, Inclusion, and Political Institutions," in R. A. W. Rhodes, Sarah A. Binder and Bert A. Rockman eds., *The Oxford Handbook of Political Institutions*. Oxford: Oxford University Press, pp. 163-190.

Horowitz, Donald L. 1985. *Ethnic Groups in Conflict*. Berkeley: University of California Press.

―――. 1989. "Incentives and Behaviour in the Ethnic Politics of Sri Lanka and Malaysia," *Third World Quarterly*, Vol. 11, No. 4, pp. 18-35.

―――. 1991. *A Democratic South Africa?: Constitutional Engineering in a Divided Society*. Berkeley: University of California Press.

―――. 1994. "Democracy in Divided Societies," in Larry Diamond and Marc F. Plattner eds., *Nationalism, Ethnic Conflict, and Democracy*. Baltimore: Johns Hopkins University Press, pp. 35-55.

―――. 2004. "The Alternative Vote and Interethnic Moderation: A Reply to Fraenkel and Grofman," *Public Choice*, Vol. 121, No. 3-4, pp. 507-516.

―――. 2006. "Strategy Takes a Holiday," *Comparative Political Studies*, Vol. 39, No. 5, pp. 652-662.

―――. 2007. "Where Have All the Parties Gone?: Fraenkel and Grofman on the Alternative Vote – Yet again," *Public Choice*, Vol. 133, pp. 13-23.

Hua Wu Yin. 1983. *Class and Communalism in Malaysia: Politics in a Dependent Capitalist State*. London: Zed Books.

Hwang, In-Won. 2003. *Personalized Politics: The Malaysian State under Mahathir*. Singapore: Institute of Southeast Asian Studies.

Ibrahim Mahmood. 1981. *Sejarah Perjuangan Bangsa Melayu: Suatu Penyingkapan Kembali Sejarah Perjuangan Bangsa Melayu menuju Kemerdekaan*. Kuala Lumpur: Penerbitan Pustaka Antara.

Ishak bin Tadin. 1960. "Dato Onn and Malay Nationalism, 1941-1951," *Journal of Southeast Asian History*, Vol. 1, No. 1, pp. 62-99.

Ismail Kassim. 1978. *The Politics of Accommodation: An Analysis of the 1978 Malaysian General Election*. Singapore: Institute of Southeast Asian Studies.

Iyengar, Shanto, and Donald R. Kinder. 1987. *News That Matters: Television and American Opinion*. Chicago: University of Chicago Press.

Jarstad, Anna K. 2008. "Power Sharing: Former Enemies in Joint Government," in Anna K. Jarstad and Timothy D. Sisk eds., *From War to Democracy: Dilemmas of Peacebuilding*. New York: Cambridge University Press, pp. 105-133.

Jarstad, Anna K. and Timothy D. Sisk eds. 2008. *From War to Democracy: Dilemmas of Peacebuilding*. New York: Cambridge University Press.

Jayasankaran, S. 1987a. "Strange Bedfellows," *Malaysian Business*, April 1, 1987, pp. 5-7.

―――. 1987b. "Foxy Talk at Gua Musang," *Malaysian Business*, April 1, 1987, pp. 7-8.

Jesudason, James V. 1996. "The Syncretic State and the Structuring of Oppositional Politics in Malaysia," in Garry Rodan ed., *Political Oppositions in Industrialising Asia*. London and New York: Routledge, pp. 128-160.

Jomo Kwame Sundaram. 1987. "Economic Crisis and Policy Response in Malaysia," in Richard Robison, Kevin Hewison, and Richard Higgott eds., *Southeast Asia in the 1980s: The Politics of Economic Crisis*. Sydney: Allen & Anwin, pp. 113-148.

Kearney, Robert N. 1967. *Communalism and Language in the Politics of Ceylon*. Durham: Duke University Press.

Kessler, Clive S. 1978. *Islam and Politics in a Malay State: Kelantan 1938-1969*. Ithaca:

Cornell University Press.

Khong Kim Hoong. 1984. *Merdeka!: British Rule and the Struggle for Independence in Malaya, 1945-1957*. Petaling Jaya, Selangor: Institute for Social Analysis.

―――. 1991. *Malaysia's General Election 1990: Continuity, Change, and Ethnic Politics*. Singapore: Institute of Southeast Asian Studies.

Khoo Boo Teik. 1995. *Paradoxes of Mahathirism: An Intellectual Biography of Mahathir Mohamad*. Kuala Lumpur: Oxford University Press.

Kosicki, Gerald M. 1993. "Problems and Opportunities in Agenda-Setting Research," *Journal of Communication*, Vol. 43, No. 2, pp. 100-127.

Kratoska, Paul H. 1998. *The Japanese Occupation of Malaya: A Social and Economic History*. London: Allen & Unwin.

Kua Kia Soong ed. 2002. *K. Das & the Tunku Tapes*. Petaling Jaya, Selangor: Strategic Info Research Development.

―――. 2007. *May 13: Declassified Documents on the Malaysian Riots of 1969*. Petaling Jaya, Selangor: Suaram Komunikasi.

Lau, Albert. 1989. "Malayan Union Citizenship: Constitutional Change and Controversy in Malaya 1942-48," *Journal of Southeast Asian Studies*, Vol. 20, No. 2, pp. 216-243.

―――. 1991. *The Malayan Union Controversy 1942-1948*. Singapore: Oxford University Press.

Lawson, Stephanie. 1991. *The Failure of Democratic Politics in Fiji*. Oxford: Clarendon Press.

Lazarsfeld, Paul, Bernard Berelson and Hazel Gaudet. 1968 (First published in 1944). *The People's Choice: How the Voter Makes up His Mind in a Presidential Election (Third edition)*. New York: Columbia University Press.

Levitsky, Steven, and Lucan A. Way. 2010. *Competitive Authoritarianism: Hybrid Regimes After the Cold War*. New York: Cambridge University Press.

Lichbach, Mark Irving. 1995. *The Rebel's Dilemma*. Ann Arbor: University of Michigan Press.

Lijphart, Arend. 1975 (First published in 1968). *The Politics of Accommodation: Pluralism and Democracy in the Netherlands (second edition)*. Berkeley: University of California Press.

―――. 1977. *Democracy in Plural Societies: A Comparative Exploration*. New Haven: Yale University Press.

―――. 1984. *Democracies: Patterns of Majoritarian and Consensus Government in Twenty-One Countries*. New Haven: Yale University Press.

―――. 1999. *Patterns of Democracy: Government Forms and Performance in Thirty-Six Countries*. New Haven: Yale University Press.

Linz, Juan J. and Alfred Stepan. 1996. *Problems of Democratic Transition and Consolida-

tion: Southern Europe, South America, and Post-Communist Europe. Baltimore and London: Johns Hopkins University Press.

Lustick, Ian. 1979. "Stability in Deeply Divided Societies: Consociationalism versus Control," *World Politics*, Vol. 31, No. 3, pp. 325–344.

Mahathir Mohamad. 1983. "New Government Policies," in Jomo K. S. ed., *The Sun Also Sets*. Petaling Jaya, Selangor: Institute for Social Analysis (INSAN), pp. 276–278.

―――. 2011. *A Doctor in the House: The Memoirs of Tun Dr. Mahathir Mohamad*. Petaling Jaya, Selangor: MPH Group publishing.

Mauzy, Diane K. 1983. *Barisan Nasional: Coalition Government in Malaysia*. Kuala Lumpur and Singapore: Marican & Sons.

McCombs, Maxwell E., and Donald L. Shaw. 1972. "The Agenda-Setting Function of Mass Media," *Public Opinion Quarterly*, Vol. 36, No. 2, pp. 176–187.

McGarry, John and Brendan O'Leary. 1993. "Introduction: The Macro-Political Regulation of Ethnic Conflict," in John McGarry and Brendan O'Leary eds., *The Politics of Ethnic Conflict Regulation: Case Studies of Protracted Ethnic Conflicts*. London: Routledge, pp. 1–40.

Means, Gordon P. 1970. *Malaysian Politics*. London: University of London Press.

―――. 1991. *Malaysian Politics: The Second Generation*. Singapore: Oxford University Press.

―――. 1996. "Soft-Authoritarianism in Malaysia and Singapore," *Journal of Democracy*, Vol. 7, No. 4, 103–117.

Miller, Harry. 1959. *Prince and Premier: A Biography of Tunku Abdul Rahman Putra al-Haj, First Prime Minister or the Federation of Malaya*. London: George G. Harrap.

Mohamed Zahir. 1986. "The Speaker and the Use of Precedent and Discretionary Powers of the Chair," *Journal of Parliamentary Information*, Vol. 32, No. 1, pp. 3–8.

Mohd Aris Hj Othman. 1983. *The Dynamics of Malay Identity*. Bangi, Selangor: Penerbit Universiti Kebangsaan Malaysia.

Mohd Azizuddin Mohd Sani. 2005. "Media Freedom in Malaysia," *Journal of Contemporary Asia*, Vol. 35, No. 3, pp. 341–367.

Morais, J. Victor ed. various years. *Who's Who Malaysia*. Kuala Lumpur: J. Victor Morais.

Mustafa K. Anuar. 1990. "The Malaysian 1990 General Election: The Role of the BN Mass Media," *Kajian Malaysia*, Vol. 8, No. 2: 82–102.

―――. 2003. "The Role of Malaysia's Mainstream Press in the 1999 General Election," in Francis Loh Kok Wah and Johan Saravanamuttu eds., *New politics in Malaysia*, Singapore: Institute of Southeast Asian Studies, pp. 53–65.

Navaratnam, Ramon V. 2005. *My Life and Times: A Memoir*. Subang Jaya, Selangor: Pelanduk Publications.

Noel, Sid ed. 2005. *From Power Sharing to Democracy: Post-Conflict Institutions in Ethni-*

cally Divided Societies, Montreal & Kingston: McGill-Queen's University Press.

Nordlinger, Eric A. 1972. *Conflict Regulation in Divided Societies*. Cambridge: Center for International Affairs, Harvard University.

Norris, M. W. 1980. *Local Government in Peninsular Malaysia*. Farnborough, Hampshire: Gower Publishing.

O'Flynn, Ian and David Russel eds. 2005. *Power Sharing: New Challenges for Divided Societies*. London and Ann Arbor: Pluto Press

O'Leary, Brendan. 2005. "Debating Consociational Politics: Normative and Explanatory Arguments," in Sid Noel ed., *From Power Sharing to Democracy: Post-Conflict Institutions in Ethnically Divided Societies*, Montreal & Kingston: McGill-Queen's University Press, pp. 3-43.

Ongkili, James P. 1985. *Nation-building in Malaysia 1946-1974*. Singapore: Oxford University Press.

Ooi Kee Beng. 2006. *The Reluctant Politician: Tun Dr. Ismail and His Time*. Singapore: Institute of Southeast Asian Studies.

Polomoka, Peter. 1964. "Mr. Tan or Mr. Lee?" *Far Eastern Economic Review*, Vol. 43, No. 10 (March 5, 1964), pp. 515-517.

Posner, Daniel N. 2005. *Institutions and Ethnic Politics in Africa*. New York: Cambridge University Press.

Przeworski, Adam. 1991. *Democracy and the Market: Political and Economic Reforms in Eastern Europe and Latin America*. New York: Cambridge University Press.

Purcell, Victor. 1954. *Malaya: Communist or Free?* London: Victor Gollancz.

―――. 1967 (First published in 1948). *The Chinese in Malaya*. Kuala Lumpur, Hong Kong, London: Oxford University Press.

Rabushka, Alvin. 1973. *Race and Politics in Urban Malaya*. Stanford: Hoover Institution Press.

Rabushka, Alvin and Kenneth A. Shepsle. 1972. *Politics in Plural Societies: A Theory of Democratic Instability*. Columbus, Ohio: Charles E. Merrill Publishing Company.

Rahman (Tunku Abdul Rahman Putra Al-Haji). 1969. *May 13: Before and After*. Kuala Lumpur: Utusan Melayu Press.

―――. 1977. *Looking Back: Monday Musings and Memories*. Kuala Lumpur: Pustaka Antara.

Ramlah Adam. 1992. *Dato' Onn: Pengasas Kemerdekaan*. Kuala Lumpur: Dewan Bahasa dan Pustaka.

Ratnam, K. J. 1965. *Communalism and the Political Process in Malaya*. Kuala Lumpur: University of Malaya Press.

Ratnam, K. J., and R. S. Milne. 1967. *The Malayan Parliamentary Election of 1964*. Singapore: University of Malaya Press.

———. 1970. "The 1969 Parliamentary Election in West Malaysia," *Pacific Affairs*, Vol. 43, No. 2, pp. 203-226.
Reece, Bob. 1969a. "The Tunku's Last Election," *Far Eastern Economic Review*, Vol. 44, No. 19 (May 19, 1969), pp. 330-334.
———. 1969b. "The Parting of the Ways?" *Far Eastern Economic Review*, Vol. 44, No. 25 (June 19, 1969), pp. 662-665.
Reilly, Benjamin. 2000-2001. "Democracy, Ethnic Fragmentation, and Internal Conflict: Confused Theories, Faulty Data, and the "Crucial Case" of Papua New Guinea," *International Security*, Vol. 25, No. 3, pp. 162-185.
———. 2001. *Democracy in Divided Societies: Electoral Engineering for Conflict Management*. Cambridge: Cambridge University Press.
Remmer, Karen. 1991. "The Political Impact of Economic Crisis in Latin America in the 1980s," *American Political Science Review*, Vol. 85, No. 3, pp. 777-800.
Reynolds, Andrew ed. 2002. *The Architecture of Democracy: Constitutional Design, Conflict Management, and Democracy*. Oxford: Oxford University Press.
Riker, William H. 1986. *The Art of Political Manipulation*. New Haven: Yale University Press.
———. 1990. "Heresthetic and Rhetoric in the Spatial Model," in James M. Enelow and Melvin J. Hinich eds., *Advances in the Spatial Theory of Voting*, New York: Cambridge University Press, pp. 46-65.
Roff, Margaret. 1965. "The Malayan Chinese Association, 1948-65," *Journal of Southeast Asian History*, Vol. 6, No. 2, pp. 40-53.
———. 1967. "The Politics of Language in Malaya," *Asian Survey*, Vol. 7, No. 5, pp. 316-328.
Roff, William R. 1974 (First published in 1967). *The Origins of Malay Nationalism (Second edition)*. Kuala Lumpur: Penerbit Universiti Malaya.
Rogers, Marvin L. 1993. *Local Politics in Rural Malaysia: Patterns of Change in Sungai Raya*. Kuala Lumpur: S. Abdul Majeed & Co.
Rothchild, Donald and Philip G. Roeder. 2005. "Power Sharing as an Impediment to Peace and Democracy," in Philip G. Roeder and Donald Rothchild eds., *Sustainable Peace: Power and Democracy after Civil Wars*. Ithaca: Cornell University Press, pp. 29-50.
RSF (Reporters Sans Frontières). 2006. *Press Freedom Index 2006*. http://en.rsf.org/press-freedom-index-2006,35.html
Rudner, Martin. 1970. "The Malaysian General Election of 1969: A Political Analysis," *Modern Asian Studies*, Vol. 4, No. 1, pp. 1-21.
Sandhu, Kernial Singh. 1964. "Emergency Resettlement in Malaya," *Journal of Tropical Geography*, Vol. 18, pp. 157-183.
Shafruddin, B. H. 1987. *The Federal Factor in the Government and Politics of Peninsular

Malaysia. Singapore: Oxford University Press.

Shamsul A. B. 1986. *From British to Bumiputera Rule: Local Politics and Rural Development in Peninsular Malaysia*. Singapore: Institute of Southeast Asian Studies.

―――. 1987. "Leadership, Patronage and Development at the Grassroots in Rural Peninsular Malaysia," *Solidarity*, Vol. 114, pp. 29-38.

―――. 1988. "The "Battle Royal": The UMNO Elections of 1987," in Mohammed Ayoob and Ng Chee Yuen eds., *Southeast Asian Affairs, 1988*. Singapore: Institute of Southeast Asian Studies, pp. 170-188.

―――. 1997. "The Economic Dimension of Malay Nationalism: The Socio-Historical Roots of the New Economic Policy and Its Contemporary Implications," *Developing Economies*, Vol. 35, No. 2, pp. 240-261.

Short, Anthony. 1975. *The Communist insurrection in Malaya, 1948-1960*. London: Muller.

Shoup, Brian. 2008. *Conflict and Cooperation in Multi-Ethnic States: Institutional Incentives, Myths, and Counterbalancing*. London and New York: Routledge.

Silcock, T. H. 1963. "Communal and Party Structure," in T. H. Silcock and E. K. Fisk eds., *The Political Economy of Independent Malaya*. Canberra: Australian National University Press, pp. 1-27.

Sisk, Timothy D. 1996. *Power Sharing and International Mediation in Ethnic Conflicts*. Washington, D. C: United States Institute of Peace.

Slimming, John. 1969. *Malaysia: Death of a Democracy*. London: J. Murray.

Snyder, Jack. 2000. *From Voting to Violence: Democratization and Nationalist Conflict*. New York: W. W. Norton & Company.

Soh Eng Lim. 1960. "Tan Cheng Lock: His Leadership of the Malayan Chinese," *Journal of Southeast Asian History*, Vol. 1, No. 1, pp. 29-55.

Spears, Ian S. 2005. "Anarchy and the Problem of Power Sharing in Africa," in Sid Noel ed., *From Power Sharing to Democracy: Post-Conflict Institutions in Ethnically Divided Societies*. Montreal & Kingston: McGill-Queen's University Press, pp. 184-197.

Stockwell, A. J. 1979. *British Policy and Malay Politics during the Malayan Union Experiment 1945-1948*. Kuala Lumpur: The Malayan Branch of the Royal Asiatic Society.

Stubbs, Richard. 1979. "The United Malays National Organisation, the Malayan Chinese Association, and the Early Years of the Malayan Emergency 1948-1955," *Journal of Southeast Asian Studies*, Vol. 10, No. 1, pp. 77-88.

―――. 1989. *Hearts and Minds in Guerrilla Warfare: The Malayan Emergency 1948-1960*. Singapore: Oxford University Press.

Subramaniam Pillay, S. 1998. "Bailout Blues," *Aliran Monthly*, Vol. 18, No. 3 (April, 1998), pp. 2-5.

Suhaini Aznam. 1986. "Mahathir's Dilemma," *Far Eastern Economic Review*, Vol. 131, No. 11 (March 13, 1986), pp. 10-12.

―――. 1987. "Challenger-in-Waiting," *Far Eastern Economic Review*, Vol. 135, No. 9 (February 26, 1987), pp. 9-10.
Tajfel, Henri. and John C. Turner. 1986. "The Social Identity Theory of intergroup behavior," in Worchel, Stephen and William G. Austin eds., *Psychology of Intergroup Relations*. Chicago: Nelson-Hall Publishers, pp. 7-24.
Tan, Jun-E and Zawawi Ibrahim. 2008. *Blogging and Democratization in Malaysia: A New Civil Society in the Making*. Petaling Jaya, Selangor: Strategic Information and Research Development Centre.
Tan, T. H. 1979. *The Prince and I*. Singapore: Sam Boyd Enterprise.
Taylor, Rupert ed. 2009. *Consociational Theory: McGarry and O'Leary and the Northern Ireland Conflict*. Abingdon, Oxon: Routledge.
Toh Kin Woon. 2003. "Machang Bubuk: Changes in Voting Patterns, 1995-99," in Francis Loh Kok Wah and Johan Saravanamuttu eds., *New Politics in Malaysia*. Singapore: Institute of Southeast Asian Studies, pp. 141-157.
Vasil, R. K. 1971. *Politics in a Plural Society: A Study of Non-Communal Political Parties in West Malaysia*. Kuala Lumpur and Singapore: Oxford University Press.
―――. 1972. *The Malaysian General Election of 1969*. Kuala Lumpur: Oxford University Press.
Vasil, Raji. 1987. *Tan Chee Khoon: An Elder Statesman*. Petaling Jaya, Selangor: Pelanduk Publications.
Von Vorys, Karl. 1976. *Democracy without Consensus: Communalism and Political Stability in Malaysia*. Kuala Lumpur and Singapore: Oxford University Press.
Walter, Barbara F. 2002. *Committing to Peace: The Successful Settlement of Civil Wars*. Princeton: Princeton University Press.
Weerawardana, I.D.S. 1960. *Ceylon General Election, 1956*. Colombo: M.D. Gunasena.
Weingast, Barry R. 1998. "Constructing Trust: The Political and Economic Roots of Ethnic and Regional Conflict," in Karl Sołtan, Eric M. Uslaner, and Virginia Haufler eds., *Institutions and Social Order*. Ann Arbor: University of Michigan Press, pp. 163-200.
Weiss, Meredith L. 2011. *Student Activism in Malaysia: Crucible, Mirror, Sideshow*. Ithaca, New York: Cornell Southeast Asia Program Publications.
Wilkinson, Steven I. 2004. *Votes and Violence: Electoral Competition and Ethnic Riots in India*. New York: Cambridge University Press.
Wilson, A. Jeyaratnam. 1975. *Electoral Politics in an Emergent State: The Ceylon General Election of May 1970*. London: Cambridge University Press.
―――. 2000. *Sri Lankan Tamil Nationalism: Its Origins and Development in the Nineteenth and Twentieth Centuries*. London: C. Hurst.
Woelk, Jens, Francesco Palermo, and Joseph Marko eds. 2008. *Tolerance through Law: Self Governance and Group Rights in South Tyrol*. Leiden: Brill.

Wolff, Stefan. 2005. "Electoral-Systems Design and Power-Sharing Regimes," in Ian O'Flynn and David Russel eds., *Power Sharing: New Challenges for Divided Societies*. London and Ann Arbor: Pluto Press, pp. 59-74.

Wong Kok Keong. 2001. "Unfair Coverage: A Look at the Mainstream Media's Bias in the 1999 General Election," *Aliran Monthly*, Vol. 21, No. 1, pp. 15-17.

―――. 2004. "Asian-Based Development Journalism and Political Elections: Press Coverage of the 1999 General Elections in Malaysia," *Gazette*, Vol. 66, No. 1, pp. 25-40.

Yeo Kim Wah. 1973. "The Anti-Federation Movement in Malaya, 1946-48," *Journal of Southeast Asian Studies*, Vol. 4, No. 1, pp. 31-51.

Yong, C. F. 1991. *Chinese Leadership and Power in Colonial Singapore*. Singapore: Times Academic Press.

Zahar, Marie-Joëlle. 2005. "The Dichotomy of International Mediation and Leader Intransigence: The Case of Bosnia and Herzegovina," in Ian O'Flynn and David Russell eds., *Power Sharing: New Challenges for Divided Societies*. London and Ann Arbor: Pluto Press.

Zaharom Nain. 2002. "The Structure of the Media Industry: Implications for Democracy," in Francis Loh Kok Wah and Khoo Boo Teik eds., *Democracy in Malaysia: Discourses and Practices*. Richmond, Surrey: Curzon Press, pp. 111-137.

Zainah Anwar. 2006. "Treat Rape Issue with Respect, Decorum," *New Straits Times*, June 30, 2006, p. 13.

Zakaria Haji Ahmad. 1989. "Malaysia: Quasi Democracy in a Divided Society," in Larry Diamond, Juan J. Linz and Seymour Martin Lipset eds., *Democracy in Developing Countries Vol. 3: Asia*. Boulder, Colorado: Lynne Rienner Publishers, pp. 347-381.

ZENTRUM (Zentrum Future Studies Malaysia). 2008. "Pilihanraya Umum Malaysia Ke 12: Pegaruh Kepercayaan Terhadap Media dan Kesannya terhadap Bentuk dan Corak Pengundian Malaysia - Tumpuan pada Kumpulan Responden 21-41 Tahun." (http://homepage.mac.com/muringwien/Sites/documents/pru12.pdf).

新聞・雑誌等

Berita Harian (BH)

Bernama

Far Eastern Economic Review (FEER)

Malaysian Business

New Straits Times (NST)

Reuters News

Star

Straits Times (ST)

The Malaysian Insider

Utusan Malaysia (UM)

インターネット

ITU. (International Telecommunication Union). http://www.itu.int/ITU-D/icteye/Indicators/Indicators.aspx#
MCA (Malaysian Chinese Association). http://www.mca.org.my/en/
RSF (Reporters Sans Frontières). http://en.rsf.org
マレーシア経済計画局ウェブサイト　http://www.epu.gov.my/
マレーシア選挙委員会ウェブサイト　http://www.spr.gov.my/
マレーシア統計局ウェブサイト　http://www.statistics.gov.my/

データセット

Inoguchi, Takashi and Shigeto Sonoda. *AsiaBarometer Integrated Dataset*. Downloaded from AsiaBarometer Project (http://www.asiabarometer.org/) on October 31, 2014 with the prior permission of the AsiaBarometer Project Executive Committee. AsiaBarometer is a registered trademark of Professor Takashi Inoguchi, President of University of Niigata Prefecture, Japan, Director of the AsiaBarometer Project.

あとがき

　2015年9月24日，マレーシアの与党連合・国民戦線の一角を占めるMCAのリャオ・ティオンライ総裁は次のように述べた。

　「国民戦線はいまでも穏健連合である。われわれが国民戦線にとどまっているのは，この多人種国家を守るためだ。マレーシアを守るにはそれが重要なのだ。レイシストや宗教的過激派の台頭を許してはならない」("MCA defends membership in BN, says a moderate coalition," *The Malaysian Insider*, September 24, 2015)。

　この発言を額面通りに受け取る中国系市民は，もはやほとんどいないだろう。2013年5月の総選挙以降，国民戦線を主導するUMNOの急進化が急速に進んだからだ。とりわけ2015年に入ってからその動きに拍車がかかっている。先のリャオ発言の1週間前には，マレー人の尊厳の回復を訴える大衆が揃いの赤シャツを着て首都の目抜き通りを行進した。"red shirt Malaysia"で画像検索して確かめてみてほしい。このデモを組織したのはUMNOの地方幹部らである。

　マレーシアの政治は再び民族問題を軸に回り始めている。ただし，「パワーシェアリングのお手本」と呼ばれた10年前の状況に戻ったわけではない。政党間の関係が当時とはかなり違う。

　政治の「再民族化」の流れをつくったのは，マレー・ナショナリズムに傾いたUMNOであり，華人が主力のDAPと袂を分かってUMNOに接近するイスラム政党PASである。今年6月に野党連合・人民連盟が瓦解した後，PAS内の進歩派と目された人々が新党を立ち上げ，9月末にDAP，PKRとともに新たな政党連合・希望連盟（Pakatan Harapan）を結成した。これにより，二つの多民族政党連合が並び立つ政党システムが一応は回復したといえる。しかし，PASの離脱した野党連合ではDAPのプレゼンスが一段と高まっており，与党連合と野党連合の間では依拠するエスニック集団の違いが明確になっている。すなわち，国民戦線はもっぱらブミプトラの支持に頼り，希望連盟はおもにノン・ブミプトラの支持に期待するという状況にある。おそら

く多くの非マレー系市民の目には，急進化する UMNO と進歩派の抜けた PAS が接近するいまの政治状況こそが，「レイシストや宗教的過激派の台頭」と映るだろう。この流れを押しとどめるだけの力が MCA やグラカンにあるようにはみえない。

　2013 年総選挙の結果から，その後の UMNO の急進化は予想できた。本書第 8 章でみたように，これまでパワーシェアリングを支えてきた仕組みが失われたからだ。これほど急速に進行するとは筆者も考えていなかったが，UMNO がマレー・ナショナリズムに傾斜していったこと自体は不思議ではない。

　では，これからどうなるのか。終章の末尾に記したとおり，国民戦線を穏健連合に戻すには，政治の賭け金を下げるガバナンス改革が必要だと筆者は考えている。しかし，UMNO が主導する政権のもとでそれが実現する可能性は低そうだ。いまのナジブ政権は，もっぱら強権行使によって延命を図っている。その先にどのような政治状況が出現するのかを，本書の議論を敷衍して予測するのはむずかしい。筆者にとっては，それを見定めて記録し，改めて政治学上の意義を考えていくことがこれからの仕事になる。

　筆者が本書の種となる着想を得たのは十数年前のことである。それをいくつかの論文にまとめた後，東京大学大学院法学政治学研究科博士課程で学ぶ機会を得た。ここで全体の構想をかたちにするのに必要な知識と気づきを得て，2014 年に学位論文を仕上げることができた。本書は，この学位論文に加筆修正を施したものである。巻末の「参照資料・文献一覧」に記載した既発表論文の内容も部分的に含まれているが，各論文の一部を利用したにすぎないため，ここで再び列記するのは控える。

　本書の執筆にあたり，多くの方々からひとかたならぬ御支援，御指導をいただいた。

　最初に，指導教官を務めてくださった藤原帰一先生に心より御礼を申し上げたい。執筆に取りかかって以来，少しずつ書いては先生のコメントを頂戴し，修正しつつ書き足してまた研究室に伺うということを繰り返した。途中で行き詰まったこともあったが，たとえわずかでも書き，先生の御助言をいただくというサイクルを 30 回近く繰り返したことで，なんとか論文を書き

上げることができた。藤原先生に拾っていただき，御指導を賜ることがなかったとしたら，筆者はいまだに漠然としたアイディアを抱えて煩悶していたに違いない。改めて，感謝と尊敬の気持ちをお伝えしたい。

博士論文を審査してくださった平野聡先生，谷口将紀先生，松原健太郎先生，山川隆一先生にも心より御礼申し上げたい。審査の際に先生方から頂戴したコメントは，出版に向けた加筆修正作業の指針となった。また学会報告などの折に，大串和雄先生と加藤淳子先生から本書第8章のもととなった論文（中村 2011）へのコメントを頂戴した。御厚情への謝意を改めてお伝えしたい。

学部と修士課程で学んだ東京外国語大学での恩師，小野沢純先生にも深謝の意をお伝えしたい。小野沢先生の御指導のもとで修士論文を書いたのは，まだキャンパスが巣鴨にあった頃のことだ。そのとき学んだことが本書の第3章に反映されている。

職場であるアジア経済研究所（アジ研）の先輩，同僚諸氏にも御礼を申し上げたい。アジ研でマレーシア研究に携わってこられた方々には，故・堀井健三先生や原不二夫先生の御講義を受講させていただくなど，学部生の頃からお世話になってきた。入所してからは，木村陸男さん，東川繁さん，鳥居高さん（現・明治大学教授）に御指導いただいた。故・萩原宜之先生は，研究所にお越しになるたびに新米の筆者を激励してくださった。最近では，マレーシア政治研究の第一人者であるクー・ブーテックさん（現・政策研究大学院大学教授）がアジ研に在籍され，クーさん主催の研究会に参加させていただくという幸運を得た。

アジ研の先輩方が築いてきた貴重な業績がなければ，本書はなかった。敬服の思いの一方で，まともにバトンを引き継げなかったことに対する後ろめたさもある。まっとうな地域研究者になれず，誰かの期待を裏切ったのだとすればお詫びするしかない。今年は同僚の熊谷聡さん，梅﨑創さんらとともに，久しぶりにマレーシアに関する一国総合研究会を実施している。たとえ間は空いても，この流れは絶やさないようにしたい。

お世話になっているのは，マレーシア関係の方々ばかりではない。インドネシア担当だった入所当初は，佐藤百合さんと松井和久さん（現・松井グローカル代表）に面倒をみていただいた。同じく入所まもない時期に研究会に誘っ

てくださった岩崎育夫さん（現・拓殖大学教授）にも大変お世話になった。政治学の面では，研究会でご一緒させていただいた近藤則夫さん，間寧さんから学ぶところが大きかった。そして文字通りの学兄，川中豪さん。もし川中さんがアジ研にいなければ，本書の内容はまったく違うものになっていただろう。川中さんの研究会で，湊一樹さんがゲーム理論の手ほどきをしてくださったのも大変ありがたかった。若い頃から何度も一緒に仕事をしている川村晃一さんからも，ずっと刺激を受けてきた。

　ほかにも，実に多くの同僚に教えを請いながら仕事をしてきた。皆さんにも御礼を申し上げたいが，きりがないのでお世話になったすべての方のお名前を挙げていくことはできない。御理解，御海容願いたい。

　インタビューに応じてくださったマレーシアの方々への謝意も記しておきたい。本書で引用したのはわずかだが，現地調査で伺ったお話はアイディアを練る段階で活かされている。

　本書の刊行にあたり，日本学術振興会から平成27年度科学研究費補助金研究成果公開促進費「学術図書」の交付を受けた。御支援への謝意を表したい。

　博士論文の提出後，刊行にいたるまでの道のりでは東京大学出版会の山田秀樹さんの御支援を賜った。校正の段階では原稿を実に綿密に検討してくださり，ミスを修正する作業を助けていただいた。また何より，筆者が本書に込めた意図を受けとめ，幅広い読者に訴える本になる可能性に「賭けてみましょう」とおっしゃってくださったことがありがたかった。

　多くの方々の御支援を得て刊行される本書が，読者にとって有意義なものになることを強く願っている。

　　　2015年10月

　　　　　　　　　　　　　　　　　　　　　　　　　　　中　村　正　志

索　引

ア 行

アイデンティティ　35, 37, 74
　エスニック——　31, 35, 37
　社会——理論　32
アウトビッディング（outbidding）　7, 21-5, 27-9, 39-40, 59, 99, 137, 163-4
アジア通貨危機　→通貨危機
アジブ・アフマド（Abdul Ajib bin Ahmad）　192
アファーマティブ・アクション　38, 239
アブドゥル・カディール・シェイク・ファジール（Abdul Kadir bin Sheikh Fadzir）　192-3
アブドゥル・ハディ・アワン（Abdul Hadi bin Awang）　236
アブドゥル・ハミド（Abdul Hamid）　139
アブドゥル・ラザク・フセイン（Abdul Razak bin Hussein）　141, 145-6, 164, 166, 173-7, 180-2, 188
アブドラ・アフマド・バダウィ（Abdullah bin Ahmad Badawi）　140-1, 150-4, 157, 192-4, 209-16
アフマド・サイド（Ahmad bin Said）　171
アフマド・ザヒド・ハミディ（Ahmad Zahid bin Hamidi）　204-8
アフマド・フアド・ハッサン（Ahmad Fuad Hassan）　190
アフマド・ブスタマム（Ahmad Boestamam）　81
アフリカ　5, 33-4
アリラン（Persatuan Aliran Kesedaran Negara）　208
アンゴラ　5
アンダービッディング（underbidding）　38

アンワル・イブラヒム（Anwar bin Ibrahim）　126, 191-2, 205-11, 213-5, 228, 241
イシャック・ムハンマド（Ishak bin Haji Muhammad）　81
イスマイル・アブドゥル・ラーマン（Ismail bin Abdul Rahman）　173-4, 176
イスラム家族法　154
イスラム教　79, 94, 97-8, 136
イスラム刑法　126
イスラム国家　236
イスラム政党　98, 252
板垣與一　76, 78
1人区相対多数制（First-Past-The-Post: FPTP）　10, 47, 49-50, 57-60, 69, 93-4, 104-5, 110, 113, 123-4, 256
逸脱事例　3, 11
イデオロギー　23, 45, 167, 225
　——空間　44-5, 48, 59, 222-3, 225, 228-30, 232, 234
イブラヒム・ヤーコブ（Ibrahim bin Haji Ya'acob）　75-6, 78
イポー（Ipoh）　91, 98, 143-4
イラク　1-2, 6, 256-7
印刷機・出版物法（Printing Presses and Publications Act）　228, 240
インセンティブ　8-9, 15, 17, 24, 38, 60, 134
　穏健化の——　43-4, 49-50, 54-5, 102-3, 121
インターネット　205, 213, 228-34, 236, 261
インド　34, 38-9, 74-5, 79, 96-7
インド人民党（Bhāratīya Janatā Party: BJP）　38
インドネシア　27, 74-5, 78, 81-2, 144-5, 202
　大——（Indonesia Raya）　81

索引　289

インドネシア国民党（Partai Nasional Indonesia）　75
インドネシア共産党（Partai Komunis Indonesia）　75
院内総務（Whip）　154-5
院内副総務（Deputy Whip）　154
ヴィクトリア・インスティテューション（Victoria Institution）　89
ウォン・サイホウ（Wong Sai Hou）　134
英領マラヤ　73, 76
エスニシティ　6, 15-6, 19, 30-40, 208, 228, 236, 238, 254, 259
　──の定義　30
　──の紛争誘因理論　31, 34, 36
　──の付随現象理論　31, 33-4, 36
エスニック・カテゴリー　37
エスニック政党　25, 28, 38, 41, 49, 85
エスニック集団　1-3, 6-7, 15, 18-21, 24, 26-8, 30-6, 39-40, 44, 96, 98, 125, 239, 241
　──の地理的分布　59, 71, 158, 255
エスニック・ポリティクス　16, 30-1, 35
エスノナショナリズム　44, 71, 82, 167, 222-6, 228, 237, 241, 253-4, 258
オーストリア　19
大西覚　77
オスマン・サアト（Othman bin Saat）　192
汚職　191, 206, 208, 211, 218, 228-32, 236, 257-9
汚職取締庁（Anti-Corruption Agency）　211
オペラシ・ララン（Operasi Lalang）　198, 241
オランダ　5, 19
オルタナティブ戦線（Barisan Alternatif）　125, 208, 211, 236
オン・ジャファール（Onn bin Ja'afar）　80-1, 85-91, 95, 97, 190
オン・ヨクリン（Ong Yoke Lin）　89, 122-3

カ 行

階級　16, 34-5, 38-9, 87, 224
外的妥当性（external validity）　11
カイリー・ジャマルディン（Khairy Jamaluddin）　211, 216
下院（Dewan Rakyat）　102-3, 153-4
　──運営規則　153-4
　──議員　129, 134, 156, 158-9, 196
　──議長　154
　──選挙　→選挙
　──選挙区　102-4, 110-3, 117-20, 132, 149, 158, 210
　──特別委員会（Special Select Committee）　153-4
　──の常設委員会　153
カウンターバランス　40
カーク・チューティン（Kerk Choo Ting）　196
華校教師会総会　169
カザフスタン　40
ガザリ・シャフィ（Muhammad Ghazali bin Shafie）　173, 176, 179
華人行業社団総会　97, 168
カースト　30, 38
ガーナ　5, 79
ガーニー，ヘンリー（Henry Gurney）　84
ガファール・ババ（Abdul Ghafar bin Baba）　191-2, 196, 199-200, 210
カマルディン・アブドラ（Kamaluddin bin Abdullah）　211
カリル・ヤコブ（Mohd Khalil Yaakob）　150
完全連記制　→中選挙区完全連記制
議員　→下院議員，上院議員，州議会議員
議院内閣制　10-1, 24, 44, 102, 113, 153
議会　→下院，上院，州議会
議会制度　10, 158
議席の共有（seat pooling）　7
議題設定（agenda setting）　227-8, 253
義勇軍　78
急進党（Radical Party）　88

亀裂（cleavage）　1, 15, 17-8, 20-1, 30, 34, 37-40, 42, 245
金権政治　211, 218, 228, 239, 257-8
クアラルンプール（Kuala Lumpur）　88-90, 95, 144, 171, 197, 206, 212
　——証券取引所　202-3
クダ（Kedah）　88, 134-6, 143, 175, 212
クダ・セメント（Kedah Cement Sdn. Bhd.）　187-8
クーデター　2, 5, 28, 164, 175-6
グラカン　→マレーシア人民運動党
クランタン（Kelantan）　80, 119-20, 135-7, 143, 145, 156, 171, 198, 212
クランタン・マレー人協会　80
クリス運動（Kekuatan Rakyat Istimewa）　78, 80
クロアチア　33
郡（Daerah／District）　80, 88, 91, 141-6, 156
経済計画局（Economic Planning Unit: EPU）　180
経済投票（economic voting）　117-8, 233
決算委員会（Public Accounts Committee）　153
結社登録官（Registrar of Societies）　167, 193-4
結社法（Societies Act）　193
ケニア　5
ゲーム理論　9, 61
権威主義　2, 5, 21, 27, 164, 182
言語　1-2, 16-8, 30, 32-3, 37-9, 96-7, 164-5, 168-9
言語出版庁（Dewan Bahasa dan Pustaka）　168-9
顕出性（salience）　36, 38, 40, 225-8, 236-7, 243-4, 253, 258
原初主義（primordialism）　33
憲法　18, 82, 95-8, 138-40, 167-8, 177-8
　州——　135, 172
言論の自由　2, 178, 228, 258
ゴー・ホックグアン（Goh Hock Guan）　172

工業調整法（Industrial Co-ordination Act）　189
構成主義（constructivism）　32-3
公正な選挙を求める連帯（Coalition for Clean and Fair Elections: Bersih）　212
構造的エリート支配（structured elite predominance）　21
高等弁務官（High Commissioner）　84, 91, 93-4, 96-7
公用語　23, 82, 94, 97-8, 168-9
国王（Yang di-Pertuan Agong）　96, 102, 138-40, 146, 171, 175, 212
国語　95-8, 168-9, 177-8
国籍　30, 135
国内総生産（GDP）　2, 162-3, 185-6, 203, 209, 216, 233-5, 261-2
国内治安法（Internal Security Act）　174, 198, 206, 217, 240-1
国民公正党（Parti Keadilan Nasional）　125, 208-9
国民戦線（Barisan Nasional）　2, 125-6, 146, 150, 156, 193, 195-8, 215, 222, 233-5, 241-3, 257-8
　——の発足　180-1
　——バックベンチャーズ・クラブ（Barisan Nasional Back Benchers' Club: BNBBC）　153-5
国民統合局（Department of National Unity: DNU）　175, 179-80
コソボ　33
国教　24, 97-8
国家経済行動評議会（National Economic Action Council: NEAC）　203
国家諮問評議会（National Consultative Council: NCC）　175-8
国家経済諮問評議会（1988年設置．National Economic Consultative Council: NECC）　201
国家経済諮問評議会（2009年設置．National Economic Advisory Council: NEAC）　239
国家作戦評議会（National Operations

Council: NOC) 173-7, 181
国家党（Party Negara） 94-5, 97
コテラワラ，ジョン（John Kotelawala） 23
5.13事件 13, 163, 171-8
コミットメント問題 16-20, 24, 26-7, 29, 41, 259
コミンテルン 76
コンゴ民主共和国 5
コンソーティアム・プルカパラン社（Konsortium Perkapalan Berhad: KPB） 204, 207

サ 行

サイヴィ，J.A.（J. A. Thivy） 81
財政 45, 163, 186-9, 199, 203, 209, 216-8
ザイド・イブラヒム（Mohd Zaid bin Ibrahim） 215
サイド・ジャファール・アルバール（Syed Jaafar bin Hassan Albar） 168, 174
サイド・ナシール・イスマイル（Syed Nasir bin Ismail） 168-9, 174
サイド・フセイン・アラタス（Syed Hussein bin Alatas） 181
ザイナル・アビディン・アフマド（Zainal Abidin bin Ahmad） 80
ザイナル・アビディン・ジン（Zainal Abidin bin Zin） 192-3
債務 186-7, 217-8
サイム銀行（Sime Bank Berhad） 204
ザカリア・デロス（Zakaria bin Deros） 211-2
サヌシ・ジュニド（Sanusi bin Junid） 193, 197
サバ（Sabah） 12, 103, 125, 135, 138, 144, 147, 149, 165-6, 170, 181-2, 202, 209, 212, 215
サバ進歩党（Sabah Progressive Party: SAPP） 215
サバ統一党（Parti Bersatu Sabah: PBS） 199
ザヒド →アフマド・ザヒド・ハミディ

サラワク（Sarawak） 12, 103, 125, 135, 138, 144, 147, 149, 165-6, 170, 181-2, 202, 209, 212, 215
サラワク統一人民党（Sarawak United People's Party: SUPP） 166, 181
サレー・アバス（Mohamed Salleh bin Abas） 194
サンバンサン，V.T.（V. T. Sambanthan） 173
ザンビア 5, 37, 39
ザンブリ・アブドゥル・カディール（Zambry bin Abdul Kadir） 238
シエラレオネ 5
ジェント，エドワード（Edward Gent） 80-1
次元の固定化（fixing dimensionality） 226-8, 253
次元の足し上げ（increasing dimensionality） 226, 236
執政制度 10-1, 102, 113, 157-9
シーニヴァサガム，D.R.（D. R. Seenivasagam） 98
シーニヴァサガム，S.P.（S. P. Seenivasagam） 171
司法審査 18
市民権 22, 79, 81-2, 86-7, 94, 96, 98, 177-8, 256
市民的自由 5, 163, 211, 240, 257
シム・モウユー（Sim Mow Yu） 169
邪悪な同盟（unholy alliance） 124
社会主義者戦線（Socialist Front: SF） 99, 144
社会心理学 32, 35
社会正義運動（Pergerakan Keadilan Sosial: ADIL） 208
シャフリル・アブドゥル・サマド（Shahrir bin Abdul Samad） 153-5, 192
宗教 1-2, 17, 22, 27, 30, 37-8, 87, 94, 125-6, 177, 195, 211, 236-8, 242
集合行為 7-9, 11, 61
州議会（Dewan Undangan Negeri） 117-9, 134-7
――議員 147, 156, 191

── 選挙 → 選挙
州執政評議会（State Executive Council）　147, 155
州首相（Menteri Besar）　86, 93, 136, 147-8, 151, 155, 159, 172-3
州首席大臣（Chief Minister）　135, 147
州知事（Yang di-Pertua Negeri）　147
準内閣制（Member system）　87
上院（Dewan Negara）　137-41, 158
── 運営規則　154
── 議員　102, 137-41, 146, 154, 188
── の委員会　153
小選挙区制　→ 1 人区相対多数制
ジョージタウン（George Town）　88, 91, 95, 143-5
ジョホール（Johor）　79-80, 86, 95, 136, 143-5, 192
ジョホールバル（Johor Bahru）　85, 143, 145
ジョホール半島マレー人運動（Pergerakan Melayu Semenanjung Johor）　80
事例研究　3, 6, 9-10, 13, 19, 68, 73
単一──　11, 255
事例に特化した予測（case-specific predictions）　68, 248
シン，カルパル（Karpal Singh）　209
シンガポール　75, 77-9, 81-2, 92, 103, 123, 138, 152, 164-5, 167, 185, 211, 237
シンガポール議会選挙　165
新経済政策（New Economic Policy）　156-7, 163-4, 182, 189, 195-7, 201, 205, 237
── の導入　178-80
人種　2, 17, 30, 37, 79-80, 82, 87, 90, 125, 166, 177-9, 195-6
新村（New Village）　84, 142, 144
進歩的なイスラム（Islam Hadhari）　236
人民憲法案　82
人民公正党（Parti Keadilan Rakyat: PKR）　127, 213-5, 222, 232, 237-9, 242
人民行動党（People's Action Party: PAP）　123, 128, 165-8, 237

人民進歩党（People's Progressive Party: PPP）　98, 127-8, 144, 166, 171, 181
人民党（Parti Ra'ayat）　97, 99
人民の力（Gagasan Rakyat）　199
人民民主主義連盟（Gagasan Demokrasi Rakyat）　208
人民連盟（Pakatan Rakyat）　213, 215, 238, 241-2
スイス　5
スカルノ（Sukarno）　27, 145
スタパック宣言（Setapak Declaration）　170
スハイミ・カマルディン（Suhaimi bin Kamaruddin）　192
スライシンガム，E.E.C.（E. E. C. Thuraisingham）　87
スライマン・パレスティン（Sulaiman Palestine [Sulaiman bin Ahmad]）　190
スリランカ　22-4, 29, 38, 40, 79, 163
スリランカ自由党（Sri Lanka Freedom Party: SLFP）　23-4
スルタン　75, 77-82, 89, 93-7, 136, 139, 147, 151, 172, 175, 197
スルタン・イブラヒム（Sultan Ibrahim Iskandar Al-Masyhur ibni Abu Bakar）　79
スルタン・イドリス師範学校（Sultan Idris Training College）　75
スランゴール（Selangor）　89, 99, 122, 134, 136, 143-5, 169, 171-3
スレンバン（Seremban）　117-8, 143-5
正義のための人民行動評議会（Majlis Gerakan Keadilan Rakyat / Council of the People's Movement for Justice）　208
制限連記制　→ 中選挙区制限連記制
政策決定　1, 5, 10-1, 67, 71, 129, 152-5, 159, 174, 190, 197, 242
政治的停滞　27
青年マレー人連盟（Kesatuan Melayu Muda: KMM）　75-8
セナナヤケ，D.S.（D. S. Senanayake）　22-3

索引　293

セナナヤケ，ダドリー（Dudley Senanayake）　23
セルビア　33
全院委員会（Committee of the whole House / Committee of the whole Senate）　154
選挙
　下院——　108-17, 131-2, 150-1
　州議会——　113-20, 131-6, 150-1
　地方自治体——　140-6
　ジョージタウン市評議会——　88, 143-4
　スリランカの——　22-4
　クアラルンプール市評議会——　88-91
　連邦立法評議会——　85-6, 91-6, 102-3, 256
　1959年——　98, 121-3
　1964年——　121-3
　1969年——　112, 123-4, 164-5, 170-1, 223
　1974年——　133
　1978年——　124
　1982年——　124
　1986年——　124-5, 195-6
　1990年——　112, 198-9
　1995年——　202
　1999年——　125-6, 207-9, 222, 229, 233, 258
　2004年——　211, 233-7
　2008年——　3, 110, 112, 212-3, 230-7
　2013年——　3, 110, 233, 241
選挙制度　6, 10, 19-20, 24-7, 49-50, 59, 93-4
選挙人登録　88, 94, 212
選択投票制（Alternative Vote: AV）　6-7, 25-9, 47-60, 93
扇動法（Sedition Act）　177-8, 182
全マラヤ共同行動評議会（All-Malayan Council of Joint Action: AMCJA）　82
戦略投票（strategic voting）　20, 124
総合展望計画（Outline Perspective Plan: OPP）　178-9
　第2次——（OPP2）　201
相互拒否権　26-7

タ　行

大統領制　11, 44, 158
ダイム・ザイヌディン（Daim bin Zainuddin）　150, 191, 203-5
大連合（grand coalition）　19
ダウド・タハ（Daud bin Taha）　192
タジュディン・ラムリ（Tajuddin bin Ramli）　204
多数決原理　2, 6, 16, 18
多数派民族の専制　6-7, 15-6, 24, 39-40
タミル・イーラム解放の虎（Liberation Tigers of Tamil Eelam: LTTE）　24
タミル会議派（Tamil Congress: TC）　22-3, 29
単記移譲式（Single Transferable Vote: STV）　25
タン・シュウシン（Tan Siew Sin）　91, 122-3, 165, 169, 173, 180
タン・チークーン（Tan Chee Khoon）　172-3, 181
タン・チェンロク（Tan Cheng Lock）　81, 84-5, 88-91, 98, 122
チア・トゥンロク（Cheah Toon Lok）　122
治安違反（特別措置）法（Security Offences (Special Measures) Act）　241
地域研究　12
チェルバナヤーカム，S.J.V.（S. J. V. Chelvanayakam）　23, 29
チェン・マンヒン（Chen Man Hin）　167, 173, 209
地方政府（Local authority）　142-4
地方政府法（Local Government Act）　141, 145-6
地方自治体　88, 92, 94-5, 141-6, 150, 256
地方評議会（Local council）　142, 144
チャンドラ・ムザファール（Chandra

294　索　引

Muzaffar）　208
中位投票者（median voter）　28, 45-6
中華総商会　82, 91
中国　74-6, 83, 91, 196
中国国民党　74, 76, 91
中選挙区制　93, 153
中選挙区完全連記制（または「完全連記制」）　24, 90, 94, 140
中選挙区制限連記制（または「制限連記制」）　93-4
チョードリー，マヘンドラ（Mahendra Chaudhry）　28
デヴァサール，K.L.（K. L. Devaser）　95
デュベルジェの法則　20
通貨危機　201-3, 205
通時的比較（longitudinal comparison）　11, 130
テロ　17, 24, 34, 36
天皇　77
テンプラー，ジェラルド（Gerald Templer）　91, 93
統一国民党（United National Party: UNP）　22-3, 29
統一サバ国民組織（United Sabah National Organisation: USNO）　170
統一マレー人国民組織（United Malays National Organisation: UMNO）
　──最高会議（または「総会」, Perhimpunang Agung）　87, 91, 147-9, 152, 192-3, 195-6, 200, 204-7, 210, 239
　──最高評議会（Majlis Tertinggi）　148-50, 155, 189, 191-2, 206, 208, 210-1, 214-5
　──州連絡委員会（Badan Perhubungan）　148-52
　──青年部（Pergerakan Pemuda）　149, 203, 205
　──青年部長（Ketua Pergerakan Pemuda）　148-9, 192, 204-6
　──総裁（Presiden）　80, 88, 146-52, 155, 159-60, 190, 192, 199-201, 209-10, 214-5
　──地域支部（Bahagian）　148-52, 200, 210, 214-5, 239-40
　──地区支部（Cawangan）　148, 150, 214
　──の結成　79-80
　──副総裁（Timbalan Presiden）　148-9, 155, 190-2, 199, 209
　──副総裁補（Naib Presiden）　148-9, 192, 211, 240
　──役員選挙　148-50, 158-9, 190-2, 195-6, 199-201, 209-10, 213-6, 239-40
　新──（UMNO Baru）　193-4
統一マラヤ人民国民組織（United Malayan National Organisation）　87
統一民主党（United Democratic Party: UDP）　98, 122, 144, 166
トゥ・ジュンヒン（Too Joon Hing）　122, 168
ドゥスキ・アフマド（Dusuki bin Ahmad）　192
統治制度作業委員会（Constitutional Working Committee）　81-2
党内価値配分システム　11, 129, 160
投票の空間理論　9, 28, 43-4, 253
投票流動性　37
トゥンク・アブドゥル・ラーマン（Tunku Abdul Rahman）　88-9, 91, 94-5, 98, 121-4, 145, 151, 163-7, 169-71, 173-6, 190, 194
トゥンク・マーモド・マフユディン（Tengku Mahmod Mahyuddin）　190
トゥンク・ラザレイ・ハムザ（Tengku Razaleigh bin Tengku Mohd Hamzah）　190-4, 199-200, 202, 210
独立協約（Merdeka compact）　73, 98, 167-8, 176-8
トレンガヌ（Terengganu）　119, 135-6, 143, 151
トン・ヨウホン（Thong Yaw Hong）　180

索 引　295

ナ 行

内戦　17, 27, 34, 40
内的妥当性（internal validity）　11
ナイール，デヴァン（C. V. Devan Nair）　167
ナヴァラトナム，R.V.（Ramon V. Navaratnam）　180
ナジブ・ラザク（Mohammad Najib bin Abdul Razak）　1, 153, 213-6, 238-42
ナズリ・アジズ（Mohamed Nazri bin Abdul Aziz）　154
ナハパン，アティ（Athi Nahappan）　145
2020年構想（Wawasan 2020）　201
二大政党連合制　238, 241
ヌグリスンビラン（Negeri Sembilan）　117, 136, 143-4
ネポティズム　203-7, 228-9, 236
農村産業開発庁（Rural Industrial Development Authority: RIDA）　156

ハ 行

パーセル，ヴィクター（Victor Purcell）　77
ハディ・アワン　→アブドゥル・ハディ・アワン
ハッド刑　126
パトロン・クライアント関係　21-2, 34-5
パハン（Pahang）　135-6, 143-5
パプアニューギニア　39
ハムザ・アブ・サマ（Hamzah bin Abu Samah）　173
ハリム・サアド（Halim bin Saad）　204
ハルン・イドリス（Harun bin Idris）　172-3, 189, 192
ハルン・ハシム（Harun bin Mahmud Hashim）　193
パワーシェアリング（power sharing）
　——政権　2, 91-5, 238
　——とは　1-2
　——のおもな事例　3-4
反逆者のジレンマ（rebel's dilemma）　9, 61, 65, 68, 159, 201
反実仮想（counterfactual）　10-1, 103
バンダラナイケ，S.W.R.D.（S. W. R. D. Bandaranaike）　22-3
バンダラナイケ，シリマヴォ（Sirimavo Bandaranaike）　24
バンダラナイケ-チェルバナヤーカム協定　23
汎マラヤ共同行動評議会（Pan-Malayan Council of Joint Action: PMCJA）　81
汎マラヤ・マレー人会議（Pan-Malayan Malay Congress）　80
汎マラヤ労働組合連合（Pan-Malayan Federation of Trade Unions: PMFTU）　81
汎マレーシア（マラヤ）・イスラム党（Parti Islam Se-Malaysia: PAS）　94-5, 97-8, 119, 123-7, 136-7, 164, 181, 199, 208-9, 211-5, 223, 232, 236-8, 242
ヒズブル・ムスリミン（Hizbur Muslimin）　95
ピボット（pivot）　61, 67, 133, 158-60
ヒューズ，カレン（Karen Parfitt Hughes）　1-2, 256
票の共有（vote pooling）
　——とは　24-5
　——に関する仮説　56-60
　——の消失　222-6, 229-30
　AVにおける——　51-2, 55-7
　FPTPのもとでの——　57-9, 103-5
比例代表制（Proportional Representation: PR）　6-7, 19-22, 49-50, 93
ヒンドゥー人権行動隊（Hindu Rights Action Force: Hindraf）　212
ファジル・ノル（Fadzir bin Muhammad Noor）　125-6
ファーランド，J.（Just Faaland）　179-80
フィジー　5, 27-8, 40
フィジー労働党（Fiji Labour Party: FLP）

28
不確実性　35-7
フセイン・オン（Hussein bin Onn）　188, 190
部族　30, 37-9
プテ・マリア（Puteh Maria binti Ibrahim Rashid）　89
プトラジャヤ（Putrajaya）　138
ブミプトラ政策　3, 136, 189, 195-6, 201-2, 238-9, 241-2
ブリッグス，ハロルド（Harold Briggs）　84
フリート・グループ（Fleet Group Sdn. Bhd.）　204
ブルハヌディン・アルヘルミ（Burhanuddin al-Helmy [Burhanuddin bin Muhammad Nur al-Hilmi]）　81, 97
ブルマタンパウ宣言　206, 208
プルリス（Perlis）　135-6, 143, 151
プルワジャ・トレンガヌ（Perwaja Terengganu Sdn. Bhd.）　187-8
プロトン社（Perusahaan Otomobil Nasional Sdn. Bhd: PROTON）　187-8
分断社会（divided society）　1, 3, 5-7, 17-8, 26-7, 43
暴動　2, 23, 164, 171-3, 197-8
平和集会法（Peaceful Assembly Act）　240
ベルギー　5, 19
ペナン（Penang）　75, 79, 88, 99, 134-6, 142-4, 147, 171, 181, 212
ペラ（Perak）　97-8, 136, 143-4, 169, 171, 181, 212, 214, 238
ヘレステティック（heresthetic）　226-9, 234, 253-4, 258
ポスト1990年問題　195-7
ボスニア紛争　33
ボスニア・ヘルツェゴビナ　27
補足投票制（Supplementary Vote: SV）　25-6
ホロビッツ，ドナルド（Donald L. Horowitz）　6-7, 21-2, 24-9, 39, 43-4, 50-1, 55-6, 69
ポンナンバラム，G.G.（G. G. Ponnambalam）　22

マ 行

マームド・マット（Mahmud bin Mat）　87
マクギリヴレイ，ドナルド（Donald McGillivray）　93, 97-8
マクドナルド，マルコム（Malcolm MacDonald）　85-6
マクマイケル，ハロルド（Harold MacMichael）　79-80
マチンダ党（Machinda Party）　168
マッケル，ウィリアム（William McKell）　139
マハズィール・モハメド・キール（Mahadzir bin Mohd Khir）　134
マハティール・モハマド（Mahathir bin Mohamad）　125, 150, 152, 168, 173-6, 188-211, 214
馬来軍政監部　76, 78
マラッカ（Malacca）　75, 79, 81, 122, 135-6, 142-5, 147
マラヤ共産党（または「共産党」．Communist Party of Malaya）　75-7, 81-6, 142, 241
マラヤ人民抗日軍（または「人民抗日軍」．Malayan People's Anti-Japanese Army）　77-8, 83
マラヤ中央インド人協会（Central Indian Association of Malaya）　75
マラヤ独立党（Independence of Malaya Party: IMP）　87-90, 92, 94-5
マラヤ民主同盟（Malayan Democratic Union: MDU）　81
マラヤ連合（Malayan Union）　78-82
マラヤ連邦（Federation of Malaya）　74, 81-3
マラヤ労働党（Labour Party of Malaya）　98-9
マリナ・ユソフ（Marina binti Mohd Yusof）　192

マレー国民党(Malay Nationalist Party: MNP)　81, 95, 97
マレーシア・イスラム社会同盟(Ikatan Masyarakat Islam Malaysia)　208
マレーシア・イスラム青年団(Angkatan Belia Islam Malaysia: ABIM)　191, 206
マレーシア(マラヤ)インド人会議(Malaysian (Malayan) Indian Congress: MIC)　81, 95-7, 104, 127, 134, 145, 172-3, 241
マレーシア(マラヤ)華人協会(Malaysian (Malayan) Chinese Association: MCA)　84-5, 87-99, 104, 106, 121-4, 127, 133-4, 144, 164-5, 168-9, 173-4, 180, 193, 195-8, 223, 241-2
マレーシア株式会社構想(Malaysia Incorporated concept)　188
マレーシア重工業公社(Heavy Industries Corporation of Malaysia Berhad: HICOM)　187-8
マレーシア人のマレーシア(Malaysian Malaysia)　166-8, 171, 237
マレーシア人民運動党(Gerakan Rakyat Malaysia,「グラカン」)　98, 127-8, 134, 172-3, 181, 195-7, 215, 241-2
マレーシア人民党(Parti Rakyat Malaysia: PRM)　208
マレーシアのための新経済モデル(New Economic Model for Malaysia)　239
マレーシア連帯会議(Malaysian Solidarity Convention)　166
マレー人協会(Persatuan Melayu)　75, 80
マレー人商工会議所　204
マレー人の特別な地位　97-8, 167, 170, 172, 177-8, 196
マレー・ナショナリズム　76-7, 86
ミード, J.D.(J. D. Mead)　88
南アフリカ　40
ミルザン・マハティール(Mirzan bin Mahathir)　204

民衆力センター(Pusat Tenaga Rakyat: PUTERA)　81
民主行動党(Democratic Action Party: DAP)　99, 179, 123-6, 128, 146, 164, 167, 170-3, 195, 197, 199, 201, 208-9, 211, 213, 223, 232, 236-7, 242
民族混合選挙区(または「民族混合区」,「混合区」)　26, 29, 55-6, 59-60, 102-4, 110-6, 131-2, 144, 170, 223-6, 229
民族別割当制　238-9, 242
民族連絡委員会(Communities Liaison Committee: CLC)　86-8
ムクリズ・マハティール(Mukhriz bin Mahathir)　240
ムサ・ヒタム(Musa bin Hitam)　190-4, 199, 210
ムスリム共同体統一戦線(Angkatan Perpaduan Ummah: APU)　199
ムヒディン・ヤシン(Muhyiddin Yassin)　213-5, 240
モハマド・イサ・サマド(Mohd Isa bin Abdul Samad)　151, 211
モハムド・キール・ジョハリ(Mohamed Khir bin Johari)　169
モハムド・ザヒール・イスマイル(Mohamed Zahir bin Ismail)　154

ヤ　行

野党指導者(Leader of the Opposition)　139
ヤハヤ・アブドゥル・ラザク(Yahaya bin Abdul Razak)　89-90
優先投票制(preferential voting)　6, 25-6
ユスフ, C.M.(C. M. Yusuf [Chik Mohamad Yusuf bin Sheikh Abdul Rahman])　190
ユナイテッド・エンジニアズ社(United Engineers (Malaysia) Berhad: UEM)　204
46年精神党(Semangat '46: S46)　194, 199, 202

ヨン・テックリー（Yong Teck Lee）
　215

ラ 行

ライス・ヤティム（Rais bin Yatim）
　192-4
ライテク（Lai Teck [Loi Tak, etc.]）　83
ラウ・パックアン（Lau Pak Khuan）
　97-8
ラザク　→アブドゥル・ラザク・フセイン
ラザレイ　→トゥンク・ラザレイ・ハムザ
ラジ・シェイク・アフマド（Radzi bin Sheikh Ahmad）　192-3
ラーマン　→トゥンク・アブドゥル・ラーマン
ラーマン・オスマン（Rahman Othman）
　193
ラムリ・ガ・タリブ（Ramli bin Ngah Talib）　192
リー，H.S.（H. S. Lee [Lee Hau Shik]）
　84, 89-90, 122
リー・キムサイ（Lee Kim Sai）　196-7
リー・クアンユー（Lee Kuan Yew）
　165-8
リー・ティアンケン（Lee Tiang Keng）
　87
リード委員会（Reid Commission）
　96-8, 138-9
リード卿（Lord Reid [James Scott Cumberland Reid]）　96
リトルトン，オリバー（Oliver Lyttelton）
　91, 94
リフォルマシ運動（reformasi）　206-8, 210
リーマン・ショック　163, 216
リム・キッシャン（Lim Kit Siang）
　126, 139-40, 155, 171, 177, 209
リム・ケンヤイ（Lim Keng Yaik）　196
リム・スィアウン（Lim Swee Aun）
　124
リム・チョンユー（Lim Chong Eu）

　98, 121-2, 181
リレーショナル理論（relational theory）
　31, 35-6, 38
リン・リョンシク（Ling Liong Sik）
　193, 195-7
ルックイースト政策　188
レイプハルト，アレンド（Arend Lijphart）
　6, 18-21, 24, 26, 39, 47
レノックスボイド，アラン（Alan Lennox-Boyd）　96-7
レノン社（Renong Berhad）　204
レバノン　5, 27
レント　189-90, 198, 200, 207, 210
レントシーキング　157, 239
連邦議会（Parlimen）　→下院，上院
連邦首都法（Federal Capital Act）　144
連邦制　18, 81
連邦選挙委員会（Federal Election Committee）　92
　──作業委員会　93
連邦党（Federal Party: FP）　22
連邦立法評議会（Federal Legislative Council）　84, 86, 89, 92, 95, 102-3, 256
連邦執政評議会（Federal Executive Council）　87
連盟党（Alliance Party）　2, 95-9, 121-5, 139, 142-4, 164-8, 169-71, 174, 181

ワ 行・ン

ワン・アジザ・ワン・イスマイル（Wan Azizah binti Wan Ismail）　208, 213, 215
ワン・モクタル・アフマド（Wan Mokhtar bin Wan Ahmad）　192
ン・ホフン（Ng Hoe Hun）　124

アルファベット

PUTERA-AMCJA　82
UMNO-MCA 連盟　88-95, 256

著者略歴

1968年　出生（東京都出身）
1992年　東京外国語大学外国語学部インドネシア・マレーシア語学科卒業
1994年　東京外国語大学大学院地域文化研究科博士前期課程修了。修士（国際学）
同　年　アジア経済研究所入所
2014年　東京大学大学院法学政治学研究科博士後期課程修了。博士（法学）
現　在　日本貿易振興機構アジア経済研究所主任研究員

主要著作

『東南アジアの比較政治学』（編著）アジア経済研究所（2012年）

パワーシェアリング
多民族国家マレーシアの経験

2015年12月22日　初　版

［検印廃止］

著　者　中村正志（なかむらまさし）

発行所　一般財団法人　東京大学出版会
代表者　古田元夫
153-0041 東京都目黒区駒場 4-5-29
電話 03-6407-1069　FAX 03-6407-1991
振替 00160-6-59964
http://www.utp.or.jp/

印刷所　三美印刷株式会社
製本所　誠製本株式会社

©2015 Masashi Nakamura
ISBN 978-4-13-036256-6　Printed in Japan

JCOPY 〈(社)出版者著作権管理機構　委託出版物〉
本書の無断複写は著作権法上での例外を除き禁じられています。複写される場合は、そのつど事前に、(社)出版者著作権管理機構（電話 03-3513-6969, FAX 03-3513-6979, e-mail : info@jcopy.or.jp）の許諾を得てください。

合意形成モデルとしてのASEAN
　　鈴木早苗　　　　　　　　　　　A5　4500円

スハルト体制のインドネシア
　　増原綾子　　　　　　　　　　　A5　6200円

ヴェトナム現代政治
　　坪井善明　　　　　　　　　　　四六　2700円

インド　暴力と民主主義
　　中溝和弥　　　　　　　　　　　A5　8200円

フィリピン近現代史のなかの日本人
　　早瀬晋三　　　　　　　　　　　A5　6000円

歴史叙述とナショナリズム
　　小泉順子　　　　　　　　　　　A5　6200円

東アジアとアジア太平洋
　　寺田　貴　　　　　　　　　　　A5　5800円

　　　　ここに表示された価格は本体価格です。御購入の
　　　　際には消費税が加算されますので御了承下さい。